Felipe Morais   Maya Mattiazzo

METAVERSO

o que é, como entrar e por que explorar
um universo que já fatura bilhões

Benvirá

Copyright da edição brasileira © 2022 de Felipe Morais e Maya Mattiazzo

Direção executiva Flávia Alves Bravin
Direção editorial Ana Paula Santos Matos
Gerência editorial e de projetos Fernando Penteado
Edição Clarissa Oliveira
Produção Daniela Nogueira Secondo

Preparação Oldair Morgado
Revisão Mauricio Katayama
Diagramação Maurelio Barbosa
Capa Tiago Dela Rosa
Imagem de capa ©iStock / Getty Images Plus / wacomka
Impressão e acabamento Vox Gráfica

Dados Internacionais de Catalogação na Publicação (CIP)
Odilio Hilario Moreira Junior - CRB-8/9949

M828m   Morais, Felipe

Metaverso: o que é, como entrar e por que explorar um universo que já fatura bilhões / Felipe Morais, Maya Mattiazzo. - São Paulo, SP : Benvirá, 2022

264 p.

ISBN 978-65-5810-169-7 (Impresso)

1. Tecnologia. 2. Marketing. 3. Marketing digital. 4. Cultura e Sociedade. 5. Atualidades. I. Mattiazzo, Maya. II. Morgado, Oldair. III. Título.

CDD 658.8

2022-2091   CDU 658.8:004.738.5

Índices para catálogo sistemático:
1. Marketing digital   658.8
2. Marketing digital   658.8:004.738.5

1ª edição, 2022

Nenhuma parte desta publicação poderá ser reproduzida por qualquer meio ou forma sem a prévia autorização da Saraiva Educação. A violação dos direitos autorais é crime estabelecido na Lei n. 9.610/98 e punido pelo art. 184 do Código Penal.

Todos os direitos reservados à Benvirá, um selo da Saraiva Educação.
Av. Paulista, 901, 4º andar
Bela Vista - São Paulo - SP - CEP: 01311-100

SAC: sac.sets@saraivaeducacao.com.br

CÓDIGO DA OBRA   713219   CL   671071   CAE   803250

"Nós, humanos, temos a capacidade extraordinária de interpretar fatos e estímulos do mundo, atribuir significados e registrar experiências vividas na memória. Temos também a incrível habilidade de projetar cenários em nossas mentes, através de simulações."
Ana Paula Hornos

Sumário

Sobre os autores...7

Apresentação 11

Prefácio 17

1 | O que é o Metaverso? 21

A origem do Metaverso: lembra-se do *Second Life*?............21

Jogos e o Metaverso 28

Marcas e games..38

Redes sociais e Metaverso: o que você precisa saber sobre isso 40

Aquisições que vão mudar o Metaverso 46

Case de sucesso 50

2 | A Tecnologia e o Metaverso 55

Como entrar e dar os primeiros passos no Metaverso? 55

As principais plataformas do Metaverso............................83

Quais tecnologias tornam o Metaverso possível? 88

Web 3.0 no Metaverso 91

Blockchain, NFTs e criptomoedas 96

As possibilidades do universo das NFTs..........................100

Por que o 5G é fundamental nessa discussão? 107

    Não podemos deixar de falar de cibersegurança 116
    Case do mercado imobiliário 120

3 | As pessoas e o metaverso 127
    Perfil de público que está *on-line* 127
    Por que você também estará lá em breve? 135
    Experiências que mudarão os comportamentos humanos 141
    O que muda no dia a dia e no trabalho 153
    Metaverso e a nova sociedade 162
    Case: Nikeland 173

4 | As marcas e o metaverso 177
    Os segmentos que já estão no Metaverso 177
    Construindo marcas fortes nessa nova realidade 188
    A publicidade com um novo olhar 197
    Moda e o Metaverso 204
    Case 1: Primeira Metaverse Fashion Week 216
    Case 2: Forever 21 Shop City no *Roblox* – gestão da própria loja no Metaverso 219

5 | Você e o metaverso 223
    Quais oportunidades o Metaverso traz? 223
    Possíveis desafios (e como contorná-los) 225
    Como planejar a entrada da sua marca nesse universo? 230

Conclusão 241
#Tagverso 245
Notas 251
Referências 257

Veja também o material exclusivo
à edição brasileira disponível
no Saraiva Conecta:

https://somos.in/PD1

Sobre os autores

Felipe Morais e Maya Mattiazzo se conheceram ainda na escola. Depois de tomarem rumos diferentes, aproximaram-se pelos trabalhos que estavam desenvolvendo no digital. Em 2022, ano do lançamento deste livro, o casal completa dez anos juntos.

Dessa relação, além do amor, surgiu uma grande parceria. Maya, já com amplo conhecimento do universo da moda, queria se aprofundar em marketing digital, algo que Felipe já vinha fazendo. Assim, Maya conseguiu mostrar os caminhos da moda que influenciaram os projetos do Felipe em outros segmentos. A parceria tem dado certo. E, por mais que muitos destaquem a dificuldade de marido e mulher trabalharem juntos, ambos levam isso com muita seriedade e profissionalismo, com um sempre ajudando e apoiando o outro.

Felipe Morais é paulistano e se formou em Publicidade em novembro de 2003. Começou a trabalhar como redator publicitário, mas no quarto ano da faculdade descobriu e se apaixonou por planejamento. Naquele mesmo período, ingressou em uma produtora de TV e internet, atuando com planejamento digital e, em fevereiro de 2004, investiu em uma pós-graduação em Planejamento de Comunicação na Universidade Metodista. De lá para cá, outros cursos se seguiram, como o de Neuromarketing pelo Instituto Brasileiro de Neuromarketing (2021) e o MBA em Business Intelligence pela Universidade Descomplica (2022), além de mais de outras cem formações de curta duração em instituições como FGV, USP, ESPM, Kantar/Ibope, Google, Pixar/Disney, Universidade Racconn, ACE Aceleradora/Portal Exame, Hubspot e Rock Content University.

Felipe teve sua primeira chance em uma grande agência, a Publicis, em 2005, cuidando da Nestlé. Depois, voltou ao universo digital, atendendo a clientes como Pirelli, Vivo, Coca-Cola, Natura, Bradesco e Mercedes-Benz. Em julho de 2015, resolveu montar a FM CONSULTORIA, onde passou a atender a demanda de planejamento de agências e também clientes diretos. Nessa fase, desenvolveu projetos para empresas do porte de Jac Motors, Michelin, Marabraz, Sanofi e Kroton Educacional. São também de sua autoria os livros *Planejamento estratégico digital* (Somos Educação, 2015), *Transformação digital* (Somos Educação, 2020), *Planejamento de marcas no ambiente digital* (DVS, 2020), *Brand canvas* (DVS, 2022) e *Ao mestre com carinho: o São Paulo da Era Telê* (Inova, 2016). Felipe é ainda professor de cursos livres e MBAs na Universidade de São Paulo (USP), Fundação Getulio Vargas (FGV), Escola Superior de Propaganda e Marketing (ESPM), Fundação Armando Alvares Penteado (Faap), Belas Artes, entre outras.

Redes Sociais:

Instagram – @felipemorais
Facebook – @plannerfelipe
LinkedIn – @plannerfelipe
Twitter – @plannerfelipe

Maya Mattiazzo estudou Relações Internacionais, mas desde o início da faculdade trabalhou com produção de moda. Percebendo que algo estava fora do lugar, corrigiu a rota e foi cursar Negócios da Moda na Universidade Anhembi Morumbi. Nesta condição, acompanhou de uma posição privilegiada o impacto que os meios digitais causaram ao mundo da moda, levando inclusive à mudança na forma de consumo dos produtos, ao advento das blogueiras especializadas no assunto e à democratização do acesso à informação desse meio tão peculiar e especial.

Já totalmente envolvida no universo digital de moda, Maya trabalhou para shopping centers, criando blogs e colaborando com revistas impressas e desfiles. Para aprimorar os conhecimentos, estudou Fashion Business no Istituto Marangoni, em Paris; Marketing Digital e Storytelling na Scuola Internazionale di Comics, em Roma; e pós-graduou-se em Gestão Estratégica de E-Commerce. A essa altura já atuava como gerente de e-commerce de um grande *player* de moda jovem feminina, vindo posteriormente a implementar o comércio eletrônico para diversas marcas, para as quais desenvolveu modelos específicos de negócios, como B2B, B2C, B2B2C e D2C. Desde 2020, a empresária se dedica a projetos de consultoria voltados para transformação digital e novos canais e atualmente é professora no Curso de Master em Fashion Digital Business da ESPM.

Redes Sociais:
Instagram – @mayams
Facebook – @maya.mattiazzo
LinkedIn – @mayamattiazzo

Apresentação

Por que você deve ler um livro sobre Metaverso? Permita que possamos responder essa dúvida de maneira muito simples: o Metaverso é onde aproximadamente 50 milhões de pessoas já circulam e onde você e/ou sua empresa precisam estar.

No final dos anos 1990, o mundo conheceu a internet comercial, ou seja, aquela que todos nós poderíamos usar. Portais de notícias começaram a surgir, as cartas foram substituídas por *e-mails*, os blogs ganharam relevância e os banners alocados em *sites* trouxeram uma nova forma de mídia para as marcas anunciarem produtos e serviços. As empresas viram-se pressionadas a seguir o movimento e entrar na internet, mas ao mesmo tempo se questionavam se esse era o caminho mais adequado. Diante do impasse, algumas companhias seguraram a sua entrada; outras seguiram a tendência e apostaram na inovação que se projetava à sua frente.

Das que seguiram em frente, muitas ficaram pelo caminho por diversas causas: falta de paciência, investimento e recursos ou, simplesmente, por optarem por administrar um projeto *on-line* como se fosse *off-line*. Isso sem contar alguns casos clássicos. A Blockbuster (que já foi a maior rede de locadoras de filmes e *videogames* do mundo, extinta em 2014) poderia ter comprado sua algoz, a Netflix, e rejeitou a oferta; o Yahoo!, uma das mais poderosas empresas da internet entre a década de 1990 e princípio de 2000, desdenhou o Google e perdeu o mercado para o gigante de buscas; e a Kodak desenvolveu a câmera fotográfica digital, contudo não acreditou na tecnologia e morreu graças a sua própria criação.

Contudo, quem nasceu no começo e se manteve resiliente hoje colhe bons frutos. O portal UOL, por exemplo, tem cinco vezes mais audiência diária do que a revista *Veja*, que é líder em circulação no Brasil, tem de leitores semanais. Entre os influencers digitais, os números de audiência também são bastante expressivos. Só para se ter uma ideia, o youtuber e comediante piauiense Whindersson Nunes, no começo de 2022, tinha 43,6 milhões de inscritos, uma audiência superior à do *Jornal Nacional*, o programa de maior audiência da TV.

A internet é, sem dúvida, uma revolução e facilmente podemos falar do antes e depois da rede. E olha que, na breve história de sua evolução, nem citamos o surgimento do Orkut, como o grande divisor de águas da web 1.0 para a 2.0. Foi quando o consumidor começou a ter voz. Estamos falando da web 5.0, onde o consumidor está efetivamente no centro de tudo e tecnologias como o big data movimentam a segmentação da mensagem.

Tudo o que escrevemos acima é para que você, se esse for o seu caso, abandone a ideia de que o Metaverso é uma brincadeira de adolescente. Muitos cometeram o mesmo erro com os blogs, depois com YouTube, redes sociais e, mais recentemente, com o TikTok. Abra os olhos! Chega de errar. Afinal, não são sinais suficientes o fato de um rapaz humilde do interior do Piauí se tornar um canal de mídia com mais audiência que o *Jornal Nacional*? A tela do smartphone se tornar mais atraente do que a da tradicional e bem estabelecida TV? Ou a Netflix, que chegou ao Brasil em 2011, faturar mais no país do que o SBT, que se estabeleceu 30 anos antes? Esses são apenas alguns tijolos que sedimentaram o caminho de inovação até aqui. E muitos acreditam que o próximo a se juntar a essa trilha para o futuro é exatamente o Metaverso.

O termo Metaverso apareceu pela primeira vez na obra *Nevasca*, de Neal Stephenson, e refere-se a um tipo de mundo virtual no qual é replicada a realidade por meio de dispositivos digitais. Nessa simulação do mundo físico, as pessoas poderão se reunir para jogar, trabalhar, se sociabilizar e, claro, fazer negócios. Ele não existe por si só, mas é um espelho cuja imagem pode até se tornar mais perfeita do que aquela que vimos na vida real. Nas palavras do filósofo austríaco Ludwig Wittgenstein (1889-1951), "o significado do mundo deve residir fora dele e, além disso, fora da linguagem significativa". Portanto, na prática, não é uma ideia nova, mas algo que já vem sendo teorizado há muito tempo. A diferença é que, agora, chegou a hora de fazer da teoria uma realidade.

O Metaverso consiste num meio para se atingir um fim, que é o aprimoramento das relações humanas. É dentro desse cenário que vamos entender mais sobre esse universo paralelo que está apenas no seu começo, mas que revolucionará, talvez, mais do que a própria internet. Desde que o Facebook anunciou sua mudança de nome para Meta e informou que seus esforços estão focados na construção da sua visão de Metaverso, o mundo virou os olhos para esse universo. E nós, autores desta obra, ao nos deparamos com o assunto, decidimos, diante de tudo que descobrimos, transformar nossa pesquisa em livro. Foi a forma que encontramos para compartilhar esse conhecimento, que agora está ao seu alcance.

Nesta publicação, você aprenderá conceitos, terá acesso a estudos de casos e entenderá a fundo o que é e como entrar no Metaverso. Há espaço para todos os mercados. Já existem, por exemplo, shows criados apenas nas plataformas, venda de terrenos por alguns milhões de dólares, comércio de bolsas de grife por valores equivalentes àqueles dos produtos físicos... nesse universo, as pessoas são aquilo que elas desejam ser, têm o corpo que sonham, a profissão que desejam, o carro ou o tênis da marca famosa que ambicionam e até podem ser vizinhos do seu artista favorito.

Blockchain, NFTs, *games*, avatares, realidade aumentada e virtual devem ser as bases para esse admirável mundo novo. E isso não vai demorar muito tempo para se consolidar. Ao contrário, a inspiração para escrever este livro foi exatamente o mercado que já está ocorrendo dentro do Metaverso. Uma empresa de NFTs, por explorar esse ambiente digital, faturou 24 milhões de dólares em 2021, vendendo apenas uma NFT. Inacreditável, não?

De fato, há uma nova regra no mercado: seu maior concorrente pode nem ter nem nascido ou ser um adolescente que, sozinho ou em grupo, neste momento, desenvole uma ideia brilhante na faculdade. Conhece a história do Google? E a dos bancos digitais? Em 2017, eles já eram uma preocupação do Itaú, diante da ascensão do Nubank, que, meses depois, passou a dividir o mercado com outros bancos digitais, como Inter, C6 Bank, Neon, PagBank, BMG Digital, Original, Cora Bank, Clara Bank, AgiBank, Fitbank e BS2. Era hora dos bancos tradicionais inovarem no quesito serviço para barrarem o crescimento da jovem concorrência. Assim surgiram Next, a iniciativa digital do Bradesco; Banco Pan, do Panamericano; e ITI, do Itaú. E o movimento só cresce. Uma das novidades vem do São Paulo Futebol Clube, que já trabalha na criação do SPFC Bank. E vem muito mais por aí.

Toda essa provocação é para que você entenda uma coisa: o Metaverso pode até ser coisa de adolescente, mas já movimenta bilhões de reais ao mês. No momento em que escrevemos esta obra, boa parte de nossas atividade já ocorre nesse ambiente. Seja no trabalho ou na relação com os amigos, nossas interações se dão muito mais por meios digitais do que por físicos. É só pensar quantas vezes falamos por WhatsApp, por exemplo.

A diferença é que, em vez de olharmos para o outro lado a partir de uma tela, muitas vezes mais como observadores, no Metaverso estaremos imersos nesse mundo virtual, participando ativamente. Aqui é onde normalmente ocorre o ceticismo dos críticos, que, muitas vezes olhando para trás, fazem um paralelo com o *Second Life*, fenômeno de meados dos anos 2000. "Por que vou querer entrar em um ambiente virtual com um avatar para conversar com pessoas?", alguns perguntam. Por isso é importante entender as tendências tecnológicas, várias delas já consolidadas, para entender que o Metaverso é algo muito além disso.

É nisso que acreditam especialistas do porte de Marc Whitten, vice-presidente e gerente-geral de Criação da Unity, uma das maiores empresas do mundo em desenvolvimento de *engines* e *softwares* por trás dos *videogames* e aplicações gráficas. Para ele, "o Metaverso será a maior revolução em plataformas de computação que o mundo já viu, maior do que a revolução *mobile*, maior do que a revolução da web". E ele não está sozinho. Grandes empresas como Nvidia, Roblox Corp, Epic Games (com *Fortnite*), Microsoft e Facebook estão aderindo a esse movimento. Portanto, pense bem: se essas empresas, que dispõem de acesso a todas as ferramentas de pesquisa do mundo, estão caminhando para o Metaverso, é porque enxergam nele algo de muito bom e altamente lucrativo, não acha?

Assim também pensa Juan Pablo Boeira, CEO da AAA Academy. "O Metaverso já deixou de ser uma tendência há anos e muito menos uma onda, pois precisamos ter claro que uma tendência não se configura quando fatos já estão acontecendo. Ou seja, o Metaverso já é fato e só vem crescendo desde que foi cunhado, em 1992, por Neil Stephenson em seu livro *Snow Crash*. Se o Metaverso já não fosse uma realidade, gigantes da tecnologia não estariam adquirindo tantas empresas para comporem de forma cada vez mais robusta seus ecossistemas de Metaverso", pondera o colombiano, que atua há mais de 25 anos em Porto Alegre (RS) e é sinônimo de inovação pelas empresas nas quais atuou, incluindo Johnson&Johnson, Red Bull e Coca-Cola.

Em breve, não será mais possível separar o *on-line* do *off-line*. Quantas pessoas já consideramos amigas porque conversamos com elas nas redes sociais, e nunca nem as vimos pessoalmente? Interagimos com mais pessoas presencialmente ou pelos canais digitais, como redes sociais, WhatsApp, Messenger ou Telegram? Pense nisso antes de achar que o Metaverso é apenas uma brincadeira de adolescente. Saiba que a Gucci já abriu sua loja neste ambiente para o comércio de acessórios digitais derivativos de NFTs. Aliás, segundo a DappRadar, as transações feitas por meio da tecnologia *blockchain* e NFT para compra de terrenos podem atingir 10 bilhões de dólares no terceiro trimestre de 2022. Vai esperar mais o quê?

O Metaverso cumprirá uma missão muito importante de representar a voz de todos aqueles que estão alijados desse mundo complexo e desigual no qual vivemos. Ele veio para aproximar pessoas, facilitar relações e transpor obstáculos. Ele veio para unir e não para afastar. A humanidade vai evoluir com as novas tecnologias, portas se abrirão para lugares desconhecidos e a criatividade e a ressignificação serão palavras-chave em toda essa jornada de descobertas. O Metaverso veio para conectar, atrair, ensinar, agregar e ampliar horizontes, jamais para desconectar. Ele se converterá em um grande aliado para o nosso crescimento profissional e pessoal e, acredite, será quase impossível estar fora dele.

Prefácio
de Rafael Rez

O termo "metaverso" ganhou popularidade na imprensa ao longo da pandemia de COVID, mas a verdade é que já existem "metaversos" há bastante tempo e esse novo metaverso é um termo que abraça muitos "universos paralelos digitais" possíveis.

Quase todo mundo conhece alguém que já ficou horas vendo vídeos no Instagram ou no TikTok, já virou noites jogando videogames ou já passou dias conversando com um "desconhecido" num chat. São três exemplos bem simples de como viver num universo paralelo e se desligar da "realidade" do mundo físico.

Se você já tem mais de 40 anos (eu tenho 42 no momento em que escrevo) talvez tenha ouvido falar das BBS, redes digitais que vieram antes da internet comercial em 1995. Elas chegaram ao Brasil no final dos anos 80 e permitiam trocas de mensagem de correio eletrônico (e-mails), chats e arquivos. A BBS deu origem entre outras coisas ao mIRC, que usava protocolo IRC e permitia salas de bate-papo em tempo real. Várias comunidades de usuários se formavam e pessoas que só se conheciam pelos nicks (apelidos usados nos chats) criaram amizades e relacionamentos através do mIRC. Esse foi o primeiro metaverso que conheci.

Você verá isso em mais detalhes e profundidade neste livro, mas basicamente *um metaverso é um ambiente digital no qual pessoas podem interagir socialmente*. Esta definição por si só já está defasada. Exemplos recentes demonstram que as pessoas podem interagir com *bots* e inteligência artificial sem saber disso, acreditando que estão interagindo com outro ser humano. A interação também não é apenas social, agora também é econômica. NFTs, shows e outros itens podem ser comercializados no metaverso gerando transações econômicas reais usando ou não blockchains.

Voltando aos eventos passados, em 1995 a internet comercial chegou ao Brasil e logo nasceram os portais de notícias, entre eles o UOL. Desde então, o Bate-Papo do UOL se tornou um dos maiores canais de bate-papo (ou chat) do Brasil, movimentando centenas de milhares de pessoas diariamente. O Bate-Papo do UOL tornou o mIRC algo acessível para leigos e extremamente popular. Nascia outro metaverso.

O exemplo natural seguinte é o Second Life, ambiente online 3D no qual "avatares" ou "personagens digitais" podiam interagir, se movimentar e simular um ambiente físico. Nunca fez muito sentido para mim, mas virou moda na época e muitas marcas criaram "ilhas" no Second Life. A plataforma era lenta, os gráficos eram feios e as interações eram simplórias, o que fez com que o ambiente não "pegasse". Mas o Second Life fez um grande serviço: mostrou ao público geral um futuro possível em que qualquer um poderia ser um personagem com forma e voz próprios, criar um local próprio, comprar e vender objetos digitais e alcançar fama sem expor seu criador. Não deu certo, mas fez história.

Então começou a revolução da Web 2.0, que é popularmente conhecida como "Redes Sociais". Twitter, Myspace, Hi5, Orkut, Tumblr, Flickr, Youtube foram alguns dos expoentes da primeira geração das Redes Sociais. O Orkut talvez seja o melhor exemplo de uma rede social de amplo alcance no Brasil, e também um excelente exemplo de metaverso social sem ambiente gráfico. Não exigia toda a complexidade de navegação do Second Life, mas permitia que milhões de pessoas compartilhassem interesses, comunidades e interagissem de forma simples através de texto, antes da era do SmartPhone.

Depois vieram Facebook e Instagram, SnapChat e coloco aqui o LinkedIn, que foi fundado em 2002 mas ganhou visibilidade de 2010 para a frente. O LinkedIn criou um "metaverso corporativo", uma rede com foco profissional para falar sobre a carreira, exibir o currículo e se conectar com colegas de trabalho. O SnapChat trouxe o conceito de vídeos curtos e conteúdo jovem, separando as "redes sociais que sua mãe usa" das redes sociais que os jovens usam. O Facebook tentou comprar e não conseguiu, daí nasceram os stories no Instagram e no Facebook.

Por último veio o TikTok, que chegou com uma proposta mais completa que o SnapChat, navegação mais simples e foco no entretenimento, roubando mercado do Instagram e criando uma linguagem que tomou de assalto a internet. SnapChat, Instagram e TikTok são exemplos de "metaversos videográficos", dominados por conteúdos curtos e uma linguagem de consumo de informação fragmentada. Nasceu todo um universo de influenciadores sociais, que logo foram abraçados pelas marcas.

Em paralelo ainda vimos plataformas como Twitch, que permite transmitir jogos em tempo real e criar platéias enormes, algumas não caberiam num estádio.

Todos esses universos digitais são metaversos, em última análise.

O que vemos agora é o surgimento da chamada Web 3.0, que integra o Blockchain, os NFTs e as Criptomoedas num ambiente digital menos tedioso e menos burocrático que o Second Life, criando videogames que pagam para usuários jogarem, ativos digitais que se valorizam indefinidamente e shows digitais que geram milhões em faturamento com todo mundo assistindo do sofá ou da cadeira gamer.

É todo um mundo velho conhecido, mas completamente novo, com regras ainda sendo escritas e reescritas, com terminologias novas e comportamentos sendo recriados de formas nunca antes possíveis. Toda uma nova economia que não depende de fábricas, endereços e deslocamentos físicos.

Boas-vindas ao mundo do metaverso!

Aproveite seu guia nesta metajornada para novos metamundos e metacomportamentos.

Mas não se esqueça: ainda não somos metahumanos. Em qualquer ambiente físico ou digital seremos sempre humanos querendo interagir, receber atenção, nos expressar e estabelecer vínculos.

Boa jornada!

Rafael Rez é fundador da consultoria de marketing digital Web Estratégica e cofundador da Nova Escola de Marketing.

1

O que é o Metaverso?

A origem do Metaverso: lembra-se do *Second Life*?

Antes de entrarmos efetivamente no tema Metaverso, vamos falar do que, de forma bem-humorada, chamamos de "pai" do Metaverso: o *Second Life*. E também do avô do Metaverso: as salas de bate-papo. Aliás, foi oferecendo esse tipo de serviço que o UOL cresceu muito em reconhecimento de marca e audiência no final dos anos 1990.

As salas de bate-papo eram grandes chats onde pessoas entravam para conhecer outras. Podia-se conversar na sala da sua cidade, por alguma afinidade ou mesmo por idade. Era uma febre entre os adolescentes. Lá, o Metaverso já começava a existir. Uma piada contada na época era que pouco importava como os homens eram de fato: no chat, eram sempre loiros, surfistas, tinham o corpo malhado, um metro e oitenta de altura e olhos verdes. Mas, na maioria das vezes, quando as meninas iam conhecê-los, a realidade não parecia tão bela e atraente como fora pintada. Naquela época, era raro ter fotos de pessoas comuns na internet e redes sociais sequer existiam.

As máquinas fotográficas digitais mudaram isso. A Kodak as criou, mas foi a Sony quem fez o mercado explodir com as Cybershots, como se chamava a linha de câmeras com essa tecnologia. As primeiras usavam um disquete para armazenar as fotos. Rapidamente migrou-se para cartões de memória e hoje, com os smartphones, tudo é salvo na nuvem. Isso ajudou a mudar um pouco esse cenário, pois as pessoas já podiam tirar fotos digitais e mandá-las para quem lhes interessasse. Entretanto, o sonho de ser quem não era continuava. No chat, um adolescente de 17 anos poderia ser um primeiranista de Medicina, quando na realidade ele não tinha saído nem do colegial. A jovem de "18 anos" poderia ser uma modelo famosa, sendo que ela, na verdade com 15, nunca tinha dado um passo na passarela ou posado para qualquer fotógrafo profissional.

Eram nessas salas que as pessoas se apresentavam como quem sonhavam ser. Alguns anos mais tarde surgiria uma evolução que faria com que a vida que sonhávamos ter pudesse ser materializada em um(a) personagem e que este pudesse até mesmo se relacionar em um ambiente virtual: é quando aparece o *Second Life*.

Esse personagem, batizado de avatar, era criado por todos que entravam na plataforma, lançada em 2003 pela empresa americana Linden Lab. Inicialmente, era preciso baixar um aplicativo no computador para ter acesso a este maravilhoso mundo tridimensional. Se hoje, com os diversos antivírus disponíveis e o conhecimento que temos, já é algo perigoso e temeroso fazer o *download* de um aplicativo, imagine em 2006, quando efetivamente o *Second Life* caiu nas graças do brasileiro. Felizmente, essa é uma barreira que não existirá mais para que o Metaverso seja o sucesso que se projeta para ele.

Os avatares que as pessoas montavam eram baseados no desejo delas de serem quem desejavam ser. Escolhiam-se a cor do cabelo, dos olhos, as formas do corpo e do rosto, as tatuagens, o estilo de roupa e o que mais fosse possível. Sim, isso também é possível no Metaverso, mas não nas antigas salas de bate-papo. Um outro ponto ao qual devemos nos atentar é sobre a qualidade da internet entre os anos 2005 e 2007, auge do *Second Life* no Brasil. Se hoje, mesmo com a qualidade do 4G, ainda temos uma velocidade de conexão que está muito abaixo daquela verificada em muitos países, naquela época era ainda mais lenta. O resultado era uma experiência ruim. Cada passo em uma caminhada no *Second Life*, por exemplo, poderia demorar até 30 segundos para ser dado. Os computadores não eram tão avançados como hoje, principalmente no que diz respeito às placas de vídeo, essenciais para o bom desempenho, ao lado de processadores mais poderosos. Atualmente, isso não é mais uma barreira. Graças ao universo dos *games*, as empresas apostaram mais nesses recursos para melhorar o desempenho das máquinas como um todo.

De fato, o Second Life pode ser considerado o "pai" do Metaverso, mas a chave para esse universo foi moldada pela indústria de jogos eletrônicos. Foi dali que se abriu uma passagem para esta incrível arena digital, ao desenvolver toda a infraestrutura de qualidade para quem aderisse a esse novo mundo. E podem acreditar, esse movimento está apenas começando e não tem a menor chance de ser interrompido.

O sucesso de muitos jogos *on-line* decorre justamente da interação social proporcionada com outros jogadores em um ambiente imersivo, onde são representados por avatares escolhidos previamente. Dessa forma, o Metaverso é uma evolução. É um novo passo de uma realidade que já está posta e que chega para fazer o que o *Second Life* não conseguiu: revolucionar o mundo digital de uma forma que nunca vimos antes.

E não estamos falando apenas de Google, Facebook, Instagram, YouTube, Netflix, Spotify ou bancos digitais, mas sim de empresas que aumentaram, e muito, as suas vendas com o *e-commerce*; de pessoas que se recolocaram mais rapidamente no mercado de trabalho com o LinkedIn; de outras que criaram novas profissões (caso dos influenciadores digitais) e que, muitas vezes, ganham com um *post* o que grande parte da classe trabalhadora não ganha em um ano inteiro de trabalho. Esse é o caso do ator Caio Castro, que chega a fazer 500 mil reais com uma simples postagem em suas redes sociais e que tem mais de 20 milhões de seguidores somente no Instagram.

Segundo Guilherme Ravache, em um artigo no portal MIT Technology Review Brasil, o Metaverso é a grande aposta como nova revolução tecnológica, na proporção do que foi a internet e o *mobile*.

> *"O poder de uma tecnologia ganha relevância à medida que novas conexões se formam entre o que já existe e novas invenções acontecem. Por exemplo, o telefone celular era incrível para realizar ligações. Mas graças à BlackBerry ganhou um novo status ao permitir mandar e-mails (uniu elementos do mobile e da web). Mas foi com a chegada do iPhone e sua tela grande, o aumento da velocidade das conexões de rede e o acesso ao GPS, que levaram os mapas para dentro dos telefones, que permitiu a revolução dos apps, do Uber, passando por todos os apps de entrega, até fazer com que coisas tradicionais como os bancos também migrassem para o mobile à medida que era o lugar onde seus usuários estavam."*[1]

Ravache não está errado, afinal, a tecnologia avançou demais nesses últimos anos, muito mais que nas décadas de 1980 e 1990. Ainda assim, muito menos do que veremos nos próximos anos, pois quanto mais aprendemos com a tecnologia, mais ela nos ajuda a evoluir em um ritmo cada vez mais rápido. Se antes o Atari era o grande *videogame* dos jovens, hoje, eles jogam em seus smartphones com gráficos infinitamente superiores, enquanto a saudosa empresa investe em outro tipo de jogo: um cassino com apostas feitas exclusivamente em criptomoedas.

Os *games* potencializaram, e muito, o conceito de Metaverso. Vamos falar com mais detalhes logo à frente. O que chama a atenção é como as novas gerações estão inseridas nesse universo. Fernanda, de 11 anos, filha do Felipe Morais, um dos autores desta obra, deseja ser arquiteta, baseada em sua experiência no *Minecraft*, jogo totalmente inserido na cultura do Metaverso. Assim como ela, muitos são os adolescentes e jovens que querem seguir profissões inspirados em suas experiências com a internet, os *games* ou mesmo o Metaverso. Não é à toa que alguns especialistas indicam que os pais coloquem os filhos para aprender programação, que hoje é tão importante quanto o inglês para a construção de uma promissora carreira profissional.

O *Second Life* não pode ser ignorado quando começamos a falar da origem do Metaverso, pois foi ele quem primeiro materializou as ideias desse novo universo. Se antes faltou estrutura para que o conceito avançasse, hoje já não falta. O 5G, por exemplo, ainda em 2022 será uma realidade no Brasil, como aponta Fernando Moulin, partner da Sponsorb. Para ele, "a principal vantagem do 5G, evidentemente, é a maior agilidade na prestação de serviços públicos e privados, possibilitando mais eficiência para as organizações e maior produtividade aos colaboradores".[2] Moulin, que foi diretor da Vivo na área de marketing, é um dos grandes especialistas nessa tecnologia, tida como mais uma revolução dentro da já tão revolucionária internet. O 5G vai potencializar a Internet das Coisas (IoT) e tudo o que está em volta dela. Além da alta velocidade, com ela tudo poderá estar conectado a tudo, da geladeira ao carro, da sua roupa ao equipamento hospitalar ou o maquinário agrícola. É possível dizer que o 5G também vai ser um importante pavimentador do caminho que leva ao Metaverso.

Enfim, 5G, Internet das Coisas (IoT), big data são temas sobre os quais falaremos mais ao longo das próximas páginas. Todos esses assuntos formam, em conjunto, o guarda-chuva da transformação digital ou a Revolução 4.0. O Metaverso tem o potencial, mas antes as empresas precisam tirar algumas ideias do papel. A verdadeira e profunda transformação digital passa pela mudança de *mindset* de diretores e pessoas. Precisa vir daqueles que têm a alma digital, e não apenas armas digitais, um conceito criado por Walter Longo, no seu livro *Comunicação e Marketing na era pós-digital*, de 2014.

O Metaverso pode ser considerado um terreno do marketing dessa era do pós-digital, como Longo destaca em seu livro. Os conceitos que esse publicitário e empreendedor digital defende, sem citar propriamente o Metaverso, batem com aqueles apresentados em um estudo realizado por Cristiano Dencker, líder da Accenture Interactive para a América

Latina. Na opinião desse especialista, a experiência é a palavra de ordem destes novos tempos.

> *"Há uma tendência no mundo todo de que momentos que geram boas experiências para o consumidor ganham ainda mais valor. Isso, somado ao volume de novas tecnologias surgindo, torna ainda mais urgente que o mercado prepare todo seu ecossistema para focar no cliente, e não pura e simplesmente na entrega de produtos ou serviços. Ou seja, estar atento a cada passo desse consumidor e considerar o atributo emocional em toda a sua jornada de contato com a marca passa a ser determinante para o sucesso das empresas daqui para frente. A experiência é a grande alavanca de diferenciação deste mundo pós-digital."[3]*

E uma palavra que você verá muito aqui é "experiência", uma vez que é impossível falar de Metaverso sem que pensemos na experiência do usuário. Como já dizia Steve Cannon, CEO da Mercedes-Benz, *"a experiência é o novo marketing"*.

No trecho que reproduzimos do estudo de Dencker, fica evidente que ele fala sobre as tecnologias surgindo e um novo ecossistema. De novo, não fala necessariamente sobre o Metaverso. No entanto, sem a menor sombra de dúvida, conseguimos encaixá-lo como uma defesa da nossa tese exposta aqui neste livro, de que o Metaverso está acompanhando a evolução natural da humanidade. É algo que a tecnologia vem impulsionando nos últimos anos, tendo a internet como a principal força de tração. Voltando à frase de Cannon, é simplesmente uma síntese muito bem-feita do que o marketing moderno traz. Deixemos um pouco de lado a mídia, importantíssima, claro, mas pensemos mais em experiências no mundo digital, ou, como Walter e Dencker dizem, no pós-digital, afinal, é isso que as pessoas buscam. O termo *omnichannel*, outro que muito falaremos aqui, é a união do *on-line* com o *off-line*.

Portanto não entre no Metaverso sem pensar em uma experiência única. Pessoas compram via aplicativo e recebem os pedidos em casa; outras assistem à Netflix dentro do ônibus enquanto se deslocam para o trabalho ou para visitar um parente, por isso exigem que o veículo tenha wi-fi. Carros estão saindo de fábrica com sistemas de conexão com o celular e até roupas e acessórios, as chamadas *wearables*, como camisetas, óculos e relógios, estão conectando as pessoas ao universo digital. Tudo isso nos mostra o quanto já estamos na era pós-digital e que a experiência e a comodidade contam.

Ainda de acordo com Dencker, "as empresas que estão obtendo resultados são aquelas que entenderam que uma grande experiência se dá não por aquilo que você oferece em cada ponto de contato, mas sim por como você habilita o seu cliente a atingir os seus objetivos mais importantes". A compreensão disso, na opinião do especialista da Accenture Interactive, seria o primeiro passo para dar um salto quântico na experiência, uma vez que deixaríamos de mirar cada momento de interação e passaríamos a focar o conjunto da jornada para atingir um dado objetivo do consumidor.

Daqui extraímos que os pontos de contato das marcas são fundamentais para o seu *branding*. Esse conceito (*branding*) remete à gestão da marca, isto é, não se trata apenas de construir, mas de fortalecer e posicionar essa marca na mente das pessoas (você pode saber mais sobre *branding* no livro *Planejamento de Marcas no Ambiente Digital*, de Felipe Morais). Al Ries, renomado estrategista de marketing americano e autor de vários *best--sellers*, diz que "posicionamento é uma batalha na mente das pessoas". Seu livro intitulado simplesmente *Posicionamento*, escrito em parceria com Jack Trout, é uma das obras que qualquer profissional de marketing precisa ler e, se possível, periodicamente. Ainda que os exemplos que ilustram o texto sejam antigos, o conceito que ele traz nunca muda.

Tendo esses dois conceitos apresentados (*branding* e posicionamento), vamos retomar outro corte do estudo de Dencker sobre o pós-digital. Já falamos inicialmente de experiência, como aquelas que os consumidores vivenciaram (e seguem vivenciando) com o iFood, Rappi, Uber Eats e outros. Para Dencker, as empresas não são apenas de pontos de contato. Embora estes sejam fundamentais para uma boa gestão, a questão primordial é como as marcas ajudam as pessoas a ter uma vida melhor.

Em uma palestra realizada em 2006, Romeo Deon Busarello revelou que a Tecnisa mantinha mais de 40 pontos de contato com todos os perfis de público, tanto potenciais compradores quanto imprensa, acionistas, corretores e outros. Segundo ele, que na época era diretor de Marketing da empresa e hoje é seu vice-presidente de Inovação e Transformação Digital, isso fortalecia a marca no universo digital. Esse tipo de visão faz da Tecnisa uma das principais referências no marketing digital e de Busarello um dos nomes mais reconhecidos pela adoção de práticas inovadoras. Ele defende que "não é a marca que escolhe onde as pessoas se relacionam, são as pessoas que escolhem onde querem conversar com as marcas". Isso vai ao encontro do que Martha Gabriel, uma das pensadores digitais mais influentes do Brasil, já defendia na mesma época sobre o vetor do marketing. "Antes o marketing achava as pessoas na mídia tradicional, hoje, as pessoas acham as marcas pelo marketing digital", dizia a multiprofissional, que também é professora da Pontifícia Universidade Católica (PUC) de São Paulo.

Mesmo que esses conceitos tenham sido apresentados em 2006 e 2007, ainda são muito atuais. Destacamos isso apenas para lembrar que o Metaverso será exatamente e sem margem para dúvidas um ponto de encontro das marcas com as pessoas, onde a experiência precisa ser o ponto-chave para tudo. O Metaverso tem um enorme potencial e não é apenas para marcas como McDonald's, Boticário, Gucci ou Nike. É para todos, independentemente do tamanho, da padaria às megacorporações. Ainda não entendeu? Siga em frente com a leitura e verá que, ao final deste livro, tudo se conecta.

Jogos e o Metaverso

"*Videogame* é uma interseção de cultura, entretenimento e tecnologia. Ele diverte, conecta as pessoas, engaja o jogador em uma missão que, com a internet, agora é realizada em comunidade", avaliou Joost van

Dreunen em sua palestra "Videogame e o futuro do Entretenimento", no South by Southwest (SXSW), evento que acontece toda primavera em Austin, capital do Texas (EUA), e se caracteriza por ser um conjunto de festivais de cinema, música e tecnologia. Mais recentemente, em outra palestra proferida em 2021, ele explicou que as realidades virtuais e universos paralelos que vemos hoje são algo concreto, experimentado e expandido nos *games*, sobretudo com a transição para o digital observada na última década. "Os jogadores são a vanguarda do consumo dessas experiências e uma boa medida de sua eficácia e audiência", destaca Van Dreunen, que é professor da Escola de Negócios da Universidade Nova York.

Na edição de 2022, Sarah Bond, vice-presidente corporativa da Xbox e líder de Engenharia, Negócios e Estratégia da Microsoft, trouxe uma pesquisa que vai ao encontro do que o professor Dreunen disse um ano antes. Para a executiva da empresa fundada por Bill Gates, "jogos têm essa natureza interativa. Eles também criam conectividade social. Portanto, têm um poder único de fazer algo que outras formas de entretenimento não conseguem".

Segundo Walter Longo, em uma entrevista para Fausto Botelho, "a indústria de *games* já manda no Metaverso, pois lá as pessoas já criam avatares e compram itens para jogar há muito tempo". De fato, isso não é nenhuma novidade e só beneficia o Metaverso como um todo. O negócio bilionário dos *games* só tem a influenciar positivamente nesta direção e muitos conseguirão usar melhor os recursos do Metaverso graças às habilidades adquiridas no ambiente dos jogos. Além disso, os *games* terão uma nova plataforma para construir a relação com os jogadores, muito mais imersiva do que os atuais consoles Xbox e PlayStation entregam hoje.

Um especial do portal Meio&Mensagem sobre o SXSW 2022 considerou que o *videogame* é muito mais do que um simples entretenimento.[4] Segundo diversos estudos clínicos, é possível entendê-lo como uma poderosa arma para curar a mente e o corpo; não é à toa, portanto, que o número de adultos fiéis jogadores no Brasil seja enorme. A oitava edição da Pesquisa Game Brasil (PGB) apontou que 72% da população brasileira pratica jogos eletrônicos. Este importante estudo é resultado de uma parceria entre Sioux Group, Go Gamers, Blend New Research e ESPM e abrangeu um universo de 12.498 pessoas dos 26 estados mais o Distrito Federal. Historicamente, as mulheres são a maioria (51,5% nesta edição). Quanto ao perfil por idade, o predomínio é dos adultos, sendo que 41,1% estão na faixa de 20 a 29 anos. Uma curiosidade é que, enquanto o grupo de 16 a 19 anos representa 10,3% dos *gamers*, aqueles com mais de 40 anos reúnem 18,9% dos jogadores, segundo a PGB.[5] Um amigo nosso, Arthur, é uma síntese dessa pesquisa. Por muitos anos ele trabalhou em uma das maiores redes de distribuição de *games* do país e nos contou que o público-alvo deles eram os adultos. Eram esses os principais clientes, não só por presentear os filhos e sobrinhos, mas por ser eles próprios inveterados jogadores.

Além de aliviar o estresse do dia a dia, crianças e adultos jogam *videogame* para relaxar e se entreter. Sempre achamos que apenas os adultos vivem estafados e têm uma vida agitada. Mas esquecemos que as crianças têm responsabilidades relacionadas à escola, inglês, natação, esportes e, às vezes, aulas particulares que também deixam o cérebro cansado. Elas também precisam de um momento de alívio, e acabam, muitas vezes, encontrando esse escape no *videogame*. A boa notícia é que a prática não só ajuda no desenvolvimento cerebral como ainda os instiga a vencer.

Jogos como *Elden Ring*, *Geometry Wars* e *Street Fighter*, que ensinam as pessoas a lidarem com as dificuldades, por meio de obstáculo e recompensa, contribuem para o desenvolvimento de uma mentalidade de crescimento, uma vez que permitem diversas tentativas até o acerto. Estudos mostram que os jogos estimulam duas partes do cérebro:

- hipocampo, responsável pelo aprendizado e memória;
- vias de recompensa no cérebro, responsável por produzir sentimentos de recompensa e prazer.

Os altos níveis de estresse da vida em sociedade exigem cada vez mais que as pessoas tenham esses momentos de relaxamento. As redes sociais, em especial YouTube e Instagram, cumprem esse papel oferecendo entretenimento. Mas não é apenas isso. O termo "qualidade de vida" ganhou força nos últimos anos e as pessoas estão buscando cada vez mais as academias ou a prática de esportes ao ar livre para ajudá-las a se livrar da ansiedade característica destes tempos agitados. Baseado nessa teoria – que quase todos vivemos e sabemos que é uma realidade – e com tantas questões estruturais a serem resolvidas na vida real, como o Metaverso se inserirá em tudo isso? E mais: que implicações trará para a saúde mental? A questão ainda vai merecer longos debates, mas o que se sabe é que o mercado de bem-estar já está buscando nele o seu lugar, lá estando disponível, por exemplo, a prática de *mindfulness*.[6]

Não faltam estudos favoráveis aos jogos, inclusive que indicam que eles ajudam as pessoas a lidar com a dor. Isso é o que defende Sarah Bond, para quem os *games* servem tanto para cuidar do indivíduo quanto para criar empatia para entender a humanidade como um todo. "É a combinação dessas coisas que pode realmente nos ajudar a construir um mundo melhor. Os jogos, justamente por conta de sua natureza de interatividade, passam por todos os estágios da empatia e têm sido usados na terapia para ajudar a melhorar a saúde física e mental das pessoas, pois já foi provado que são muito úteis para distrair a dor e também alterar nossa percepção do tempo", diz a vice-presidente corporativa da Xbox.[7]

Os *games* ajudariam ainda a promover o bem-estar e a saúde mental e até auxiliariam as pessoas no tocante à perda e ao luto. Desde o Atari, as pessoas se conectam com o jogo como se estivessem dentro dele. As novas tecnologias, com a altíssima qualidade de gráficos, intensificam essa sensação. Portanto, não é nenhum absurdo afirmarmos que, graças à cultura dos *games* e esse poder de quase imersão, o Metaverso cairá como uma luva na sociedade. Além de todos os conceitos que os *videogames* trouxeram aqui, no mundo imersivo oferecido pelo

Metaverso, todos literalmente estaremos dentro das plataformas, sendo quem desejamos ser, no momento em que desejaremos estar. Será apenas uma fantasia fruto de um processo de virtualização, mas, naquele momento, será a nossa realidade.

O desenvolvimento do Metaverso significa que todos os setores passam a ter a oportunidade de participar do lado bom dos jogos. Mas alcançar isso não é tão simples quanto construir uma experiência envolvente. "Temos que promover a inclusão em escala global. E esta é uma lição e uma visão que levamos muito a sério na indústria de jogos e no Xbox", esclarece Sarah Bond. Nesse sentido, a Microsoft criou um programa para ajudar desenvolvedores independentes a lançarem seus jogos no Xbox, sem intermediários. O projeto diz muito sobre o que essa gigante está preparando para os próximos anos. Mas sobre isso conversaremos mais à frente.

Como mencionado no capítulo anterior, os jogos são os grandes influenciadores do Metaverso. Quando nem se falava tanto desse conceito, *Roblox*, *Minecraft*, *Alien Worlds*, *DeFi Kingdoms*, *The Sandbox*, *Hexarchia*, *Bloktopia* e *Crypto Cars*, só para citarmos alguns títulos, já faziam um enorme sucesso. Segundo o *site* Cointelegraph, passa dos 40 milhões o número de *downloads* do *Sandbox*, mundo virtual de jogos descentralizados, onde as pessoas criaram 70 milhões de dólares em ativos nos *games* sem receber nada por isso. Sebastien Borget, o fundador dessa que é uma das principais plataformas de Metaverso do mundo, prevê que, na próxima década, o Metaverso terá transformado profundamente a maneira como trabalhamos, socializamos, jogamos e ganhamos com as oportunidades econômicas e os empregos que estamos criando. "Estamos defendendo fortemente que o núcleo do metaverso aberto seja descentralização, interoperabilidade e conteúdo gerado pelo criador. O Metaverso é uma porta de entrada para novas experiências limitadas apenas pelo que os usuários podem pensar. É importante para nós que o conteúdo que você possui ou cria no *Sandbox* possa ser transferido para outros Metaversos abertos e vice-versa", diz Borget.[8]

Uma das vantagens para as sociedades conectadas é que o Metaverso é descentralizado. Portanto, o que Borget defende é interessante para que as pessoas se livrem da ditadura das grandes empresas. "No Metaverso faz-se um caminho inverso ao da Web 2.0, onde propriedade do conteúdo é aprisionada pelos magnatas da tecnologia", diz o fundador do *Sandbox*, que nasceu e foi criado na França, onde fez Engenharia, Matemática e Física, mas se estabeleceu em Hong Kong, onde se formou em Redes de Computadores e Telecomunicações. Descentralizar pode significar o fim do poder das redes sociais, em especial da Meta, empresa que controla Facebook e Instagram. Talvez em função disso, vislumbrando um futuro não muito distante, Mark Zuckerberg já esteja mudando o rumo da sua gigantesca empresa para esse universo.

O Metaverso tem uma vantagem sobre o *Second Life*, que também tinha uma moeda própria, o Linden dollar: agora o Metaverso se torna ainda mais forte e protegido com as tecnologias de NFTs e *blockchain*.

O *Fortnite* é um *game* que está entre os principais dentro desse Metaverso. Para o CEO da Epic Games, Tim Sweeney, este não é somente um jogo, mas sim um Metaverso, um fenômeno que transcende os *games*. Lançado em 2017, atualmente, esse "mundo de experiências" é mais um local social do que efetivamente uma plataforma de batalhas. Para se ter uma ideia do poder do jogo, em 2020 a Epic Games bateu de frente com a poderosa Apple, após a marca da maçã remover o *Fortnite* de sua app store.

Quer ter uma ideia do poder do *Fortnite*? A Epic Games captou no final de 2021 mais de 1 bilhão de dólares para investir no Metaverso, tendo o *Fortnite* como base principal. Um show da cantora Ariana Grande trouxe 1 milhão de espectadores para essa arena digital no mesmo ano e, com isso, potencializou essa plataforma, uma das mais relevantes dentro do universo do Metaverso. O rapper Travis Scott também fez uma apresentação por lá e contou com a audiência de milhares de pessoas. Até artistas mais tradicionais estão participando, como o francês Jean-Michel Jarre, que lançou um show em realidade virtual na Catedral de Notre-Dame. E isso é só o começo para o mundo do entretenimento, assim como o da moda e o da construção são os segmentos que tendem, pelo menos por ora, a ser os maiores dentro do Metaverso. Não foi à toa que a empresa Facebook mudou seu nome para Meta, afinal, além dela, Roblox, Novaquark e diversas outras apostam nesse conceito como o futuro dos jogos. Buscam assim consolidar uma hegemonia, pois, como já se sabe, o mercado de *games* fatura mais do que Hollywood, e isso não é de hoje.

Assim como mencionamos brevemente na "Apresentação" deste trabalho, a terminologia "Metaverso" não é nova, sendo cunhada originalmente na obra de ficção científica *Snow Crash*, do americano Neal Stephenson. No livro, lançado em 1992, Hiro é um entregador na pizzaria de um tio mafioso em um mundo decadente. No entanto, em um ambiente virtual, assume a personalidade de um prestigiado hacker samurai. Mas a estabilidade desses dois mundos está em perigo com a chegada de um misterioso vilão, O Corvo, responsável por espalhar uma nova e poderosa droga: a Snow Crash. Caberá a Hiro e a outros aliados a missão de conter a ameaça.

Segundo explicação do próprio Stephenson no ensaio *In the beginning... was the command line*, publicado em 1999, o termo "snow crash" era empregado quando os antigos computadores Macintosh travavam por completo a ponto de seu monitores apresentarem pontos aleatórios similares aos de um aparelho de TV fora de sintonia, dando um aspecto de tempestade de neve. Não é à toa que a obra foi publicada originalmente no Brasil pela Aleph com o título de *Nevasca*, cujas cópias ainda se encontram disponíveis a um bom preço nas plataformas que reúnem sebos, como a Estante Virtual.

A inspiração para o escritor americano veio dos livros cyberpunks. Por sua vez, seu trabalho inspirou filmes como *Matrix* e *Jogador Número 1*. Neste último, o conceito é estendido a tal ponto que o local virtual, conhecido como Oasis, chega a substituir quase que completamente o mundo que conhecemos, que, assim como em *Snow Crash*, está em decadência completa. É isso que estimula o protagonista a fugir para um ambiente virtual e com diversas possibilidades. Veja que essas primeiras referências já trazem o que acreditamos ser o centro do Metaverso, que é o fato de as pessoas poderem se transformar naquilo que mais desejam.

Na opinião de Walter Longo, o Metaverso é um multiplicador de experiências e, como tal, a extensão da vida. "As pessoas poderão comprar um tênis em uma loja no Metaverso e esse chegará em sua casa de forma física", explica. Essa visão reforça o conceito primordial. Embora ninguém passe a ser o Cristiano Ronaldo no mundo físico, no Metaverso qualquer um poderá ser o craque português e usar suas chuteiras, que, enquanto no ambiente virtual custa 5 dólares, na loja do shopping não sai por menos de 2 mil reais.

Lembra quando apresentamos lá no início Juan Pablo Boeira, CEO da AAA Academy, que dizia que o Metaverso já não pode ser considerado simplesmente uma tendência ou uma onda? Pois é! Vamos recorrer de novo à visão deste colombiano para trazermos mais clareza ao assunto. É ele quem diz:

> *"Para entendermos o metaverso, costumo fazer uma alusão ao jogo The Sims no qual é ao mesmo tempo online, multiplayer e existem interações com a vida real. Mas para compreendermos corretamente o metaverso, é necessário conhecermos os seus quatro pilares de sustentação que s*ão Realidade Virtual, Realidade Aumentada, Realidade Mixada e Web 3.0. *Ou seja, a realidade virtual faz parte do metaverso, uma vez que ela nos blinda do mundo real e cria uma nova realidade de um mundo totalmente alternativo. Já a realidade aumentada, não cria uma realidade independente, mas mescla o mundo real com projeções virtuais criando uma realidade diferente. E a realidade mixada proporciona uma interação real com objetos virtuais e tudo isso é suportado pelos protocolos da Web 3.0, que proporcionam a descentralização dos processos."*[9]

Vamos dar um passo antes para explicar três conceitos dos mais relevantes quando o assunto é Metaverso: NFT, token e *blockchain*. O primeiro é a sigla em inglês para *non-fungible token* ou token não fungível, na tradução para o português. Um token, no universo das criptomoedas, é a representação digital de um ativo – como dinheiro, propriedade ou obra de arte – registrada em uma *blockchain*.

Já a *blockchain* é uma maneira de interação pela internet. Na prática, são pedaços de código gerados *on-line*, que carregam informações conectadas ou blocos de dados que formam uma corrente, vindo daí o nome. Esse sistema possibilita rastrear o envio e recebimento de alguns tipos de informação pela rede mundial de computadores e é a base para o funcionamento e as transações com as criptomoedas (as moedas digitais como Bitcoin, Ethereum, Binance Coin e tantas outras). Ele oferece segurança aos usuários para realizar de operações financeiras até registro de bens. No Metaverso, a função das *blockchains* é justamente assegurar a proteção e posse dos ativos digitais adquiridos, como uma música, um jogo ou mesmo a identidade no ambiente digital.

Retornando ao ponto de partida, quem tem um token de uma propriedade, grosso modo, tem direito àquele imóvel ou a parte dele. Os times de futebol aderiram a esse conceito para aumentar as receitas. Os chamados *fan tokens*, que são ativos digitais colecionáveis, fornecem aos proprietários acesso a direitos de voto em enquetes, recompensas VIP, promoções exclusivas, recursos habilitados para realidade aumentada (AR), fóruns de bate-papo, jogos e competições nas plataformas. O São Paulo Futebol Clube, por exemplo, arrecadou 9 milhões de reais em poucos dias quando lançou a sua iniciativa de token com a torcida. Foram lançados 850 mil *fan tokens*, que foram vendidos a 2 dólares cada.

Os bens fungíveis são aqueles que podem ser substituídos por outros da mesma espécie, qualidade e quantidade. O dinheiro é fungível, já que é possível trocar uma nota por outra de menor ou maior valor. Por outro lado, uma joia é algo único, não podendo ser considerada fungível, assim como uma obra de arte ou uma música. NFT, portanto, é a representação de um item exclusivo, que pode ser digital – como uma arte gráfica feita no computador – ou física, a exemplo de um quadro.

Além destes, itens de jogos ou momentos únicos no esporte também podem ser transformados em algo único e colecionável.

A Nike, e vamos falar muito dela aqui, é uma das empresas que apostaram no Metaverso – via Nikeland – desde seu começo. Mencionaremos um dos seus *cases* no Capítulo 3. Mas veja o quanto essa marca – que tem no jovem um grande público – está de olho no crescimento desse universo. Segundo o Portal InfoMoney, no fim de 2021, a marca comprou a empresa RTFKT, uma *startup* especializada em NFTs de moda.[10] O ponto que levou a gigante dos esportes a fazer a aquisição foi o tênis colecionável híbrido NFT e físico, inspirado na famosa coleção NFT CryptoPunks, imagens de arte de 24×24 pixels geradas por um algoritmo. Essa coleção, produzida em parceria com o artista de NFTs FEWOCiOUS, vendeu 3,1 milhões de dólares em pares de tênis do Metaverso. A empresa comercializou no mesmo ano um NFT por aproximadamente 24 milhões de dólares.

Sim, o Metaverso vai ajudar realmente as marcas a expandirem sua base de clientes. Pode ainda soar estranho, mas será cada vez mais usual pessoas estarem dispostas a pagar 50 reais pelo avatar de um tênis (no caso da Nike), de um modelo que no plano físico custaria 1.400 reais. Além disso, o mesmo produto oferecido no ambiente virtual poderá ser lançado em edições especiais para a compra física. Parece espantoso? Nem tanto assim. Espantoso mesmo é pensar que, na década de 1990, para se ter 15 mil músicas seria necessário comprar mil CDs, que ocupariam uma generosa estante da casa. Para isso se gastaria, em valores de hoje, quase 50 mil reais. Hoje paga-se uma mensalidade de aproximadamente 20 reais e se tem acesso a bilhões de músicas no Spotify ou Apple Music. E o melhor: tudo portátil, podendo ser levado para qualquer lugar sem transtorno. Aliás, transtorno mesmo só se esquecer o celular.

Perceba que, como já destacado, tudo está conectado dentro de um ecossistema, ou seja, já começa a ficar claro que o Metaverso oferece uma grande oportunidade de negócios. Diante dessa perspectiva, a exploração do seu potencial deve ser comandada por quem conhece do universo digital. Nada de deixá-lo entregue a mentes que ainda estão presas ao *off-line* e que o encaram como algo de (e para) adolescentes, sem perspectiva de lucro. Uma matéria de novembro de 2021 do portal G1 apontava que a Bloomberg Intelligence calculava que a oportunidade de mercado para o Metaverso poderia atingir 800 bilhões de dólares até 2024 e informava que o Bank of America incluiu o Metaverso na sua lista de 14 tecnologias que revolucionarão a nossa vida.[11] São informações extremamente relevantes para quem está pensando em mergulhar de vez nesse universo. Aliás, se você está com este livro em mãos e nos acompanhou até aqui é porque tem uma grande chance de estar no Metaverso em breve. Esperamos que essa obra te ajude. Usaremos poucos dados como esse ao longo das páginas, pois sabemos que, na velocidade em que esse universo expande, logo eles estarão defasados. Entretanto, mesmo que desatualizados, alguns deles dão uma ideia da grandeza do mercado. Pense que esse número de 800 bilhões de dólares poderá, neste momento em que você faz a leitura, estar na casa do trilhão de dólares.

Marcas e games

Não é de hoje que as empresas estão de olho no Metaverso, ainda mais as que dialogam com os jovens e que são descoladas. A Fanta, por exemplo, marca pertencente à Coca-Cola Company, criou em 2019 uma experiência imersiva no *Fortnite*, com a qual os jogadores podiam vestir seus personagens com camisetas de times do Brasil e do mundo. Já o Boticário abriu uma loja no *Avakin Life* e ali os jogadores podiam resgatar recompensas em itens da marca, além de uma consultoria virtual para explicar sobre ativações no jogo.

As marcas mais antenadas ao universo digital estão entendendo que é possível, sim, realizar negócios por meio das plataformas do Metaverso. Não se trata de simplesmente empurrar produtos e serviços para quem lá está, mas de levar esses produtos e serviços para esse universo, inserindo-os de uma forma que faça sentido ali. Quem ainda não entende o processo por trás deste novo mundo buscará fazer dele apenas mais um canal de vendas. É o que se vê nas redes sociais hoje, com algumas marcas usando seus perfis no Instagram e Facebook para apresentar um enorme catálogo de produtos. Mas sejamos sinceros: quem entra em perfil de marca apenas para ver produtos? Alguém liga a TV para ver apenas os comerciais? Obviamente, não. As pessoas têm na internet uma plataforma para se relacionar com as marcas, sendo as vendas uma consequência. Quem entendeu isso tem excelentes resultados; quem não, reclama. No Metaverso estaremos diante da mesma situação. Portanto, fica aqui a nossa dica para não usar o Metaverso como uma plataforma de vendas, o que ela não é.

Ao longo do livro, vamos trazer muitos exemplos de marcas que já estão apostando no Metaverso como um canal de vendas, mas sem pensar em vendas. Como isso é possível? Simples: no fim do dia, claro que qualquer empresa que aposte 1 dólar em uma plataforma imersiva deseja que pelo menos 2 dólares retornem aos seus cofres, afinal, estamos em um mundo movido pelo dinheiro. O mesmo acontece com as marcas que desejam estar no Metaverso como posicionamento de marca. No fim das contas elas estão olhando para o famoso ponteiro do financeiro torcendo para que ele cresça. Mas, como defendemos, está na hora de parar de agradar o diretor de Marketing para agradar o diretor financeiro. Em resumo: no final, as vendas têm sempre de ocorrer.

Por outro lado, há uma regra básica do varejo digital que diz que, se você quer apenas vender, você não vai vender. Primeiro é preciso conquistar para depois vender. Não à toa, o CRM (sigla para customer relationship management, ou, no bom português, gestão de relacionamento com o cliente) tem se tornado fundamental para traçar campanhas diretas e específicas para públicos distintos. Portanto, se você ainda está na dúvida se deve ou não entrar no Metaverso, o conselho óbvio é: vá em frente, porque isso já é uma realidade, ainda que não

O que é o Metaverso? **39**

em sua total capacidade. Ainda é apenas o começo desta revolução que vai também alterar o relacionamento entre empresas e clientes e, como sabemos, quem chega primeiro garante assento ao lado da janela, de onde se tem uma visão melhor.

É preciso preparar a sua empresa, definir o condutor do projeto e os KPIs para conduzir e aproveitar as possibilidades desse universo, uma vez que a evolução da tecnologia está acontecendo rapidamente. Vivemos um estágio bem inicial do Metaverso, talvez equivalente ao começo da internet. Mas não podemos deixar de levar em conta o cenário que está se formando, com *blockchain*, NFTs e outras ferramentas que estão se tornando realidade e já beneficiam as empresas. Não é prudente esperar a chegada da versão ideal do Metaverso, para não ficar para trás e perder o bonde da história dessa tecnologia.

Até mesmo os cassinos *on-line* estão aderindo a esse universo. Não há como negar que jogar pôquer de forma *on-line* é um enorme sucesso. Há diversos sites com essa finalidade e personalidades, como o ex-jogador Ronaldo Fenômeno e Neymar, já foram garotos-propaganda de alguns deles. Nesses cassinos virtuais, pessoas jogam contra outras que estão nos quatro cantos do mundo. Mas não é apenas o pôquer que cresce. Jogos de azar, como roleta e blackjack, também atraem milhões de jogadores. Esse é o caso do ICE Poker, o cassino virtual da plataforma *Decentraland*, que, em média, recebe cerca de 6 mil pessoas por dia para disputas que garantem prêmios em criptomoedas.

Redes sociais e Metaverso: o que você precisa saber sobre isso

Em outubro de 2021, Mark Zuckerberg anunciou que sua empresa apostaria no Metaverso e que, por conta disso, até mudaria o nome do seu conglomerado de tecnologia e mídia social para Meta. Na ocasião, muitos não entenderam e o tema despertou grande interesse. Em 2022, a National Retail Federation (NRF), maior associação comercial do mundo, trouxe o Metaverso como tema em seu evento anual, debatendo também a importância de as marcas estarem nesse universo, ajudando a transformar o mercado. Na palestra *O novo mundo: os desafios e as promessas do Metaverso para os varejistas*, Emma Chiu, diretora global da Wunderman Thompson Intelligence, falou sobre como as empresas têm realizado ações específicas para esse ambiente. Uma das questões é a redução da incerteza sobre o futuro da posse, uma vez que os usuários também vão querer possuir nesses ambientes. Para Chiu, o Metaverso é simplesmente uma extensão das nossas vidas, aprimorada pela tecnologia. Os *games* fazem evidentemente parte desse processo, mas está na hora de as pessoas pararem de achar que a convergência entre real e virtual vai continuar restrita aos amantes de *Roblox* ou *Fortnite*.

Retomando Walter Longo, na sua palestra intitulada *Metaverso: onde você vai viver e trabalhar em breve*, as redes sociais funcionam como uma espécie de treino para essa nova tecnologia. "Dificilmente as pessoas estão felizes com quem são. O ser humano sempre quer ser mais. É nas redes sociais que as pessoas constroem seus mundos perfeitos no Metaverso. Porém, isso pode ser perigoso no momento em que nós não vamos mais diferenciar o mundo real e o virtual em alguns anos", destacou o publicitário, que é um profundo conhecedor do comportamento humano.

Lembra quando trouxemos que a preocupação do pessoal do Itaú não era com o Bradesco ou o Santander, mas com o Nubank? Quem então inquietaria a principal plataforma de *streaming* global, que já nasceu 100% digital? Esta resposta também foi dada por Longo. "O CEO da Netflix afirma que ele não se preocupa tanto com a Apple TV, Disney+ ou Amazon Prime como se preocupa com o *game* citado acima, o *Fortnite*, que está criando um ecossistema com enorme potencial em nível mundial", disse. Entende onde o conceito pode chegar? Uma plataforma de *streaming* preocupada com um *game*? Será que é porque o *game* pode ir além da sua função primordial e ser também uma plataforma de *streaming*? Exagero? Bem, pode ser, mas aí você se depara com a

O que é o Metaverso? **41**

notícia de que a Warner Music Group fechou uma parceria com *The Sandbox* para criar um parque temático musical no Metaverso e que o DJ David Guetta, um dos mais importantes do mundo, já realizou um show lá. A transmissão? *On-line* via… *streaming*!

Nas redes sociais sabemos que a maioria das pessoas não está sendo 100% verdadeira. A foto com um largo sorriso e um cenário de praia pode ser real, mas aquele pode ter sido o registro de uma felicidade fugaz ou fingida. A imagem de alguém na academia pode já ter sido postada várias vezes e você nem percebeu. Segundo Longo, nove em cada dez pessoas querem ter uma outra vida. "Faça uma reflexão a si mesmo. Claro que há coisas excelentes e ruins na sua vida, como na de 7 bilhões de pessoas pelo mundo. Mas pense: está satisfeito com seu cargo? Salário? Relacionamentos? Onde mora? Com seu carro? No Metaverso você pode ser casado com uma modelo internacional ou com um ator de Hollywood; pode dirigir os mais caros e velozes carros do mundo, morar em uma cobertura de frente para o mar no Sul da Itália, por exemplo". Fascinante, não? As redes sociais cumprem em parte essa promessa. Ali as pessoas esbanjam felicidade na vida pessoal e profissional, o que nem sempre condiz com a realidade. Fazem um simulacro delas próprias, uma representação falseada daquilo que gostariam de ser de verdade. No fundo, todo mundo quer ser além de si mesmo, metapessoas. E não há mal algum em querer ser uma pessoa melhor do que se considera. Tudo certo! Pena que nem sempre conseguimos em termos reais. Talvez esse seja o motivo de muitos dos usuários das redes sociais agirem assim, buscando representar a si mesmos de uma forma que realmente não são, criando seu mundo paralelo.

O Metaverso pode ser uma grande tentativa de fazer as redes sociais serem mais imersivas, utilizando várias tecnologias diferentes, como realidade aumentada e virtual e até mesmo criptomoedas. No anúncio da mudança de nome, o criador do Facebook disse que as pessoas serão capazes de fazer quase tudo que possam imaginar, como reunir-se com amigos e família, trabalhar, aprender, brincar, comprar, criar e vivenciar experiências completamente novas, que realmente não se encaixam na forma como pensamos e usamos computadores ou telefones hoje. Isso as redes sociais já proporcionam, mas, na prática, o Metaverso intensificará esse processo, trazendo essa realidade paralela para algo que as pessoas possam controlar pelo celular ou computadores pessoais das suas casas.

Não é à toa que Zuckerberg quer conduzir a Meta a investir em tecnologias de imersão e na criação de avatares personalizados. Nesse sentido, a ideia permitiria muitas ações em conjunto e que atualmente não funcionam tão bem devido à limitação tecnológica. A empresa, por exemplo, enveredou por uma seara onde outros já foram malsucedidos. Em abril de 2022, lançou em parceria com a icônica Ray-Ban seus óculos inteligentes, que, além das imagens impressionantes, permitem receber chamadas ou ouvir podcasts. A expectativa é que esses acessórios evoluam para a realidade aumentada. Quando chegar a este ponto, o usuário vai poder inclusive acessar aplicativos como WhatsApp, responder texto com voz, ou mesmo mandar áudios enquanto faz outras atividades, ver planilhas e slides e participar de uma reunião presencial. Neste último caso, se os outros participantes também estiverem usando os óculos, seus avatares vão aparecer na tela em suas posições reais, assegurando uma interação até então jamais alcançada". Na prática, seria a materialização do que foi apresentado no clássico *De volta para o futuro II*.

Rafael Kiso, fundador e diretor de Marketing da mLabs, destaca que nunca se criou e consumiu tanta mídia e social e que isso só aumenta ano após ano. A explicação para isso, segundo ele, é que as próprias plataformas – como Facebook, YouTube, Instagram, WeChat, TikTok e Telegram – se converteram em um multiverso. Estas retêm seus usuários ao embarcar tecnologias e combinações táticas presentes, até então, fora das mídias sociais. "Esse ambiente é composto por universos paralelos que acontecem ao mesmo tempo dentro de uma única plataforma e estão se convergindo dentro de combinações estratégicas para as marcas e os *creators*. Em linhas gerais, há três agentes nesse multiverso: as marcas são os clientes; os *creators* são os produtores de conteúdo; e os usuários são a audiência que faz a roda girar dentro do modelo de negócios", explica Kiso no livro *Trends: MKT na era digital – O futuro do marketing*, organizado por ele, Martha Gabriel e Luciano Kalil.

Deu para perceber que o Metaverso vai muito além das redes sociais. Para Cristiano Amon, CEO da Qualcomm, é uma redução do conceito pensá-lo apenas como a próxima fronteira nessa área. Na verdade, o Metaverso está longe de ser uma extensão das redes de interação social. O próprio Andrew Bosworth, diretor de Tecnologia da Meta, afirma que há planos para conduzir o WhatsApp – o popular aplicativo de troca de mensagens, que é ainda rede e mídia social – para o Metaverso. "Seria ingênuo de minha parte pensar que um usuário colocaria óculos de realidade virtual (VR, na sigla em inglês) na cabeça e, ao receber uma mensagem via WhatsApp, teria de retirar essa tela gigante para checar a informação numa tela diferente, do smartphone", explica. Isso já ocorre com os *smartwatches*, sendo os óculos apenas uma evolução.

Mas o futuro é ainda mais promissor. Em breve, será possível fazer compras, cortar o cabelo e pegar um cinema com a turma enquanto se saboreia a pipoca que acabou de ser entregue na porta de casa. Não é à toa que Burberry, Visa e Coca-Cola, entre uma infinidade de outras empresas, estão brigando para abraçar o pioneirismo. Isso só reforça o que estamos falando sobre a inserção de marcas nesse universo, e não apenas de oferecer um produto. Uma companhia pode ter uma sala de cinema no Metaverso, as pessoas poderão comprar o ingresso pelo aplicativo, entrar no ambiente imersivo, assistir ao filme com óculos de realidade mista (fusão da realidade aumentada e realidade virtual) e, pelo mesmo app, comprar refrigerante e pipoca, tanto para seus avatares quanto para si mesmo usando o iFood. E o serviço de *delivery* de refeições, em parceria com a empresa de cinema, fará a entrega dos pedidos na casa do cliente no mundo real.

Parece incrível, não? E realmente é. A tecnologia de realidade mista funde ambiente real com espaço virtual e o resultado é uma experiência muito mais interativa e imersiva.[12] Se você acha que o exemplo que demos acima é uma viagem muito grande, pense naquilo que você nem pensava alguns anos atrás e agora faz parte de sua realidade.

Ray Oldenburg e sua teoria

O sociólogo americano Ray Oldenburg defendia que, para uma existência saudável, os cidadãos devem viver em um equilíbrio de três reinos: vida em casa, local de trabalho e lugares inclusivamente sociáveis. Estes últimos seriam os *third places*, ou terceiros lugares em bom português. Na teoria de Oldenburg, enquanto o trabalho é uma experiência social formal e estruturada e o lar é uma experiência privada, os terceiros lugares são ambientes mais relaxantes, nos quais as pessoas se sentem confortáveis e para os quais retornam repetidas vezes para socializar, desfrutar da companhia de conhecidos e até de estranhos. Os bons terceiros espaços estão repletos de conversas e geram relacionamentos espontâneos entre pessoas de diferentes contextos sociais e econômicos – essenciais para construir comunidades fortes, criar empatia e manter uma visão de si como parte de algo maior.

Oldenburg viu esses espaços diminuírem nos Estados Unidos durante o pós-guerra, à medida que as áreas residenciais – subúrbios – tornaram-se desprovidas de locais de reunião pública e a vida passou a ser mais competitiva e privada. Os terceiros lugares podem ser igrejas, cafeterias, academias, salões de beleza, ruas principais, bares, cervejarias, livrarias, parques, centros comunitários e lojas de presentes. São simplesmente lugares onde as pessoas se reúnem e a vida acontece. Em termos bem simples, eles são a sala de estar de uma comunidade. É o lugar que queremos no qual temos prazer em permanecer. Hoje, esse local ainda é totalmente físico, mas, logo, provavelmente será o Metaverso. Nesse ambiente virtual os sentimentos devem ser mais intensos. Ali as pessoas tendem a ser, paradoxalmente, em termos de pensamento, atos e palavras, mais verdadeiras do que são aqui fora. Enquanto no mundo real é preciso ter habilidade política para conviver em sociedade, lá, protegido por um perfil digital, pode-se realmente tornar-se quem se é, para além de qualquer identidade.

Aquisições que vão mudar o Metaverso

O Metaverso já é uma realidade no mundo inteiro. Nike, Apple, McDonald's já estão usando o Metaverso lá fora como um canal de relacionamento, engajamento e entretenimento. Mas, neste livro, vamos focar mais o mercado brasileiro. Na década de 1990, a World Tennis era a maior rede de lojas de tênis do Brasil. Seus comerciais rodavam à exaustão na TV aberta e a todo momento víamos modelos desfilando as promoções de várias marcas famosas. A varejista cresceu tanto que, em determinado momento, havia praticamente uma loja em cada shopping.

Com tamanho sucesso, não era de se esperar que a World Tennis se tornasse o *e-commerce* com mais vendas no setor de tênis no Brasil? Era algo natural, uma vez que seu nome já estava consolidado no segmento e o consumidor já a reconhecia como a grande referência na hora da compra. Entretanto, quando a oportunidade do comércio eletrônico bateu à porta, aparentemente, eles não a agarraram. Por sua vez, um tal de Marcio Kumruian, que tinha uma pequena loja de sapatos no Centro da cidade de São Paulo, a fim de queimar o estoque, começou a oferecer seus sapatos no Mercado Livre. A partir disso, montou um pequeno *e-commerce*, que foi crescendo a ponto de chegar a faturar 2,5 bilhões de reais em 2018, se tornar o maior *site* de artigos esportivos da América Latina e, em 2019, ser vendido para a gigante Magazine Luiza por 115 milhões de dólares.

Kumruian fundou a Netshoes. Faça as contas de quantos milhões foi o prejuízo da outrora gigante World Tennis ao perder o *timing* e o mercado para o senhor que era dono de uma loja única no Centro paulistano. Agora traga isso para a sua realidade e veja, no futuro, se você

46 Metaverso

estará em livros, aulas e palestras de marketing como o *case* de quem entrou no Metaverso e tirou mercado dos gigantes ou o gigante que perdeu a corrida para os pequenos.

A Microsoft é uma das gigantes que não quer ficar para trás. Em fevereiro de 2022 adquiriu a Activision Blizzard, uma das maiores e mais lucrativas editoras dentro do mercado de jogos. A empresa opera estúdios subsidiários adicionais como parte da Activision Publishing, incluindo Treyarch, Infinity Ward, High Moon Studios e Toys for Bob. Suas principais propriedades intelectuais incluem franquias de grande sucesso como *Call of Duty*, *Crash Bandicoot*, *Guitar Hero*, *Tony Hawk's*, *Spyro*, *World of Warcraft*, *StarCraft*, *Diablo*, *Overwatch* e *Candy Crush Saga*.

Segundo Satya Nadella, CEO da Microsoft, a aquisição é a peça--chave para a companhia visando à expansão nesse segmento. Para ele, a intenção é criar jogos e colocar pessoas, lugares e coisas em um único ambiente digital, e ajudar a democratizar o desenvolvimento de *games*. "Nos jogos, nós vemos o Metaverso como uma coleção de comunidades e identidades individuais ancoradas em franquias de conteúdo forte e acessíveis a qualquer dispositivo", disse. Foi baseada nessa questão estratégica que a Microsoft fez a primeira grande aquisição desse novo momento do Metaverso. O valor da aquisição foi de 68,7 bilhões de dólares e, pode ter certeza, esse movimento não vai parar por aí.

O professor Igor Hosse, da Universidade Anhembi Morumbi, afirmou à CNN Brasil[13] que as marcas estão migrando para esse universo por três motivos: monetização dos NFTs, novas possibilidades de conexão com os clientes e chance de se posicionarem como inovadoras. Segundo ele, comprar artigos dessas companhias no mundo virtual "dá status ao jogador e, ao mesmo tempo, uma sensação de pertencimento". Faz todo sentido. Não há dúvida de que estar ligado a algo inovador dá a sensação de que também se é igualmente inovador. Essa percepção é positiva tanto para pessoas físicas quanto jurídicas.

Ainda falaremos de maneira mais aprofundada sobre *e-commerce*, tipo de transação comercial que será potencializado pelo Metaverso.

Na prática, tudo o que tem no Metaverso, desde uma NFT até uma camiseta de um clube de futebol, pode ser comprado. Para isso ocorrer, a operação deverá ser feita via *e-commerce*, algo que há tempos se transformou em unidade de negócios e que vai além de uma loja *on-line* no ar. Quando isso começar a alavancar no Brasil, é de se esperar que outras aquisições de empresas que atuam no Metaverso sejam feitas por nomes nacionais de peso, assim como a Microsoft fez com a Activision Blizzard.

Ainda é cedo para falar efetivamente sobre quais serão as aquisições do Metaverso, afinal, é um mercado muito novo. Mas é possível vislumbrar que elas ocorrerão e deverão seguir o rumo daquelas feitas pelo mundo. As grandes corporações monitoram o mercado a ponto de encontrar *startups* que começam a ganhar musculatura e cuja força está em tecnologia própria ou adaptação ao Metaverso. Muitos serão os itens que poderão ser criados. Uma empresa pode muito bem reproduzir digitalmente uma Mercedes-Benz C180, oferecer o serviço à montadora alemã, que, por sua vez, poderá lançar uma nova versão do carro no Metaverso. Isso permitirá uma experiência de dirigibilidade superior àquela possível hoje, pautada em um *videogame*, como algumas montadoras já fazem no Metaverso.

Além dessa tecnologia ser mais avançada, pode-se contar com um consultor de vendas em forma de avatar, usando a inteligência artificial para responder às pessoas 24 horas por dia. Além disso, será possível testar o veículo por mais tempo no universo digital, onde o seu avatar poderá ter toda a experiência de um Mercedes-Benz e essa sensação ser traduzida para o mundo real. Em outras palavras, seu avatar pode gastar 100 reais em uma Mercedes-Benz C180 preta no Metaverso e a sensação de poder que a marca passa ser tão especial que, algumas semanas depois, de forma real, você entrar em uma concessionária, deixar 350 mil reais lá e sair com um modelo direto para a sua garagem.

Como dissemos acima, o Metaverso é algo muito novo para que se possa prever todo o seu potencial. Ninguém ainda pode dizer que é um especialista no assunto, e, caso alguém o diga, desconfiem. Mas empresas que têm suas bússolas mirando para o futuro já estão de olho no seu potencial. A XP e a Rico, do mercado financeiro, lançaram no começo de 2022 um fundo focado em empresas que trabalham com o Metaverso. A ideia é fomentar o segmento, atraindo novos investidores, pessoas físicas e empresas, que tenham no Metaverso uma visão de futuro.[14]

Outro segmento que pode crescer é o de reuniões *on-line*. Não há dúvidas de que a pandemia da Covid-19 mudou a forma de trabalho no mundo, e um dos benefícios foi a consolidação do *home office*. Forçadas por circunstâncias excepcionais, as empresas começaram a entender esse modelo. Apesar da resistência inicial por parte das organizações, não faltam estudos de que o teletrabalho era mais efetivo, levando os colaboradores a trabalharem mais e apresentando menos sintomas de cansaço e mais qualidade.

Plataformas como o Zoom, Google Meet ou Microsoft Teams cresceram muito no período pandêmico. Com isso abriu-se um novo mercado para as empresas de tecnologia, e o Metaverso vem surfando nessa onda. Um bom exemplo é o da Prefeitura de Uberlândia, que, em janeiro de 2022 realizou a primeira reunião de trabalho da história do Executivo dentro de um Metaverso. O encontro contou com a presença do prefeito Odelmo Leão, da secretária municipal Ana Paula Junqueira e de um dos fundadores da startup Sapiens, Maurício Lemos. Foi usado o serviço *on-line* Horizon Workrooms, da Meta, para realizar a interação no universo digital, e óculos de realidade virtual.

Diante deste mercado promissor, é provável que as "big techs" passem a adquirir empresas de chat, óculos virtual e outros adereços necessários ou que passarão a fazer parte dessas reuniões. Pois, pode apostar, vão inventar de tudo para o Metaverso. Outra coisa: se você é uma empresa de tecnologia, independentemente do tamanho, atente-se ao que o Metaverso poderá oferecer. Ao longo destas páginas, vamos levantar muitas opções e exemplos do que está acontecendo no Brasil e no exterior, mas vai da sua genialidade pegar essa ideia e transformá-la em algo palpável. Quem sabe assim, em breve, você não receba uma mensagem da Samsung, Microsoft, Oracle, Symantec, Apple, Huawei ou outra gigante da tecnologia mundial pedindo uma reunião.

Case de sucesso

Sinônimo de bons produtos no universo dos cosméticos, beleza e perfurmaria, O Boticário é uma das marcas deste segmento que mais está presente na casa dos brasileiros. Quase cinquentenária, a empresa fundada no Paraná em 1977 é uma das que mais bem se adaptou a esses novos tempos e alcançou a sua maturidade digital. Quando o mercado de blogueiras de moda ainda engatinhava, O Boticário já usava essa estratégia como arma digital para encantar suas milhares de clientes. A iniciativa deu tão certo que influenciou a concorrência, que buscou trilhar pelo mesmo caminho.

Uma das mais recentes ações da marca foi entrar no jogo de realidade virtual *Avakin Life*, plataforma do Metaverso muito usada mundialmente. Cerca de 14,2 milhões de pessoas mensalmente passam por lá, sendo que 25% delas são brasileiras e a maioria é do gênero feminino. Esse público dedica em média quase 80 minutos diariamente, interagindo com tudo que ali se encontra, inclusive com as marcas que oferecem algum tipo de produto ou serviço por lá. Para testar a efetividade da marca no *Avakin Life*, o time de marketing de O Boticário preparou uma ação *on-line* para que o Carnaval de 2022 não passasse em branco.

Por conta da pandemia, a grande festa nacional havia sido cancelada ou postergada em boa parte das cidades. Aproveitando a brecha, a empresa promoveu sua folia, só que em um ambiente seguro, o *on-line*. Isso permitiu que, de suas casas, as pessoas pudessem brincar sem o risco de serem infectadas pelo vírus da Covid-19. A iniciativa contou ainda com o avatar Thaty, que ajudava de forma virtual as pessoas com tutoriais e compra de produtos. Com essa boa sacada, O Boticário atraiu mais de 9 milhões de pessoas para esse Metaverso.

A ativação da loja na plataforma consistia na criação de dois blocos temáticos de Carnaval: o Intense e o Match. Neles, os participantes poderiam receber tutoriais e conteúdo de vídeo no cinema virtual do jogo, como dicas de maquiagem, interagir com bots exclusivos e participar de desafios e concursos de maquiagem e cabelo. Até uma criptomoeda foi criada, a BotiCoins, e, claro, as skins (personalização) dos avatares dentro do jogo, que poderiam ser comprados nas lojas físicas e no *e-commerce* da marca.

A marca trouxe Satiko para sua festa, a influenciadora virtual desenvolvida pela Biobots Tech tendo como inspiração Sabrina Sato. Ela contava em abril de 2022 com cerca de 30 mil seguidores no Instagram (@iamsatiko_). Apresentada em 22 de novembro de 2021, pode-se dizer que Satiko pulou o seu primeiro Carnaval dentro do mundo do qual faz realmente parte: o virtual. Mas ela não estava sozinha. O Boticário levou ainda um pelotão de influenciadores de *games* e beleza (Nyvi Estephan, Nath Araújo, Bruna Paolo, Camila Pudim, Emerson Damas, Gabi Almeida, Ana Xisdê, Jê e Ichbin Julia) para participar da ação *in game* da marca no *Avakin Life*. Escolheu-se a dedo, pois são figuras que transitam com muita desenvoltura entre os dois mundos.

Antenado que é, O Boticário não perderia a oportunidade de estar entre os primeiros a explorar as potencialidades do Metaverso. Nessa iniciativa, não se pouparam esforços e recursos. Foram usados influenciadores para atrair as pessoas para o *Avakin Life*, assessoria de imprensa, campanhas da marca, que inovou ao criar uma criptomoeda dentro do ambiente e trouxe até uma influenciadora digital que é um avatar.

Com relação ao conteúdo de dicas de maquiagem, pode até ser algo trivial, pois muitas marcas fazem isso há muito tempo. Mas, acreditem, ainda tem demanda, pois na moda tudo muda a todo momento. Um outro ponto é que o time de CRM (Gestão de Relacionamento com o Cliente) poderia entender a fundo os desejos das pessoas no Metaverso, e as conduzirem facilmente para o ambiente físico de uma das mais de 3,5 mil lojas franqueadas que trazem o selo O Boticário.

Isso sem contar as outras marcas do grupo, como Eudora, Quem Disse Berenice, BeautyBox, Multi, Vult e Beleza na Web, que podem ser igualmente beneficiadas em um futuro próximo a partir dessa iniciativa da marca-mãe no Metaverso. Essa jornada de consumo no ambiente imersivo já vem sendo estudada pela empresa desde 2021, quando fez a sua primeira aparição nesse universo.

"Em linha com nossa estratégia de atuação em *games* e conexão com novas audiências, criamos uma experiência imersiva virtual inovadora e hiper-realista", explica Renata Gomide, diretora de Marketing do grupo. Quando se tem um posicionamento forte e historicamente inovador, esse tipo de ação é muito mais bem-aceita. O mesmo não acontece se a iniciativa parte daquelas organizações mais convencionais ou mesmo arcaicas. Portanto, antes de sair explorando o Metaverso, faça a "lição de casa", isto é, reveja toda a sua história, propósito, percepção, promessa, público e posicionamento para depois entrar com tudo nesse novo mundo.[15]

No caso de O Boticário, podemos ver o uso do *e-commerce* como um canal de vendas, já que as pessoas poderiam, no Metaverso, visitar uma loja, resgatar recompensas e até adquirir produtos do portfólio da marca, como perfumes, maquiagens e cremes. O ambiente é muito parecido com as lojas-conceito da marca. Visitamos algumas vezes na loja-conceito do Shopping Morumbi, na Zona Sul de São Paulo. Lá, além de se conhecer um pouco mais da história da marca, pode-se ter um atendimento especial e experiências exclusivas, em que o consumidor é conectado ao universo da marca de forma inovadora. Esse é o ambiente emulado no Metaverso.

Nesse *case* do Boticário, uma coisa ficou clara: o Metaverso será um grande laboratório para a experiência humana. É um campo enorme para que gestores de marcas antenados em comportamentos possam trazer isso para o seus estudos e pesquisas. É um vasto território a ser explorado, por exemplo, para testes de produto e conceitos de campanha. Hoje, gastam-se milhões, por meio de *focus groups*, para testar campanhas e conceitos. Quanto isso custaria se fossem levados para dentro de uma sala virtual os avatares fãs da marca, onde assistiriam ao mesmo vídeo e ali fossem colhidas suas percepções? Do orçamento já não precisaria fazer parte o custo com aluguel de uma sala, mediadores, cachês e *coffee break*. Parece algo bem plausível e animador. E se no Metaverso as marcas conseguirem trazer mais pessoas para essa pesquisa? Essa economia pode até parecer pequena, mas, ao longo dos anos, vai se mostrar muito efetiva.

O que apresentamos acima já foi feito, não é nenhuma grande novidade. Mas poderá ser usado por diversas marcas. *A ascensão Skywalker*, o nono episódio da bilionária franquia *Star Wars*, teve no *Fortnite*, uma das maiores plataformas do Metaverso da atualidade, um parceiro para o lançamento do filme, em dezembro de 2019. O acordo entre Disney e Epic Games resultou em uma promoção do longa transmitida em "Bobinas Traiçoeiras", o cinema do *Battle Royale*, que exibiu um *teaser* exclusivo do filme do diretor J. J. Abrams. Nem precisa dizer que a ação foi um grande sucesso, uma vez que o universo *geek* é um mercado com potencial enorme no Metaverso. E, por sua vez, *Star Wars* é um dos principais ícones dessa cultura. Mas isso é assunto para outro capítulo. Vamos juntos?

2

A Tecnologia e o Metaverso

Como entrar e dar os primeiros passos no Metaverso?

No Capítulo 1, apresentamos uma série de pontos sobre o Metaverso para que você compreendesse melhor todo esse universo. Agora, vamos trazer algo um pouco mais palpável sobre o que é essa tecnologia e como entrar nela. Você viu que O Boticário entrou no Metaverso pelo *Avakin Life*, uma das diversas plataformas que o Metaverso oferece. Por mais que o Metaverso seja um universo paralelo, não existe apenas um, mas vários desses universos, já que são muitos os caminhos que levam as pessoas para esses mundos digitais. Walter Longo diz que "no mundo real somos tudo o que podemos ser, mas no Metaverso somos tudo o sonhamos ser". Essa frase resume perfeitamente o que o Metaverso está fazendo com a vida das pessoas e, consequentemente, com as marcas.

Sabe aquela piada que diz: "eu pago uma pessoa para correr três quilômetros no parque para mim todo o dia…"? Então, agora as pessoas não precisam mais pagar. Basta fazer o seu avatar percorrer essa distância no parque virtual por si mesmas. A vantagem é que isso poderia ser feito no Central Park, em Nova York; no Ibirapuera, em São Paulo; ou na Villa Doria Pamphilj, em Roma. E não é preciso gastar uma fortuna com passagem aérea ou perder tempo com deslocamento. Basta criar o avatar e ir até esses lugares usando realidade virtual.

Muitas são as definições cabíveis ao Metaverso. Mas a que mais nos agrada é a trazida pelo portal Consumidor Moderno, que resume essa complexa questão assim:

> *"Criado por meio da integração de vários recursos digitais, como a realidade virtual, a realidade aumentada e as redes sociais, o Metaverso tem como principal objetivo conectar o mundo real e o virtual por meio da imersão total dos usuários. O jogo League of Legends, por exemplo, foi desenvolvido pela Riot Games e hoje dá pistas de como funciona o Metaverso, já que possui uma interface capaz de promover shows virtuais com bandas do mundo real. A Microsoft segue o mesmo caminho e já possui o Mesh for Teams, que promove a interação virtual entre os usuários de uma empresa por meio de experiências holográficas."*[16]

A intenção da Microsoft com o Mesh é aprimorar mais o conceito e tornar o espaço de reuniões virtuais mais imersivo, divertido e funcional, melhorando a interação entre os colaboradores das organizações. O recurso traz ao Teams as capacidades de realidade mista do Mesh e oferecerá espaços pré-construídos para uma variedade de contextos, não só reuniões profissionais. O objetivo é que, com o tempo, as organizações possam construir espaços personalizados, promovendo novas experiências de *onboarding* e de reuniões colaborativas.

Quando lemos que o Metaverso é apenas algo no universo digital, estamos limitando, e muito, o seu potencial. Já vimos aqui e vamos ver muito mais que o Metaverso é a fusão dos mundos *on-line* e *off-line*. O que a *startup* H2L Technologies está desenvolvendo para os próximos anos vai permitir que possamos literalmente entrar no mundo virtual de uma forma única, por meio de uma tecnologia que deixará o Metaverso ainda mais real: uma pulseira que vai promover a sensação de dor dentro das plataformas digitais. O dispositivo provocará leves choques elétricos no corpo do usuário, produzindo assim esse desconforto físico. O desenvolvimento e aperfeiçoamento dessa tecnologia permitirá que outras novidades possam surgir. Lembra muito o que acontece no filme *Space Jam 2*, quando um personagem de carne e osso, no caso LeBron James, transforma-se em um desenho para salvar o mundo. Ele literalmente vai parar dentro do Metaverso e tem ali todas as sensações que teria no mundo real. Seria loucura imaginar que daqui a dez anos isso será tão normal quanto fazer *stories* no Instagram?

Aposto que os cabeças da Nike responderiam que não. A gigante americana, que tem sede em Beaverton, no estado do Oregon, criou seu próprio mundo virtual, a Nikeland, por intermédio da plataforma *Roblox*. Nesta realidade paralela, os usuários conseguem não só usar as roupas da empresa como também praticar exercícios físicos por meio de dispositivos móveis. A Nike, com seu "just do it", não tira isso da cabeça há algum tempo. Não se trata de algo que alguém da empresa leu em um blog, achou legal e considerou que valia a pena arriscar. Entrar como *player* no Metaverso exige conhecimento, dinheiro para investimento, tempo de maturidade e muito – mas muito mesmo – esforço das pessoas envolvidas no projeto para fazer com que dê certo. Quem comanda o time de Metaverso em qualquer empresa séria precisa conhecer a fundo estratégias digitais, *branding*, posicionamento, público, concorrência e mercado. Não estamos falando aqui da equipe que toca as redes sociais, que entendem de Instagram, Facebook, Twitter e ferramentas para encontrar influenciadores. Eles têm a sua competência. Mas, para o Metaverso, é preciso ter mais profundidade do que os profissionais responsáveis por esses canais de relacionamento e de distribuição de conteúdo acreditam ter. Essa é a verdade que vemos no mercado.

E não é apenas a Nike ou a Microsoft que estão entrando no Metaverso. Renate Nyborg, presidente executiva do Tinder, afirmou que a empresa de encontros amorosos está com planos para desenvolver o Tinderverso, onde serão criados avatares para um ambiente compartilhado com canais de áudio e vídeo para comunicação. Os usuários inicialmente se encontrariam em ambientes como festas e bares digitais, migrando então para conversas privadas, uma tentativa de simular o que acontece nos encontros físicos.

Perceba que as empresas não estão criando uma plataforma de Metaverso, mas, sim, usando as que já existem e possuem milhares de pessoas. Elaborar uma plataforma com esse fim é como a sua marca querer criar um novo Facebook em vez de estar presente onde mais de 120 milhões de brasileiros já estão. Não faz sentido, concorda? Mas pode ter certeza de que muitos vão pensar nisso para tirar vantagem. Vemos isso todos os dias no segmento de *e-commerce*, onde atuamos, em que empresas debatem entre construir a sua própria plataforma versus usar uma com anos de mercado, com enorme sucesso e diversos clientes satisfeitos.

Mas o Metaverso veio mesmo para ficar? Saiba que este universo auxiliará especialmente no atendimento ao cliente e em todas as outras etapas da jornada de compra. Quem diz isso é Marcos Trinca, CEO da More Than Real, *startup* brasileira que é referência mundial quando o assunto é desenvolvimento de soluções de realidade aumentada (AR) e visão computacional. Segundo ele, o Metaverso irá evoluir para criar espaços de interações mais perenes e constantes. "As lojas, os shoppings e centros de cultura e entretenimento existirão no Metaverso, seja vinculado ou não aos espaços físicos originais. De um jeito ou de outro, ele permitirá a digitalização da experiência de consumo das pessoas e abrirá possibilidades gigantes para melhorar o relacionamento das marcas com seus clientes. As empresas passarão a entender muito mais sobre as decisões de compra de seus consumidores por conseguirem extrair informações sobre o seu comportamento através das camadas virtuais apresentadas a eles", defende Trinca.[17] Desse modo, o Metaverso precisa oferecer uma experiência única ao consumidor, sendo um espaço onde ele se sinta no mesmo ambiente, seja digital ou físico. Nesse ponto o conceito de *omnichannel* ganha muita força.

É nessa arena virtual que uma variedade de novas tecnologias se encontram. São desses encontros, combinações e aperfeiçoamentos que surgirão experiências cada vez mais imersivas para, quem sabe, um dia, já não ser mais possível definir o que é real ou uma simulação criada por uma inteligência artificial. Estaríamos nos aproximando do que é retratado em *Matrix*, onde a linha entre o real e o imaginário é tão tênue que se confunde, e ações e decisões tomadas de um dos lados interferem no outro? A base já está posta. Débora Morales, mestra em Engenharia de Produção pela Universidade Federal do Paraná (UFPR), explica que algoritmos de inteligência artificial são a chave para conectar os mundos virtual e real, e três elementos de IA (dados, algoritmos e poder de computação) são essenciais no estabelecimento e desenvolvimento do Metaverso. "Ele (o Metaverso) fornece uma experiência imersiva baseada na tecnologia de Realidade Aumentada, cria uma imagem espelhada do mundo real com base na tecnologia de gêmeos digitais, constrói um sistema econômico baseado na tecnologia *blockchain*, e integra firmemente o mundo virtual e o mundo real nos sistemas econômico, social, cultural, jurídico e de identidade", afirma Débora, que também é especialista em Engenharia de Confiabilidade.[18]

O Metaverso é o mundo, só que em estado não físico. Se nele podemos interagir e nos encontrar com pessoas das mais diferentes partes do mundo, praticar esporte ou trabalhar com uma equipe em determinado projeto, seu estado mais aperfeiçoado permitirá que saiamos de férias usufruindo simplesmente de sua tecnologia. Mas, como se diz, muitas vezes uma imagem vale mais do que mil palavras. Foi nisso que apostou o blog *AAA Inovação* ao adaptar a definição do *designer* de jogos americano Jon Radoff para este mundo de semelhanças, conforme reproduzimos na Figura 2.1, a seguir.

Figura 2.1 – As camadas do metaverso

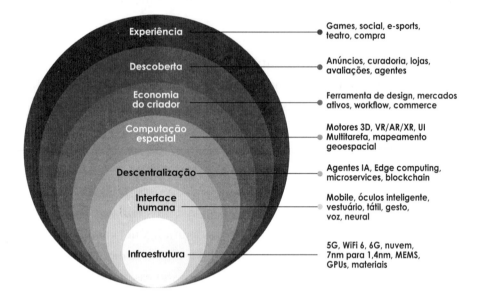

Fonte: AAA Inovação. Disponível em: https://bit.ly/38uYq6n.

O elo entre os mundos físico e virtual

O mundo vem passando, nos últimos 30 anos, por mudanças muito fortes quando o assunto é o poder de comunicação. Na década de 1980, os computadores pessoais (PCs) chegaram às casas; na década seguinte, foi a vez da internet, que, em um tipo de relação harmônica e mutualista, agregou-se a esses PCs e mudou a forma de as pessoas consumirem conteúdo. Dessa união surgiu uma série de armas digitais para o mundo dos negócios: *websites*, *e-mails* e blogs, que começaram a fazer parte da pauta dos times de marketing em todo o mundo. Plataformas digitais de notícias, como UOL, Terra, IG, Yahoo!, Globo nasceram e, com isso, também os banners para anunciar marcas. Já no começo dos anos 2000, o advento do Orkut mudou a forma de as pessoas se comunicarem; na mesma época, as lojas virtuais ganharam força; depois chegou o YouTube e, finalmente, o smartphone. Este último, na opinião de Rafael Rez, mudou radicalmente a relação de consumo. "Foi a grande revolução de Steve Jobs ao colocar um computador na mão de cada ser humano", defende Rez, que está entre os melhores do país quando o assunto é marketing de conteúdo! Nesta esteira evolutiva, vieram os influenciadores, os *sites* de grupos de desconto, os serviços de entrega rápida e os streamings. Tudo isso em menos de 30 anos.

O Metaverso será o elo entre todos eles, a ponte que facilitará o acesso e aproximação tanto para o mundo dos negócios quanto para o mundo das relações sociais. O segundo passo será sempre o encontro e o contato pessoal. A vida não se sustenta com isolamento. O nosso combustível para viver e ser feliz são as conexões humanas. O mundo metafísico nunca substituirá os abraços, os apertos de mão e o olho no olho. O grande desafio é achar o equilíbrio entre lá e cá.

Não existe uma "receita de bolo" quando o assunto é Metaverso. O limite é a imaginação. Temos olhado para esse ambiente como uma versão participativa e imersiva da internet e suas possibilidades digitais. Mas esta é uma visão técnica de infraestrutura. O metaverso é o alinhamento de todos os ativos digitais e interativos voltados a negócios e integração de experiências, de uma forma jamais vista. Com ele, vamos nos libertar dos celulares e nos conectar a tudo, porque todos os dispositivos que puderem estarão conectados. Nesse cenário, as aplicações são infinitas e dependerão da criatividade, dos objetivos estratégicos de cada negócio, da infraestrutura existente e do orçamento disponível para se investir nos projetos.

O Future Today Institute, no seu relatório anual de tendências, descreve o Metaverso como uma rede compartilhada e continuamente existente de espaços virtuais 3D, que conecta mundos físicos e digitais. O instituto destaca que, embora ainda pareça um conceito de difícil definição, vai se tornando cada vez mais claro na medida em que proliferam plataformas e experiências imersivas, que tornam essa realidade mais próxima do nosso cotidiano. Essa é uma opinião que merece ser considerada, pois vem de uma das principais empresas de consultoria estratégica e de futuros do mundo. Seu objeto é a pesquisa e o acompanhamento de tecnologias emergentes nas margens até o seu avanço em direção ao mainstream. Com sua metodologia e ferramentas de previsão pioneiras e orientadas por dados, o Future Today, como ele mesmo se apresenta em seu LinkedIn, vem permitindo "que os líderes de organizações tomem melhores decisões sobre o futuro, hoje".

Estamos tão inseridos nesse universo que, se acabar a luz de casa durante o dia, mesmo que estejamos usando apenas o Word ou Excel, e que a bateria do *notebook* dure ainda mais cinco horas, é provável que fiquemos sem saber o que fazer sem internet. Sim, estamos cada vez mais dependentes das tecnologias e, ainda que não tenhamos estudos para validar, é provável que essa sujeição ou busca por um refúgio emocional se intensifique com o Metaverso. Já no distante ano de 2006 tivemos uma experiência com esse universo, mas, como já dissemos, ainda faltava estrutura adequada para acessá-lo, e foi frustrante.

Agora o cenário é outro. O 5G está prestes a se tornar realidade no Brasil e vai potencializar muitas ferramentas aplicáveis ao varejo, entre elas o Metaverso. Segundo Débora Morales, a mestra em Engenharia de Produção que apresentamos algumas linhas atrás, no que diz respeito ao Metaverso, o 5G e o 6G são a base de comunicação, desempenhando a Internet das Coisas (IoT) um papel vital na infraestrutura e rede. O 5G apresenta uma velocidade quase 40 vezes maior que o 4G, mas está longe de ser apenas uma internet mais rápida. No entanto, essa sua característica não pode ser minimizada quando se trata do Metaverso.

> *"O Metaverso tem um poder arrebatador antes nunca visto, e será amplamente utilizado em diversos campos, como educação, indústria, economia, smart city, medicina, arte, jogos, cultura, socialização, entre outros. O desenvolvimento da tecnologia impulsiona a transição da internet atual para o Metaverso, tornando tênue o limite entre ambientes*

físicos e virtuais. O futuro imersivo será mais interativo, incorporado, vivo e multimídia graças a dispositivos de computação poderosos e inteligentes. Mas, existem desafios a serem superados antes que o Metaverso se integre ao mundo físico e à realidade cotidiana."[19]

Ficou claro com essa declaração que, querendo ou não, amanhã sua empresa estará realmente no Metaverso? Basta decidir se começa agora ou espera perder mercado para a concorrência para tomar essa iniciativa. Os benefícios são muitos para diferentes segmentos: bancário, turístico, corporativo (no caso das reuniões), esportivo, aeronáutico, educacional, militar, de saúde e bem-estar, construção civil, festas e, claro, entretenimento. Pode-se tomar uma bebida ou assistir a um jogo de futebol com alguns amigos, realizar treinamentos para a sua equipe, promover aulas *on-line* para escolas, cursos e faculdades e até lançar e demonstrar produtos para análise de aceitação antes de levá-los ao mercado. Tudo isso porque o Metaverso é um universo inteiro, enorme em promessas e expectativas, e que abre possibilidades infinitas para um futuro que está só começando.

O iFood, por exemplo, firmou parceria com o jogo *GTA* (*Grand Theft Auto*) *V* e está presente no Cidade Alta, principal servidor do *game* na América Latina. Ali os jogadores vivem situações do cotidiano, podendo até ser um entregador do iFood para cumprir alguma missão. Contudo, mais do que um extra no jogo, a *foodtech* busca atrair e fidelizar clientes por meio do entretenimento, oferecendo cupons de descontos em alguns pontos do cenário, como *outdoors*. Outra empresa que também marcou presença no *GTA V* foi a Chilli Beans, criando em novembro de 2021 uma ilha digital no servidor Subversion Roleplay. A marca de óculos levou ao jogo o Superdose, evento em que são apresentados os lançamentos do ano. Ele traz performances e shows exclusivos e, nos últimos anos, havia sido realizado em um navio de cruzeiro. Dentro do jogo, colaboradores e público podem interagir por meio de avatares e explorar lojas, roda-gigante, passeios de avião e outras possibilidades.

A Microsoft, outra gigante que está se posicionando com foco no Metaverso, está criando estratégias para seus serviços em nuvem que possam ser estruturas do Metaverso. Para isso, usa sua plataforma Mesh, já explicada aqui, para permitir que avatares e espaços imersivos se conectem aos ambientes de colaboração, como o Teams. Trouxemos esses *cases* de forma rápida apenas para servir de fonte de inspiração. Temos a missão de fazer com que você entenda esse novo universo e, com definições e a estratégia certa, possa fazer com que sua marca seja contada também entre os exemplos práticos e bem-sucedidos. Mova-se para que não seja atropelado pela inovação. Acha mesmo que o mercado vai ficar parado? Mesmo que a história do Metaverso esteja só no começo, já há muitas marcas dentro dele aproveitando do seu potencial. E a sua, onde está? Desculpe-nos ser tão provocadores, mas nossa missão, como estrategistas, é instigar o mercado, afinal, sem a provocação nada muda.

Mas como entrar no Metaverso nesse mundo virtual?

Mergulhar de vez no Metaverso não é nenhum bicho de sete cabeças. Se você é uma pessoa comum, basta baixar um aplicativo no seu PC ou smartphone. Já citamos aqui algumas das principais plataformas do mundo, que são *Roblox, Fortnite, Minecraft, IMVU, Avakin Life, Axie Infinity, Enjin Coin, Gala, Decentraland, The Sandbox, Alien Worlds, DeFi Kingdoms, Hexarchia, Bloktopia, Crypto Cars, My Neighbour Alice, Arc8, Decentraland, Wax, Uhive, Zepeto, Stageverse, The Nemesis, Anifie, MetaMask, The Project, Aliens, Mytonaverse, Police Sim 2022, Flyy, Holo Training, Paraverse, Sensorium, Play Together, Plant the World, Stylepedia, Realm Metaverse, Anima, Mageo, Highrise, Minions Metaverse, Granny's House, Fink Metaverse, MetaSapiens, Avatar Maker Bundle, MojiPop, AR Portal, Metaspace* e *TellaTello*. Acho que essa lista está ok, mas pode ter certeza de que tem muito mais que isso. E, na esteira da evolução e popularização do Metaverso, virá muito mais.

64 Metaverso

Segundo Ana Paula Hornos, atualmente as redes sociais funcionam como veículos para o ambiente virtual. Mas essa será uma experiência muito mais imersiva. "Ao colocar os óculos de realidade virtual, equipados com fones de ouvido e sensores, indivíduos mergulharão em um mundo fictício, de realidade aumentada, onde os órgãos dos sentidos serão intensamente estimulados por meios audiovisuais, sensoriais, imagens, objetos e avatares holográficos tridimensionais", garantiu a psicóloga clínica e palestrante em texto publicado no portal do *Estadão*.[20]

Não estamos falando do futuro. Isso já é uma realidade e, segundo a psicóloga, isso afetará psicologicamente a vida das pessoas. "Em termos psicológicos, o Metaverso representará profundas experiências de simulações mentais, que poderão impactar no registro afetivo de memórias, no desenvolvimento de comportamentos, nas interações sociais e na construção de percepções da realidade", complementa Ana Paula.

Walter Longo, em sua palestra *Metaverso, onde você vai viver, e trabalhar em breve*, disponível na íntegra no YouTube, também aponta essa circunstância de as pessoas, hoje, já não terem muito a noção de tempo--espaço para saber se falaram com um amigo em um bar ou pelo WhatsApp. No Metaverso, não cansamos de destacar, isso poderá ser ainda pior. Esse é um fato a ser mais bem debatido, sem dúvida, mas não impedirá o crescimento dos mundos virtuais, uma vez que as pessoas pouco se importam se estão *on-line* ou *off-line*. Elas querem mesmo é ser ouvidas. Se, na visão delas, há no Metaverso espaço para isso – e sabemos que tem muito –, é lá que elas estarão.

Se, por um lado, o Metaverso afetará a mente humana para algo não tão animador, como o fato acima apresentado, por outro poderá ajudar muito, afinal, há aspectos auspiciosos, como também faz questão de realçar Ana Paula. "O Metaverso poderá ajudar nos processos de aprendizagem e de mudança comportamental positiva, poderá conduzir a situações de distorções do contato humano com a realidade". Taí algo bem interessante. Cansamos de acompanhar palestras em que futuristas diziam que "em breve veríamos professores em sala de aula com lousas digitais e alunos com iPads para ver em vídeos o que os professores ensinavam". Chegamos a ver um protótipo de um caderno em que de um lado era papel e de outro uma tela similar a um tablet. Mas essa iniciativa nunca chegou a ser viabilizada. Entretanto, pudemos ver de perto isso ocorrendo na pandemia da Covid-19, quando obrigatoriamente as aulas migraram do ambiente físico para o *on-line*.

Quem tinha filhos em idade escolar neste período em que quase todos ficamos em casa certamente pôde acompanhá-los durante as aulas usando ferramentas como Google e YouTube para aprofundar alguns assuntos que a professora remotamente apresentava. É um comportamento típico das gerações Z (nascidos entre 2000 e 2010) e Alpha (nascidos entre 2010 e 2020), que têm a internet como parte da sua vida desde o começo. A Fernanda, filha do Felipe, nasceu em 2010 (na transição de gerações) e, desde os seis meses de idade, interage com o celular. Começou com a *Galinha Pintadinha* e hoje faz vídeos para plataformas, consome Netflix pelo celular e não quer assistir à programação da TV: prefere o pequeno aparelho que tem sempre em suas mãos. Agora, como será esse comportamento no Metaverso?

A educação nesse novo universo será muito mais interativa, o que, olhando positivamente, deverá chamar mais a atenção dos alunos. Isso porque essa geração é do "touch" da interação, do visual e da menor paciência em ficar sentada em uma sala de aula olhando o professor ou professora falar por 50 minutos de um tema no qual nem sempre está interessada ou entendendo. Nós vivemos isso na escola dos anos 1980 e 1990, quando estudamos. Se você tem mais de 30 anos, passou pela mesma experiência. Três ou quatro décadas depois, o modelo de educação que tivemos ainda é, basicamente, o que permanece. Infelizmente, não por falta de tecnologia, mas de iniciativa dos gestores públicos e escolares.

Retomando as percepções da psicóloga clínica Ana Paula Hornos, ela assegura que imaginação e fantasia são fundamentais desde a infância, para ampliar a visão de mundo e ter contato com sentimentos e emoções. "Para que isso ocorra de forma saudável, é necessário a liberdade de fazê-lo junto com a troca social das interações humanas que mediam e estabelecem uma negociação e limites entre a visão interna e a existência do outro"[21], diz. A criatividade deve ser estimulada na escola de todas as formas, seja por meio de vídeos, imagens em livros ou mesmo com o talento dos professores na contação de histórias. E que bom será quando tudo isso se tornar possível em um só lugar. O Metaverso será uma opção para alunos e professores. Isso não significa que a escola física vai morrer, pois há mais de um caminho para se chegar ao mesmo destino. A pandemia serviu para consolidar isso, uma vez que mostrou que o ensino poderia ser *on-line* e que, com a infraestrutura e técnica apropriadas, não haveria perda de qualidade.

Vale lembrar da pirâmide de aprendizagem de William Glasser, que mostra que as pessoas aprendem apenas 10% do que leem, 50% do que veem ou escutam e 70% do conteúdo quando conversam, debatem, reproduzem, classificam, numeram ou definem tudo. Por essa escala, no Metaverso será possível chegar nesses 70% de uma forma simples e natural. Ali os alunos podem ser estimulados para a aquisição e construção do conhecimento de forma *on-line*, graças a recursos compartilhados, como o Google Docs, que é gratuito e está aí para isso. Portanto, que escolas, faculdades, cursos de MBAs, mestrados e doutorados não fechem os olhos para isso.

Mas não é só a educação que pode se beneficiar do Metaverso. Ele é para todos os segmentos, públicos e objetivos. Uma loja como a VR Collezione pode vender ternos para avatares; a Bic pode desenvolver uma coleção de canetas estilizadas com temas do Metaverso e, se for um sucesso, lançar em parceria com a Kalunga para compra na loja física e *on-line*; o São Paulo Futebol Clube poderá lançar uma NFT do gol do Raí na final do Mundial de 1992, o primeiro do time do Morumbi. Esses são rápidos exemplos dentro de um universo que vem para ser algo extraordinário, e ao qual as pessoas já estão aderindo. E a tendência é que, assim como já acontece com as redes sociais, o Brasil seja um dos países com mais usuários nestes universos digitais em todo o mundo. Basta lembrar que estamos entre os três países que mais acessam Facebook, Instagram, YouTube, Google, WhatsApp em todo o planeta. Então por que seria diferente com o Metaverso?

O que o Metaverso pode fazer pela sua empresa?

Ainda é muito cedo para definirmos quem são os grandes especialistas em Metaverso. Certo é que já há muitos estudiosos e entusiastas, e nós, os autores, entramos nesse grupo, que pode fazer a diferença para as empresas quando elas pensarem em iniciativas nesse campo. Muitos conceitos novos estão se tornando concretos, mas o Metaverso ainda é apenas uma criança que está começando a engatinhar. Muita coisa vem por aí! Muitas marcas estão investindo nesse novo universo digital com o objetivo de aprofundar a fidelidade do cliente, se envolver de novas maneiras com suas comunidades e aumentar a receita, objetivos que qualquer ação de marketing busca diariamente. Nesse quesito, o marketing continua sendo o marketing. Isso justifica o fato de aquele velho livro do Philip Kotler, que alguns têm "porque o professor mandou comprar", continuará atual por muitos anos, independentemente da tecnologia que surgir, afinal, a essência do marketing nunca muda.

Nos futuros e incrivelmente realistas mundos digitais 3D, o usuário poderá comprar e vender bens e serviços, assinar e fazer cumprir contratos, recrutar e treinar talentos e interagir com clientes e comunidades. Alguns podem se adiantar e dizer que isso um site bem ajustado já faz desde 2010. Mas não as experiências imersivas que nem os sites e muitos menos as redes sociais são capazes de entregar. A criação do espaço da marca no Metaverso poderá criar um ecossistema único em que a fidelização dos clientes fique ainda maior, uma vez que podem ser criadas estratégias, itens e moedas que potencializam isso, como a Apple já faz tão bem há décadas.

A tecnologia das lojas virtuais permite que as pessoas experimentem roupas virtuais, assim como o conceito *omnichannel* possibilita que elas façam o mesmo teste na loja física, mas de forma virtual. Os clientes podem comprar *on-line* estando na loja ou comprar na loja e receber em casa, como em uma operação *on-line*. Isso já se faz hoje, funciona e é muito bom. Mas o que é bom pode ser melhorado. E o caminho leva ao Metaverso, que, conforme texto publicado na revista digital *Consumidor Moderno*, permitirá os seguintes benefícios às empresas:[22]

- Enriquecer a experiência do consumidor.
- Introduzir produtos virtuais.
- Coletar novos dados sobre os clientes.
- Comercializar produtos e serviços físicos e digitais.
- Apoiar pagamentos e finanças.
- Oferecer *hardware* e aplicativos que suportem atividades do Metaverso.

Porém, como o nosso querido amigo Rodrigo Gadelha diz, "não é a ferramenta que faz a diferença, mas como o estrategista lê os dados". De nada adianta ter uma base de dados poderosa e não usá-la para gerar negócios. Por fim, é inevitável que volta e meia façamos referências à Covid-19. A pandemia turbinou profundamente as interações digitais. Depois dela, que obrigou o mundo inteiro a se recolher em casa, passou a fazer mais sentido falar sobre imersão, virtualização ou mundo imersivo. O Metaverso está além disso, não cansamos de lembrar. Mas uma coisa está ligada a outra, já que os consumidores nativos digitais, aliados ao impacto do coronavírus nos hábitos de consumo, estão despertando para essa nova realidade e demandando produtos e experiências virtuais que só o Metaverso será capaz de oferecer.

OS CONCEITOS-CHAVE DA PWC

Uma matéria publicada em 23 março de 2022 no *site* da *Consumidor Moderno* traz alguns argumentos para quem deseja investir na tecnologia e não ficar para trás no que diz respeito ao potencial dos mundos virtuais. Intitulada "Como o seu negócio pode se beneficiar com o metaverso?" e assinada por Amanda Medeiros, a reportagem apresenta o que a PwC, uma das maiores consultorias do mundo, entende sobre como o Metaverso pode ajudar a sua empresa. Para chegar às suas conclusões, a antiga PricewaterhouseCoopers identificou as novas tecnologias mais importantes para os negócios e como elas estão convergindo e tornando possíveis partes do Metaverso. Segundo essa análise, a maioria das estruturas ainda não se encontra totalmente madura e o valor total da verdadeira convergência ainda não foi percebido por grande parte das organizações. "Poder computacional, headsets, protocolos de software e capacidade de rede ainda não estão prontos para suportar um ambiente verdadeiramente imersivo e compartilhado", diz o texto.

No entanto, algumas tecnologias já são suficientemente reais para que possam expandir as linhas de negócios existentes e ainda criar novas. Um exemplo são empresas ligadas ao varejo e aos setores imobiliário e de entretenimento, que estão investindo e obtendo lucros. Já para os segmentos menos maduros, a visão da PwC é que entrar no início ajudará a organização a estar pronta para qualquer evolução do Metaverso. Abaixo, reproduzimos um trecho do material da *Consumidor Moderno*, a começar por aqueles que são, na visão da consultoria, os pilares que ajudarão a sustentar essa nova fase da evolução digital.[23]

Economia

Criptomoedas, tokens não fungíveis (NFTs) e outras moedas digitais, ativos e trocas baseadas em *blockchain* provavelmente sustentarão a troca de valor em todo o Metaverso. Mais inovação será necessária à medida que governos, empresas e novas organizações exclusivamente digitais trabalham para construir sistemas monetários digitais confiáveis, oferecer novas propostas de monetização de dados e realizar empréstimos, pagamentos e investimentos imobiliários. Organizações autônomas descentralizadas (DAOs), com regras voluntariamente acordadas aplicadas por um programa de computador que roda em *blockchain*, provavelmente desempenharão papéis importantes.

Interoperabilidade

Um verdadeiro metaverso requer interoperabilidade perfeita entre usuários e plataformas, com base na Web 3.0 e em padrões ainda a serem determinados. Embora essa interoperalidade ofereça novas possibilidades para alcançar e entender os clientes, levantará novos desafios para coletar e proteger dados e para segurança cibernética e privacidade. Também pode prejudicar as estratégias de negócios construídas para manter os usuários e seus dados em uma determinada plataforma. A vantagem competitiva pode mudar para as empresas que oferecem (através de *hardware* ou *software*) formas confiáveis para os usuários entrarem no Metaverso.

Governança

O metaverso precisará de regras de engajamento para os usuários, regras sobre como o próprio Metaverso pode mudar ao longo do tempo e mecanismos de fiscalização, inclusive para cobrança de impostos, governança de dados e conformidade regulatória. Os pioneiros podem ajudar a definir essas regras. A segurança será primordial, pois um novo mundo digital descentralizado pode oferecer aos agentes mal-intencionados pontos de entrada para ataques. Autenticidade – e confiança de forma mais ampla – também deve estar na frente e no centro, para reduzir a desinformação que muitas vezes assolou a internet.

Identidade

Na internet de hoje, a identidade está frequentemente ligada a plataformas. Pode ser verdadeiro, pseudônimo ou anônimo. O Metaverso, descentralizado e interconectado, precisará de identidades digitais confiáveis – para pessoas, ativos e organizações – que sejam portadas entre plataformas. As empresas ativas em identidade digital agora podem ajudar a definir os padrões do Metaverso e oferecer um serviço necessário. As identidades digitais também podem ser fundamentais para a coleta de dados permitida e a governança de dados em um ambiente descentralizado.

Experiência

Um mundo digital 3D compartilhado, persistente e imersivo oferecerá experiências únicas, baseadas em sua própria estética – crenças, ideais e gostos expressos em escolhas individuais. Algumas tendências para a experiência do usuário já estão ficando claras em jogos e ambientes de realidade virtual. As empresas que criam experiências confiáveis do Metaverso e protegem os direitos de privacidade podem conquistar a fidelidade do consumidor, enquanto aquelas que permanecem no topo das tendências do Metaverso podem estar bem posicionadas para prever as preferências e o comportamento do consumidor.

Persistência

Um verdadeiro Metaverso deve refletir em tempo real as mudanças feitas nele por diferentes participantes, entrando e saindo de diferentes maneiras, em lugares e momentos diversos. Essa persistência provavelmente exigirá outra abordagem para ativos e atividades digitais, incluindo serviços e aplicativos que sejam portáteis, reconfiguráveis e extensíveis.

6 maneiras de começar a se preparar para a era do metaverso

Como muitos dos conceitos do Metaverso já são relevantes para os negócios, empresas se beneficiariam com a execução de seis ações, segundo a PwC. As três primeiras se concentram em oportunidades e casos de uso disponíveis hoje. As seguintes ajudarão a construir os recursos que resultarão no sucesso do Metaverso amanhã.

1. Acelere

A maioria das empresas – mesmo muitas de tecnologia – não tem familiaridade institucional com os conceitos do Metaverso, que evoluem rapidamente. Muitos também podem não ter as habilidades e processos para realmente entender e confiar em suas transações e investimentos digitais. Atribua pelo menos um recurso ou fonte de conhecimento (como um grupo) para entender conceitos-chave, como criptomoedas e organizações autônomas descentralizadas (DAOs) e sua relevância para sua empresa, e seguir o Metaverso à medida que ele evolui.

2. Desenvolva uma estratégia

Identifique lacunas para fechar e oportunidades de longo prazo para construir a partir do Metaverso seus principais conceitos e, em seguida, trabalhe em medidas fundamentais. Muitas empresas, por exemplo, provavelmente se beneficiarão do recrutamento de funcionários nativos digitais que já estão familiarizados com os conceitos-chave do Metaverso, bem como medidas técnicas, como tornar os serviços extensíveis, desenvolver planos de segurança e identidade e publicar interfaces de programação de aplicativos (APIs) em núcleos de sistemas para que outros possam se conectar.

3. Teste as águas

Selecione algumas oportunidades disponíveis dentro das tendências subjacentes do Metaverso hoje. Os casos de uso de menor risco incluem a venda de versões digitais de produtos físicos, a oferta de tours virtuais de produtos ou instalações virtuais e o lançamento de NFTs para aumentar o reconhecimento da marca e as conexões com os clientes. As empresas também podem considerar comprar ou alugar imóveis digitais para vendas, publicidade e suporte ao cliente. O imobiliário digital é provavelmente uma opção de maior risco, uma vez que nenhum mundo digital individual provou ainda que terá relevância duradoura, mas pode ser uma escolha razoável para algumas empresas considerarem.

4. Foco na confiança

O Metaverso e seus componentes atualmente existentes oferecem novos desafios para segurança cibernética, direitos de privacidade, conformidade regulatória, reputação de marca e esforços antifraude. As empresas devem, por exemplo, considerar a segurança no nível dos serviços, para que, independentemente de onde seu ativo vá, a segurança seja mantida. Para promover a confiança entre consumidores, acionistas, reguladores e outras partes interessadas, comunique antecipadamente o que esperar de suas iniciativas de Metaverso e como você irá mitigar os riscos potenciais. *Blockchain* e inteligência artificial podem, em alguns casos, automatizar a autenticação de identidade, ativos, transações e contratos.

5. Repense as competências essenciais

O que oferece vantagem competitiva em um ambiente digital compartilhado e descentralizado pode ser diferente do que você tem hoje. Você pode precisar de qualificação e recrutamento para preencher as lacunas de habilidades, bem como novas abordagens para dados e relacionamentos comerciais. Se, por exemplo, sua estratégia digital for baseada em possuir uma plataforma, você provavelmente precisará acelerar seus serviços e infraestrutura de segurança. E, quando estiver trabalhando nela, avalie o quanto eles estão prontos – e certifique-se de levar seus dados com você se mudar de provedor.

6. Alinhe físico e digital

Se você adicionou ou planeja adicionar serviços e/ou ativos digitais ao seu portfólio, busque uma experiência de marca consistente nas construções físicas e digitais. Assim como sua presença na web precisa corresponder à sua experiência de localização física, sua experiência no Metaverso também deve.

Tipos de casos de uso do Metaverso

- BÁSICO: ESTÁGIO 1
  Aplicações básicas de novas tecnologias, focadas em exploração e PoC (prova de conceito, na sigla em inglês), normalmente casos de uso desenvolvidos com parceiros.

- EMERGENTE: ESTÁGIO 2
  Aplicações de experiências digitais que complementam e se conectam a experiências digitais físicas ou já existentes.

- AVANÇADO: ESTÁGIO 3
  Experiências nativas digitais que aproveitam vários componentes das tecnologias capacitadoras do Metaverso e criam experiências multiusos.

> A transação representa o início da experiência do cliente que constrói a fidelidade vitalícia. Crie efeitos de rede por meio de comunidades.
>
> - DIFERENCIADO: ESTÁGIO 4
>   Várias linhas de negócios que estão inovando em vários aspectos das tecnologias de habilitação do Metaverso e fornecem economias de escala complementares. Conectado em vários ecossistemas do Metaverso, mantendo a vantagem competitiva em experiência e superioridade técnica, podendo oferecer, inclusive, ferramentas de atendimento ao cliente.
>
> Fonte: Relatório da PwC "Demystifying the metaverse", conforme tradução e adaptação para o *site* da *Consumidor Moderno*.

Por que você não deve esperar

Essas seis medidas podem oferecer um grande benefício: ajudarão a empresa, mesmo que um Metaverso baseado em uma arquitetura Web 3.0 nunca se torne realidade. Muitos dos conceitos-chave que fundamentariam um verdadeiro Metaverso já estão amadurecendo rapidamente. Atualmente, a inovação está acelerando para transformar a economia digital, melhorar a interoperabilidade desses ambientes digitais, criar identidades digitais que consumidores e organizações possam conservar integralmente, definir novas regras de governança, criar experiências digitais mais imersivas e torná-las mais persistentes. Contudo, o Metaverso evolui. Assim, essas tendências são reais agora e, portanto, começar cedo pode ajudar a garantir que não se fique para trás nesse processo.

Passo a passo para entrar no Metaverso

Não há uma regra única, mas aqui vamos apresentar a você como a sua marca pode entrar e usufruir desse ambiente. Tudo começa com planejamento. É preciso colocar o consumidor e a sua marca no centro de tudo. Se começar pela tecnologia, as chances de sucesso podem ser menores e, se o seu objetivo é estar no Metaverso porque é necessário estar lá, as chances diminuem ainda mais.

Primeiramente, essa não é uma travessia a ser realizada solitariamente. É importante estar ao lado de parceiros, profissionais e ecossistemas de empresas imersos nos movimentos e que estejam desenvolvendo iniciativas no Metaverso. E, assim, avaliar dentro do contexto de cada negócio qual estratégia faz mais sentido: criar ambientes de interação com clientes que desejam ser atendidos virtualmente, de comercialização de produtos ou mesmo a venda direta de ativos digitais?

Tudo deve começar por entender o consumidor. É preciso saber quem ele é, como age, seus anseios e desejos. Isso passa por muita pesquisa, que nem sempre custa uma grande fortuna. Por exemplo: você pode criar um formulário no Google Forms e disparar para a sua base. Por *e-mail* os resultados são mais efetivos, mas dispare nas redes sociais e também deixe um banner em seu *site*. Jamais prometa nada – como um brinde para a resposta –, pois assim as pessoas preencherão apenas pelo presente. Você até terá mais respostas, mas com uma efetividade muito baixa. As melhores respostas sempre são as sinceras. Se você tiver acesso a ferramentas de pesquisa como Kantar Ibope Media, ComScore e Ipsos Marplan, por exemplo, ajudará muito nas decisões. Estas são excelentes, mas, por serem caras, nem todos têm acesso a elas. Para muitos, indicamos a Flemming Pesquisas, do Gustavo Flemming, e a RG Organic, de Rodrigo Gadelha. Essa empresa poderá ajudar também nos caminhos da sua decisão. Mas lembre-se, como bem disse o publicitário Luiz Buono, da agência Fábrica, em uma de suas palestras: "As pesquisas são o norte, e não as respostas".

E se doravante o Metaverso é o seu norte, saiba antes que ele não é uma panaceia capaz de curar e resolver tudo. Se ele é um espelho, pode inclusive reproduzir a imagem imperfeita e disfuncional daquilo que já é assim no mundo físico. Por isso Fabricio Vendichetis Martins, fundador e CEO da Indigosoft, chama atenção para aquilo que é necessário antes de dar este passo para valer. "Em primeiro lugar, será necessário ter uma camada de negócios muito bem apoiada em novas tecnologias como automação, big data, inteligência artificial e *machine learning*. Elas ajudarão a dar forma ao início da sua participação, comunicação e experiência com o cliente", diz Martins.[24]

Logo, atente-se à tecnologia por trás do processo. O líder do projeto de uma empresa que pretende estar no Metaverso deve ser uma pessoa de tecnologia com amplo conhecimento em marketing, ou vice-versa. Esse profissional precisa ter esse conhecimento híbrido para liderar um time multidisciplinar, assunto do qual que falaremos mais à frente.

Primeiro passo então: defina o público, saiba o que esperam da sua marca e, principalmente, como esse grupo está inserido e interage dentro do Metaverso. Entenda como seus clientes em potencial querem receber a mensagem e, como já advertimos, faça com que sua marca se inter-relacione com as pessoas e não apenas busque vender produtos. Se tem dúvida a respeito disso, volte ao *case* de O Boticário, que apresentamos ao final do capítulo 1.

O segundo passo, é entender como sua concorrência age no Metaverso. Além de estudá-la em seu *site*, redes sociais, *e-mail* marketing, loja virtual e campanhas, é necessário investigá-la neste novo tipo de universo. Para quem se interessar, esse processo é aprofundado no livro *Planejamento estratégico digital*, de autoria de Felipe Morais, que foi semifinalista do Prêmio Jabuti 2016. Aqui indicamos dois caminhos para obter esse conhecimento fundamental: tudo começa com o acompanhamento de matérias na mídia sobre a concorrência, que mostram a visão da empresa-alvo sobre o que espera; e o outro é entrar como "cliente oculto" na ação da concorrência no Metaverso, interagir e levantar o que se acredita ser relevante para exame. Lembre-se: o mais importante de uma análise de mercado e concorrência é a inteligência de quem examina para chegar às conclusões corretas.

Na pesquisa de mercado, é preciso entender, dentre todos os aplicativos do Metaverso, quais são os mais acessados. É inteligente que se comecem as iniciativas onde há mais pessoas – algo como iniciar o conteúdo digital de uma nova marca: você começaria pelo Facebook, com 120 milhões de usuários ativos, ou com o Pinterest, com 50 milhões? Inicie pelas maiores e não ache que será fácil estar em todas. Então, selecione cruzando quais são as maiores plataformas – em número de usuários ativos no Brasil – versus quais as mais citadas pelo seu público. Essa é a melhor forma de conseguir scr mais assertivo; não garante o sucesso, mas minimiza o risco de fracasso.

O terceiro passo é colocar a estratégia em prática. Nesse momento a sua marca é o ponto central. Não queira fazer dela no Metaverso aquilo que ela nunca foi, mas enalteça o que tem de diferente. O Boticário levou para o Metaverso toda a estratégia de conteúdo como seu diferencial de comunicação. Às vezes, é na comunicação que as marcas se diferenciam, pois a cada dia os produtos ficam mais parecidos entre si. Entretanto, o Metaverso é justamente o canal para potencializar alguns atributos emocionais associados à marca que fazem essa diferença. E fica como dica também, para que dentro da estratégia você estude benchmarks, independentemente do segmento. Oriente seu time a ter certos conceitos bem claros:

- **Seja persistente:** o Metaverso não está e talvez nunca estará pronto. Ele se apresentará em constante mudança, e o que dá certo hoje pode dar errado amanhã, e vice-versa. Não é em uma semana ou um mês que uma estratégia pode ser avaliada.
- **Seja reativo:** toda ação provoca uma reação. Você aprendeu isso na escola, não é verdade? Então, se as pessoas conversarem com a sua iniciativa dentro do Metaverso, responda na hora. E, se não conversarem, estimule que isso aconteça.
- **Seja muito criativo:** fazer o que todos fazem leva a sua marca a ser mais uma gota em um oceano. Por isso seu time multidisciplinar precisa ter liberdade para criar e errar sem "medo de ser feliz". Mas, evidentemente, o erro precisa ser controlado para não queimar a imagem da marca.

- **Seja social:** as redes sociais deveriam ser mais para socializar do que para vender. Esse é um mantra que muito se ouve. No Metaverso é a mesma coisa: conheça as pessoas antes de tentar vender algo para elas.

Tendo as premissas acima bem desenhadas, vamos ao quarto passo, que é colocar a estratégia em prática – é o passo tático. Antes, revise com seu time passo a passo o que colocou na apresentação da estratégia, olhe novamente principalmente as pesquisas com público e a concorrência; faça uma revisão de todos os pilares da sua marca, seus atributos emocionais, racionais, posicionamento, proposta de valor, percepção, o *golden circle*, propósito, cultura da empresa, missão, valores, visão, filosofia, definição de negócios, conceito da marca, promessa, arquitetura, personalidade, significado, identidade, *unique selling proposition*, *brand persona*, arquétipo da marca e tom da voz. Você tem tudo isso da sua marca? Se não tem, melhor definir isso antes de entrar no Metaverso. Vamos para o quarto passo.

- Qual será o grande diferencial?
- Como as pessoas saberão que a sua marca está no Metaverso?
- O que as pessoas vão ganhar interagindo com a sua marca no Metaverso?
- O que a sua marca vai ganhar estando no Metaverso?
- Qual objetivo as pessoas precisam atingir para o sucesso da ação?
- Qual história você vai contar da sua marca no Metaverso?

Essas perguntas, no momento da estratégia, podem também ser respondidas, mas é no plano tático que as respostas entram em ação. Uma dica importante é ter equilíbrio entre tudo isso que se está fazendo. Marcas contam histórias. Esse é um mantra da gestão de marcas. Portanto, saiba que o Metaverso é apenas mais uma das plataformas que você deverá usar para contar a história da sua marca, sem esquecer que o *site*, redes sociais, *e-mail*, aplicativo, influenciadores, assessoria de imprensa, blogs e a mídia convencional também exercem esse papel.

O pilar básico para uma boa ação no Metaverso é a criatividade. A alta cúpula das empresas, o chamado "C-Level", precisa ter a exata noção de que, primeiro, estar fora do Metaverso é uma decisão arriscada e a cada dia que passa se tornará mais ainda; segundo, nem tudo no Metaverso gera dinheiro, nem tudo é lucro. A construção de uma marca é intangível. Não se vê diretamente o dinheiro em caixa se uma marca tem mais ou menos visitas na sua iniciativa dentro do Metaverso. Porém, está mais do que provado no universo do marketing que nomes mais fortes vendem mais. A Coca-Cola, por exemplo, não construiu sua marca em seis meses. Lembre-se: marcas só param de ser construídas quando morrem. Portanto, mesmo a grande e icônica Coca-Cola segue todos os dias construindo a sua marca, assim como a sua empresa também deve fazer. Cada post no Instagram representa um pequeno pedaço dessa história.

O C-Level precisa estar bem alinhado com todo o time para que ações inovadoras e criativas possam ser feitas sem muita burocracia. Nas pequenas e médias empresas, a decisão sempre precisa da aprovação do CEO ou, em bom português, o diretor executivo, isto é, o profissional com maior autoridade dentro da organização. Porém, com a estrutura mais enxuta, a decisão tende a ser mais rápida, pois basta entrar na sala do CEO e em dez minutos chega-se a uma deliberação. Todavia, nas grandes estruturas essa aprovação pode demorar meses para sair, o que dá uma enorme vantagem aos pequenos e médios para inovar mesmo sem as enormes verbas dos gigantes.

Para que o projeto do Metaverso seja um sucesso, é preciso que haja uma liderança e que ela monte um time multidisciplinar. Não apenas de profissionais de tecnologia e marketing vive o Metaverso. Quanto mais pessoas de diferentes perfis forem reunidas com esse propósito, maiores as chances de o projeto obter sucesso. Para isso, o time precisa ser muito mais "mão na massa" do que apenas estrategista. Não adianta apresentar ideias mirabolantes todos os dias sem que nenhuma delas saia do papel. Nessa seleção profissional precisa estar um especialista em direito digital para lidar com eventuais problemas jurídicos e de legislação. Redatores e *designers* criativos e, no caso desses últimos, com habilidade para criar no Metaverso, também. Não descarto a possibilidade de contratar uma empresa especializada em construir espaços no Metaverso, que hoje ainda são poucas, mas muitas *startups* devem surgir com foco nesse segmento do varejo digital.

Traga psicólogos, se possível, para o time. É importante ter especialistas em comportamento humano para entender mais sobre como interagimos. Sociólogos e antropólogos não estão descartados. Para criar um bom projeto de inteligência artificial, algumas empresas têm trazido linguistas para desenvolver uma forma mais inteligente de seus *chatbots*. Isso vai ajudar muito na experiência, afinal, lembre-se de que, na sua iniciativa dentro no Metaverso, pode ter ao mesmo tempo um italiano querendo saber de um produto, um japonês querendo saber da empresa e um canadense querendo um desconto em outro produto. E como falar em três idiomas simultaneamente sobre diversos temas? Não é simples, mas isso será uma constante na sua iniciativa.

Veja bem, aqui estamos colocando o *dream team*, mas sabemos que nem sempre a verba permite ter todo mundo dentro do time. Sendo assim, é possível remanejar ou mesmo trazer pessoas de fora para reuniões mensais de ideias. Uma iniciativa bem-vinda é criar um comitê mensal e envolver pessoas de fora da empresa, mas com amplo conhecimento desse novo universo imersivo para ajudar nos caminhos da marca. Podem ser pessoas fixas ou que se renovem a cada mês, pois isso facilitará muito a troca de ideias. O líder deve estimular sempre que a equipe trouxer novidades, e nenhuma ideia deve ser descartada sem um prévio e amplo debate. Além disso, separe uma verba para um "cachê" para as pessoas que se dedicarem ao projeto.

Pense que o Metaverso será como uma loja física, em que as pessoas entram todos os dias, a todo momento, com as mais complexas ou as mais simples dúvidas. Dessa forma, os atendentes precisam estar preparados para sanar todas as dúvidas. A diferença é que no Metaverso podem entrar pessoas do mundo todo, o que oferecerá mais dificuldade na comunicação e ampliará o conhecimento de sua marca, produtos e serviços. Isso nem sempre significará mais venda, e sim envolvimento com a marca. Os mundos virtuais certamente são um canal importante para reforçar pontos como os 5Ps, metodologia criada pelo Felipe Morais, que define o que deve ficar muito claro para as marcas, a saber: propósito, promessa, percepção, posicionamento e público-alvo. Isso significa que no, Metaverso, elas podem entender muito mais do perfil dos seus consumidores simplesmente deixando avatares dentro das suas iniciativas. Estes interagirão e buscarão saber mais sobre esse público-alvo.

Tais avatares podem ser tanto pessoas no comando quanto, o que sugerimos, inteligência artificial responsiva. A adoção de uma IA responsiva verdadeiramente inteligente leva tempo e deve ser implementada com cautela para garantir a privacidade e a segurança dos dados. Outra advertência: cuidado, pois a inteligência artificial usada hoje no Brasil não é das mais espertas. Procure empresas sérias, e não as mais baratas. Teste antes ou poderá correr o risco de o seu consumidor perguntar para o avatar no Metaverso sobre um produto e esse cibercorpo digital responder que o consumidor precisa ir ao seu espaço no "Metaverso" para saber mais. Redundância? Sim, porque o consumidor já está lá. É inusitado mesmo, mas acredite, há o exemplo de um banco digital cujo chat tem um robô que, ao interagir com um cliente que deseja saber algo, responde: "Acesse o nosso chat para saber mais". É bem isso que você entendeu. O robô do chat manda o cliente entrar no chat para que possa responder ao que foi perguntado. É o exemplo clássico da inteligência artificial nada inteligente, pautada no preço e não na efetividade da experiência.

A Benetton no Metaverso

Uma das mais icônicas marcas de moda do mundo também está no Metaverso. A Benetton, que sempre teve a ousadia no seu DNA, não tinha como ficar de fora. Como você vai ver neste livro, a moda e o Metaverso estão andando lado a lado e um potencializará o outro. Por isso, mais à frente, vamos dedicar capítulos apenas para esse tema. Por ora estamos trazendo apenas alguns *cases* como uma espécie de "esquenta" para o que vem por aí. Lembremos que o slogan *United Colors of Benetton* se tornou a própria assinatura da grife criada em 1965 pelos quatro irmãos Benetton, que, por sua vez, revolucionaria o mundo da moda. Para a Semana de Moda de Milão, marcada para setembro de 2022, a marca preparou uma ação de *brand experience* para delinear sua entrada no Metaverso.

Com a iniciativa, a Benetton reproduz fielmente no ambiente digital sua famosa loja que fica no Corso Vittorio Emanuele II, em Milão, simplesmente a alameda mais conhecida da cidade e, certamente, um dos lugares mais incríveis da Itália. Na abordagem escolhida, os visitantes da unidade do Metaverso não comprarão nada. Em vez disso, participarão de **experiências com a marca** em um *game*, com o qual acumularão códigos QR que poderão ser usados para fazer compras em lojas físicas. Assim, a unidade virtual será convertida em um ponto de contato adicional com o consumidor, aprimorando sua estratégia *omnichannel*.

"Quisemos revolucionar a experiência imersiva, criando no retalho físico o mesmo ecossistema emocional que terá a nova loja virtual no Metaverso. Quem entrar na nossa loja de Corso Vittorio Emanuele poderá mergulhar num cruzamento entre a realidade física e a ligação digital, tudo numa explosão de criatividade, cores e som", explica Massimo Renon, CEO do grupo Benetton.[25] Retomando o que dissemos mais atrás, não é só de vendas que as marcas vivem no digital. Preste atenção ao fato de que o objetivo aqui não é levar o visitante a gastar na loja do Metaverso, mas levá-lo a uma experiência totalmente nova com a marca que ama e respeita. Por outro lado, e aqui entra a estratégia, o acúmulo de códigos QR fará com que muitos deles queiram finalizar essa experiência que começou no virtual em uma loja física, onde enfim se concretizará a venda e o sucesso da iniciativa. "Estamos entre as primeiras marcas a experimentar o omnicanal generalizado, ou seja, a circularidade entre mundo físico – metaverso – mundo físico. A intenção é oferecer uma ponte dimensional entre o presente e o futuro, entre o real e o virtual, passando por uma experiência de marca cada vez mais imersiva e sobretudo próxima da linguagem dos jovens", ressalta Antonio Patrissi, diretor digital do grupo italiano.[26]

As principais plataformas do Metaverso

Metaverso não é algo singular. É plural. Não existe um, mas vários Metaversos. Talvez um dia todos esses mundos diferentes se unam em um só e formem algo maior do que podemos vislumbrar agora. Dessa forma, listamos a seguir as principais plataformas que levam a esses mundos paralelos, para que você comece a se familiarizar com cada uma delas. Nossa referência é a matéria produzida por Otávio Queiroz para o *site* Showmetech[27], onde foram feitas as devidas apresentações, conforme segue, com alguns ajustes e acréscimos. É importante saber que nem só de plataforma vive o Metaverso, afinal, o conceito básico da plataforma é ser uma tecnologia que une quem produz com quem quer consumir.

O Facebook, por exemplo, é uma plataforma na qual, a depender somente dele, nada ocorre. Isso porque essa rede depende de pessoas e empresas produzindo conteúdo e postando na plataforma para ter relevância. Mark Zuckerberg, seu cofundador e diretor executivo, detém a tecnologia, mas não o conteúdo. O SBT, por exemplo, não detém a tecnologia, mas produz o conteúdo que passa na TV. Porém, se os telespectadores não comprarem o aparelho de TV, o conteúdo do SBT não será visto. Cada tipo de mídia tem o seu perfil e as pessoas consomem de acordo com isso. Cabe às marcas se adaptar, mas nem sempre isso é feito. Portanto, fica aqui o alerta para não pensar em fazer no Metaverso os mesmos posts feitos para o Instagram ou o mesmo tipo de vídeo que vai para o YouTube. O Metaverso é uma plataforma totalmente diferente. O que funciona fora dele não necessariamente vai funcionar por lá. Por isso é necessário um conhecimento amplo e específico naquele universo. No Instagram ou Facebook, as pessoas não precisam de itens digitais para melhorar sua performance nas redes. Já no Metaverso, quanto mais itens, melhor será o avatar. Esse é um dos pontos que precisa estar na mente de qualquer gestor de marca ao se aventurar no Metaverso.

Fortnite

A Epic Games é a dona daquela que hoje é a principal plataforma do Metaverso. Além do 1 bilhão de dólares que a empresa arrecadou para construir a "sua visão de longo prazo para o Metaverso", a Sony Group Corporation injetou mais 200 milhões de dólares para que ambas as empresas avancem na missão de atingir o estado da arte em tecnologia, entretenimento e serviços *on-line* socialmente conectados. A Epic Games já conta com a tecnologia necessária para construir o seu Metaverso, e mais investimentos em computação em nuvem e realidade virtual serão feitos nos próximos meses, o que poderá manter a empresa no topo do Metaverso. Entretanto, no mundo da tecnologia, já cansamos de ver casos de corporações que saem na frente, mas param no tempo e perdem espaço. Este foi o caso do Orkut, que, em 2004, dominava as redes sociais, e acabou morrendo em 2013.

Roblox

A Roblox Corporation, plataforma global que reúne milhões de pessoas por meio de experiências compartilhadas, é outra companhia que está investindo em seu próprio Metaverso. Segundo o CEO da companhia, David Baszucki, o espaço "será um lugar onde as pessoas poderão se reunir em milhões de experiências 3D para aprender, trabalhar, jogar, criar e socializar". Portanto, nada diferente do que você já leu ou vai ler aqui. Isso demonstra que a diferença não será a plataforma, mas o seu uso pelas pessoas e marcas. Já entendendo que é preciso estar sempre inovando, a empresa criou a Roblox Listening Party (Festa da Escuta, em tradução livre). A novidade permitirá que artistas lancem novos álbuns com experiências selecionadas, fazendo com que milhões de fãs possam ouvir suas músicas enquanto saem com seus amigos dentro da plataforma. É um indicativo de que o entretenimento, ao lado da moda, fará grande sucesso no Metaverso.

O primeiro caso bem-sucedido da empresa contou com uma parceria com a cantora norte-americana Poppy. A iniciativa mostrou que a empresa está de olho em um ecossistema, e não apenas em pontos isolados. O caso da popstar Ariana Grande no concorrente *Fortnite* é emblemático, mas em breve será esquecido. Por isso acreditamos que o *Roblox* pensou em um ecossistema próprio para se diferenciar. No show da Poppy, a música foi integrada em todas as experiências populares. Dessa forma, permitiu que os fãs pudessem curtir as novas faixas enquanto decoravam a casa dos seus sonhos em Overlook Bay; dançassem suas canções em RoBeats; assistissem às aulas na Robloxian High School; ou explorassem novos mundos em Criaturas de Sonaria.

Microsoft Mesh

As reuniões no Teams, plataforma da Microsoft para empresas, já têm o Metaverso como um dos canais de reunião. Esse é apenas o começo, pois a Microsoft tem outros planos para o mundo (falaremos sobre isso no capítulo 3). Com as capacidades de realidade mista do Microsoft Mesh será possível usar personagens animados e avatares durante as videoconferências quando não se quiser ligar a câmera. E não será preciso colocar um fone de ouvido de realidade virtual para isso. O avatar será animado usando a voz do usuário, graças à inteligência artificial que a Microsoft está usando. Durante as reuniões, os personagens também poderão levantar as mãos quando a opção for acionada ou animar um emoji ao redor do avatar.

As empresas vão poder utilizar essa função para criar seu próprio Metaverso, em que seus funcionários podem interagir em um universo virtual. O internauta poderá acessar o Mesh usando um smartphone, óculos VR de terceiros ou o HoloLens (óculos inteligentes de realidade mista da Microsoft). A Microsoft também anunciou o *software* chamado Dynamics 365 Connected Spaces. Com ele, será possível que os usuários se movimentem e interajam em espaços como lojas ou fábricas. "Você poderia, por exemplo, experimentar uma loja Best Buy no Metaverso e verificar monitores e dispositivos", disse Jared Spataro, vice-presidente da Microsoft. "Hoje, quando você pensa em um *site*, ele não está muito bem conectado à fisicalidade do que vivenciamos", complementa Spataro. Sim, a Microsoft quer retomar a liderança como empresa de tecnologia, hoje dominada pelo Google, e aposta no Metaverso para isso.

NVIDIA

Outra gigante da área de tecnologia, muito conhecida por suas placas gráficas, também terá a sua plataforma virtual de simulação e colaboração *on-line*. Chamada de NVIDIA Omniverse, ela possibilita que *designers*, artistas e revisores trabalhem juntos em tempo real em aplicações de *software*, em um mundo virtual compartilhado de qualquer lugar. O objetivo da empresa é se tornar a base do Metaverso e, para isso, revelou recentemente novas integrações com o *software* Blender e aplicativos da Adobe. Com isso, a ferramenta de animação 3D de código aberto agora terá suporte para Universal Scene Description (USD), permitindo que os profissionais acessem os pipelines de produção do Omniverse.

Meta

O Horizon é um aplicativo do Facebook dedicado a explorar as possibilidades da realidade virtual e reimaginar a experiência do *home office* e da convivência social. A novidade deve ser o primeiro passo da empresa de Mark Zuckerberg dentro desse universo virtual. O Horizon Workrooms, um dos produtos anunciados pela Meta, permitirá que as pessoas se reúnam para trabalhar na mesma sala virtual, independentemente de onde estejam. Ele funciona tanto na realidade virtual quanto na web e foi projetado para melhorar a capacidade das equipes de colaborar, comunicar e se conectar remotamente por meio do poder da VR.

Com o Oculus Quest 2, *device* de realidade virtual do Facebook, os ingressantes podem imitar a socialização com a criação de avatares que, por exemplo, representam suas figuras na reunião. A ideia de Zuckerberg é trazer a proximidade e o "contato" mais realista também para o meio corporativo. "Trabalhar sem colegas ao seu redor pode ser isolado às vezes, e fazer *brainstorming* com outras pessoas simplesmente não é o mesmo se você não estiver na mesma sala", destacou o Facebook em comunicado.

Decentraland

É uma plataforma descentralizada de realidade virtual construída na *blockchain* do Ethereum, que permite aos usuários criar, vivenciar e monetizar seus conteúdos e aplicações. Atualmente, é gerida por uma organização autônoma descentralizada. A plataforma permite exploração e desenvolvimento, da mesma maneira que acontece em *Minecraft*, e socialização, como já vimos no *Second Life*. A plataforma é dividida em 90 mil unidades de LAND em forma de token não fungível (NFT). No *game*, você pode comprar itens usando MANA, a criptomoeda presente neste universo. Nesse mundo 3D é possível ainda comprar e vender terrenos em formato de NFT, realizar pagamentos e ter uma vida *on-line* em um metaverso que imita e muito a realidade.

E-commerce no Metaverso

A gigante do comércio eletrônico Alibaba registrou várias marcas relacionadas a essa tecnologia, como a "Ali Metaverse". A Amazon, que é o maior fornecedor de serviços de computação em nuvem do mundo e tem várias ofertas de mídia, também é vista como um potencial concorrente na busca por espaço no mercado de Metaversos. No Brasil, temos a Magalu, com a Lu, já preparada para o Metaverso. Mas estar preparada não significa estar lá. A Magalu tem tudo para ser o primeiro e-commerce do Brasil a se apossar do terreno: dispõe de tecnologia, conhecimento, dinheiro, força de marca e, principalmente, o avatar mais amado do país. A empresa fundada por Luiza Trajano e o esposo, Pelegrino José Donato, está com a faca e o queijo na mão, só precisa não perder o *timing*.

Quais tecnologias tornam o Metaverso possível?

Não são apenas as plataformas que trouxemos até aqui que tornam o Metaverso possível. Quanto mais tecnologias envolver nesse ecossistema, melhor para a sua marca. O *case* de O Boticário trouxe algumas, como a loja virtual e a criptomoeda. No capítulo anterior, Fabricio Vendichetis Martins falou sobre big data, *machine learning* e inteligência artificial. Aliás, essa última foi mais detalhada acima.[28] Entretanto, traremos aqui uma lista com uma breve descrição de cada uma, para que tenha em mente que, sem elas, você até poderá ter uma iniciativa no Metaverso, mas é com elas que a sua iniciativa será muito mais efetiva. São essas ferramentas que vão ajudar na experiência, e, vale grifar, é a experiência que conta. É ela que vai fazer com que as pessoas se engajem ou não com a sua iniciativa.

Blockchain: é uma base compartilhada de dados que faz o registro e validação de transações digitais. Para um registro de uma nova transação neste sistema *blockchain*, é necessário que 50% + 1 dos computadores ligados nessa rede validem e anotem essa transação em sua cópia do arquivo na rede. Isso permite trocas de informações processadas por usuários de uma rede descentralizada de computadores, um sistema que ganhou força com as criptomoedas. Mas hoje tem sido usado em outros segmentos para a proteção de dados de empresas e usuários. Essas informações são imutáveis uma vez produzidas, e nunca mais poderão ser desfeitas. A vantagem é que o *blockchain* não é controlada por autoridades, como bancos, governos, empresas ou grupos. O sistema foi construído de tal maneira que os participantes são os controladores e auditores de tudo e tomam as decisões sobre a rede.

NFTs: em outros capítulos explicamos o que são as NFTs, mas retomamos aqui para você não perder sua linha de raciocínio. Os non-fungible tokens (ou tokens não fungíveis) são criptoativos colecionáveis exclusivos que podem representar virtualmente qualquer tipo de item, seja ele real ou não palpável, como arte, *games*, música, qualquer item colecionável, terrenos, vídeos, ingressos, entre outros. Quase tudo pode se transformar em NFT, até mesmo fotos do Luigi, nosso cachorro. Atualmente, os NFTs já se tornaram realidade em alguns segmentos. No mercado de arte, por exemplo, pinturas, vídeos e animações são "tokenizados". Se ampliarmos isso para a cultura pop, há memes e até itens raros sendo vendidos. Foi o caso da primeira publicação feita no Twitter por seu fundador, Jack Dorsey, vendida por 2,9 milhões de dólares.

Realidade mista: temos aqui a soma de duas realidades bem conhecidas por nós: virtual e aumentada. No Metaverso elas serão potencializadas. Para quem, em 2016, entrou na febre do jogo *Pokémon Go* fica mais claro explicar, pois é aquilo. Pessoas saíam às ruas atrás de personagens do desenho *Pokémon* para caçá-los com seus celulares. Esses jogadores apontavam para pontos e, quando um aparecia, era capturado pelo celular. Os personagens eram realidade aumentada e o ambiente totalmente virtual. Essa mescla explica bem o que é essa realidade. A Microsoft chegou a lançar o óculos HoloLens, que traz essa tecnologia. Por 3,5 mil dólares, pode-se comprar um, que, para a realidade mista, oferece a experiência na sua total plenitude. Essa tecnologia permite que os usuários possam interagir com objetos virtuais como se fossem parte do mundo real, dispensando a intermediação de uma tela de smartphone ou tablet. Sabendo que o Metaverso não é apenas uma tendência, a gigante da tecnologia Samsung vai voltar a investir no mercado de óculos de realidade virtual (VR), após um hiato de três anos. Han Jong-Hee, CEO da empresa, declarou isso no Mobile World Congress (MWC) 2022, evento de tecnologia móvel realizado em Barcelona.

Hologramas: já pensou em assistir no Metaverso a um show do *Queen*, com o Freddie Mercury e ao vivo? Lembrando que o músico da famosa banda inglesa morreu em novembro de 1991. Já pensou em acompanhar uma entrevista do Leônidas da Silva sobre como ele criou o movimento que foi chamado de bicicleta no futebol? O Diamante Negro, como era conhecido, faleceu em 2004. Tudo isso é possível dentro do Metaverso, onde até mesmo pessoas que já se foram podem aparecer usando essa tecnologia para milhares de outras. O presidente mundial da Coca-Cola, por exemplo, poderá dar uma palestra usando um holograma para todos os colaboradores da empresa no Metaverso. Basta que todos entrem na plataforma escolhida e participem.

5G: como já dissemos aqui, o 5G está longe de ser uma velocidade mais rápida que o 4G, mas será a tecnologia que vai potencializar muitas coisas, incluindo a Internet das Coisas. A promessa é que o 5G seja até 100 vezes mais rápido que o 4G, uma grande mudança se pensarmos na transição do 3G para o 4G, que aumentou um pouco a velocidade, mas nada muito significativo. Este ganho de velocidade permitirá conexões mais rápidas e será útil para que a velocidade no Metaverso não prejudique a experiência das pessoas. Em um futuro não muito distante, o

5G permitirá que uma loja do shopping seja toda moldada no Metaverso e, com óculos de realidade mista, possamos interagir dentro daquele ambiente. Este é apenas um dos exemplos.

NVIDIA Omniverse: plataforma colaborativa de simulação. Nela, *designers*, artistas e outros profissionais podem trabalhar juntos na construção de Metaversos.

Microsoft Mesh: plataforma que permite a realização de reuniões com hologramas. Também criou avatares 3D para o Teams, sua ferramenta de comunicação.

Web 3.0 no Metaverso

A evolução da internet é algo visível. Começamos com a web 1.0, em que as marcas tinham um *site*, enviavam *e-mails* e compravam banners em portais para divulgar seus produtos. Entre 2003 e 2004, surgiu o Orkut e, com ele, o conceito da web 2.0, que é a que vivemos até hoje e com a qual o consumidor ganhou muito mais voz. Se hoje você passa horas no Twitter, Facebook, TikTok ou Instagram, muito se deve ao Orkut, que começou tudo isso. As pessoas se tornaram produtoras de conteúdo, criando primeiramente seus blogs e depois migrando para canais no YouTube. Muitos se sustentam hoje graças aos seus canais digitais. Um exemplo é o jornalista Rica Perrone, que há mais de 20 anos é independente e tem um excelente faturamento usando seus canais digitais.

Para o CEO da Agência Verse, Diego Ortiz, a web 3.0 vai trazer mais ganhos para quem souber se apropriar dos potenciais da rede. "Na web 2.0, muita da interação que vemos no dia a dia, não é entre pessoas e marca, é uma interação entre pessoas. O Facebook, cada vez mais limita o alcance orgânico dessas empresas. Na web 3.0, a grande característica é que os usuários vão começar a ser recompensados pelo tempo que dispensam com as marcas e vão trabalhar juntas com o alcance delas nas comunidades. O grande poder é o do conteúdo viral", explica Ortiz.[29] Resumindo o que ele disse, quem segue uma marca e compartilha será recompensado. Diante desse potencial de capitalização nos conteúdos, os verdadeiros fãs das marcas poderão realmente ganhar com essa paixão.

Com o crescimento do Metaverso, a web 3.0 – conceito criado em 2014 pelo britânico Gavin Wood[30] – ganha força para ser mais uma evolução dentro desse mundo. Ela se caracterizará pela descentralização e pelo armazenamento em nuvem. Esse conceito é importante para que o Metaverso possa crescer. Vale ressaltar que este, juntamente com os NFTs e a *blockchain*, já são realidade no âmbito tecnológico e fazem parte da construção do que será a nova internet. A nova web está se estabelecendo e as marcas têm que entrar nessa conversa, criar comunidades e dar continuidade, nesse contexto, ao relacionamento com seus consumidores.

O conceito da web 3.0 a apresenta como uma tendência mundial que afetará o modo como as pessoas se relacionam com a internet e trará grande impacto para a sociedade moderna. Em um mundo regido por conexão em tempo integral, a evolução da rede mundial de computadores é fator crucial para a compreensão de como a tecnologia transformará as relações humanas, algo que a internet já vem proporcionando desde a web 1.0. Mas o que vem por aí, na visão de Sebastian Borget, vai muito além. "A Web 3.0 e o Metaverso estão permitindo que cada um de nós se torne um explorador de nossa imaginação humana, inventando novos universos paralelos onde podemos escolher as experiências que queremos viver", diz o fundador da plataforma *The Sandbox*.

Quem, como nós, acompanhou o surgimento da internet no Brasil viu de perto como ela mudou desde o começo as relações interpessoais. Das antigas salas de bate-papo nasceram namoros, das enciclopédias em CD-ROM surgiu um atalho ao conhecimento, dos games agora oferecidos em CDs veio o prazer de jogar com imagem de alta qualidade e do MP3 nasceu uma revolução na indústria fonográfica. Vimos tudo isso e vamos ver muito mais com a web 3.0, que se caracteriza por alguns pontos interessantes:

- **Descentralização:** independência de bancos, órgãos governamentais, fronteiras demográficas ou tecnologias de empresas.
- **Privacidade:** evitar a exposição de dados pessoais e o incômodo com rastreamento, e fuga das publicidades direcionadas.
- **Virtualização:** fortalecimento de mundos digitais e reprodução de experiências realistas de modo virtual.
- **Confiança direta:** a rede permitirá que os participantes interajam diretamente sem passar por um intermediário "confiável", mas que monitora e controla os dados sobre as interações.
- **Inteligência artificial e *machine learning*:** trabalha dados junto com algoritmos para imitar como os humanos aprendem, melhorando gradualmente sua precisão.

Perceba que o primeiro conceito, descentralização, tem uma ligação imediata com o que se refere a criptomoedas e *blockchain*. Essa descentralização tem um papel importante, evitando que o controle da internet se concentre nas mãos de poucas empresas muito poderosas, como as de Mark Zuckerberg, por exemplo. O CEO da Meta tem um poder nas mãos de que talvez não tenhamos noção. Não seria nenhum absurdo dizer que ele é um dos homens mais poderosos do mundo. Se ele "puxar o fio" do servidor do Facebook, Instagram e WhatsApp e tirar essas plataformas do ar por um dia, o caos tomaria conta do planeta. Aliás, já vimos isso no fim de 2021, quando essas ferramentas ficaram algumas horas fora do ar. Perderam-se bilhões de dólares com aquele apagão que durou mais de 24 horas.

A descentralização da web 3.0 propõe que nenhuma entidade detenha o controle sobre a rede, mas que, mesmo assim, todos possam confiar nela. O fator que torna isso possível é a aplicação das mesmas regras, estabelecidas na programação da rede, para usuários e operadores. Essas normas são conhecidas como protocolos de consenso, que é um mecanismo que permite que usuários ou máquinas se coordenem em uma configuração distribuída. Tais protocolos devem garantir que todos os membros de um sistema possam concordar com uma única fonte de verdade, mesmo que alguns dos membros falhem.

O segundo item, privacidade, é algo que preocupa todas as pessoas e marcas. Isso é normal, ainda mais depois dos casos recentes envolvendo o Facebook.[31] E, por fim, a virtualização, que está diretamente ligada ao fortalecimento de mundos digitais. Percebeu por que precisamos trazer esse conceito com mais detalhes? Ele é fundamental para que você entenda a fundo como atuar no Metaverso. Todo o conhecimento prévio que se adquirir nessa jornada será tão importante quanto a execução. Aqui, o planejamento é o segredo, então antes de partir para a prática invista na teoria. Se estiver seguro, avance.

Aliás, confiança é algo que as pessoas estão buscando na internet, pois, apesar de toda a tecnologia em segurança, ataques maliciosos continuam sendo usados para roubar dados. E, no último degrau, encontram-se a inteligência artificial e o *machine learning*. Ambos estão no centro da web 3.0, com potencial para aumentar e melhorar a interação do usuário. Graças a esses recursos, será possível alcançar resultados mais rápidos e relevantes em diferentes áreas, indo além da publicidade direcionada, como é mais comum atualmente.

Destacamos ainda que o principal fator de destaque da web 3.0 é a tentativa de encontrar uma solução para a concentração de informações e dados pessoais nas mãos de grandes empresas, que podem ser vendidos ou até mesmo hackeados. De acordo com Ricardo Cavallini, professor da Singularity University, mais do que uma evolução, trata-se de uma remodelagem da internet, baseada em *blockchain*, tokenização e descentralização. "Para entender a Web3 é preciso conhecer outras coisas que muita gente ainda não entende, nem a tecnologia, tampouco o conceito", afirma Cavallini. E, antes que nos pergunte, sim, será preciso conhecer mais de criptomoedas neste novo cenário, pois a web 3.0 tem como um dos pilares a possibilidade de transferência de valor entre contas. Portanto, é bom que os executivos fiquem atentos às novidades.

McDonald's quer dominar os dois mundos

Uma das marcas mais valiosas do mundo está de olho no Metaverso e com o objetivo de entrar também no universo do *omnichannel*. A ideia do McDonald's é ter uma loja em que as pessoas possam comprar produtos *on-line* e receber *off-line* toda sua linha de produtos. A famosa cadeia de *fast food* dos arcos dourados tem uma série de produtos que podem facilmente virar NFTs, como os brindes do McLanche Feliz ou algumas artes que envolvam a Turma do Ronald McDonald. Porém, em nossa opinião, se o McDonald's se fechar apenas no fato de ser mais um canal de demanda do *delivery*, será um enorme desperdício de engajamento e experiência com seus consumidores. E o motivo é simples: a marca pode entrar no Metaverso não apenas de olho nas criptomoedas dos avatares, mas sim para oferecer experiências imersivas nas suas lojas dentro do Metaverso. Como não há espaço físico no Metaverso, não há limitações para a imaginação. Por isso organizar um show do Metallica dentro de uma loja do McDonalds, por exemplo, não é nenhum absurdo.

No começo de 2022, usando o Twitter, o advogado de marcas e fundador da Gerben Intellectual Property, Josh Gerben, informou que o McDonald's estaria interessado em criar seu próprio token, por meio do "McDonald's Metaverse". Em busca de mais informações, a equipe do portal Crypto Times, que é especializado em criptomoedas e acompanha atualizações e tendências desse segmento, observou que já existiam 100 trilhões de tokens e que, no momento em que escrevíamos este livro, 469 carteiras já os possuíam. O token é um ERC-20, um criptoativo não fungível da rede Ethereum.

Blockchain, NFTs e criptomoedas

Falemos agora sobre três itens que são fundamentais para o sucesso do Metaverso e, claro, para o bom desempenho de sua marca por lá: *blockchain*, NFTs e criptomoedas. De forma bem sucinta, *blockchain* é a segurança dos dados; NFTs podem ser usados para monetizar a presença da sua marca por lá; e, por fim, as criptomoedas são um sistema de pagamento digital que podem ser usadas para transacionar dentro desse universo. Com elas, compram-se produtos e serviços o tempo todo, de modo mais seguro.

As criptomoedas estão se tornando a moeda oficial do Metaverso. Cada um tem a sua. Mostramos aqui que O Boticário criou a sua, e você pode fazer o mesmo. Não é fácil criar uma criptomoeda, assim como não é tão simples obter grande sucesso com essa iniciativa, uma vez que o Bitcoin se tornou referência. Muita gente, inclusive, acha que Bitcoin e criptomoeda são a mesma coisa. Bem, Bitcoin é, de fato, uma criptomoeda, mas não a única. A FM CONSULTORIA, empresa da qual somos sócios-diretores, tem um empreendimento nessa área chamado AIIA. Foi desenvolvido para a empresa Predict Vision, uma *healthtech* focada em inteligência artificial.

Cada uma das plataformas tem sua própria criptomoeda, o que está transformando cada plataforma do Metaverso em países, como no mundo real. Portanto, não será nada estranho se em breve tivermos eleições no Metaverso para constituir um presidente, governadores, senadores e por aí vai. Lembre-se, o Metaverso é uma reprodução digital da vida real. Se você acha que tudo isso é algo muito futurista, saiba que o "dono da internet", Mark Zuckerberg, anunciou em março de 2022 que, em breve, usará a *blockchain* para emitir tokens digitais, os já famosos NFTs, no Instagram. Partindo de quem parte essa iniciativa, de alguém que já revolucionou o mundo e não cansa de inovar para permanecer no topo, não é para menosprezar o que ele diz. Afinal, o que as suas plataformas – Facebook, Instagram e WhatsApp – fazem em suas operações altera sem dúvida o universo do varejo em todo o planeta.

Usando a tecnologia de *blockchain* do Ethereum (ETH), o Metaverso *Decentraland* usa a MANA, sua criptomoeda nativa. Se você não acredita muito nesse modelo financeiro, não tem problema. Mas saiba que um dos bancos mais importantes do mundo, o JPMorgan, criou uma área no Metaverso *Decentraland* no começo de 2022, sendo uma das pioneiras do setor tradicional financeiro a estar por aqui. Onyx Lounge foi o nome dado pelo banco à sua unidade no Metaverso. Por enquanto, a instituição não tem intenção de oferecer serviços financeiros ali, mas já criou um lounge para navegar e passear. E não foi apenas o JPMorgan. Em janeiro de 2022, a gigante eletrônica Samsung abriu uma versão de sua loja de Nova York na *Decentraland*, e, dois meses antes, o país insular Barbados estabeleceu uma embaixada no mesmo local virtual. Está mais do que claro que o Metaverso não está para brincadeira, e sim para ser um território que vai movimentar trilhões de dólares daqui uns dois ou três anos no máximo.

É algo ainda novo, mas, como diz Diego Ortiz, CEO da Agência Verse, se tem uma coisa que brasileiro ama é coisa nova. "Já somos a maior comunidade do mundo do Tiktok, por exemplo. As marcas aqui não são assim, ainda são muito tradicionais. Então queremos evitar que sejamos colonizados uma segunda vez. Ainda não estamos muito para trás, queremos endossar a adoção dessa tecnologia pelas empresas. E na quarta parte é a questão de investimento na tecnologia", afirma Ortiz. Portanto, aposte nessa novidade chamada Metaverso. Sabemos que, na hora de tomar uma decisão, muito gestor de Marketing tem medo de ousar. Aliás, não só essa figura. Tem muita agência por aí que faz pose de inovadora e antenada, mas que no dia a dia entrega planilha de conteúdo para Instagram e Facebook achando que está totalmente na vanguarda.

O Enjin Coin disponibiliza ferramentas para criação de produtos em *blockchain* e NFTs sem taxas. O ENJ é seu token nativo. A Sand é a criptomoeda da plataforma *Sandbox*. É usada para transações como jogar, construir casas e ter uma vida virtual. A Gala é um ecossistema do Metaverso baseado no *pay-to-earn* (jogue para ganhar) e a ela pertencem jogos como *Town Star*, *Echoes of Empire*, *Mirandus*, *Spider Tanks* e *Fortified*.

Axie Infinity é outra plataforma do Metaverso com sua própria moeda, ou melhor, criptomoeda, que dá poderes a quem tem seu criptoativo em carteira. O AXS é o token de governança dentro desse Metaverso e dá aos seus detentores poderes de decisão dentro do ecossistema. Por fim, temos o exemplo da Alice, token do Metaverso MyNeighborAlice. Os usuários que têm esse token podem comprar objetos virtuais do ecossistema, fazer *staking* (emprestar as criptomoedas para a rede em troca de lucro) ou participar de decisões do jogo.

Rodrigo Soeiro, fundador da Monnos, primeiro criptobanco do Brasil, explica que, com o advento dos NFTs, houve uma aproximação de artistas, personalidades e grandes marcas, por intermédio da realização de eventos, shows ou a disponibilidade de avatares vestidos dos pés à cabeça por marcas como Adidas, Nike e Prada. "O NFT trouxe uma nova dinâmica para os Metaversos e possibilitou que segmentos diversos tangibilizassem as reais possibilidades do ecossistema", disse[32]. Não há dúvida de que esse movimento tem uma grande conexão entre si. Tudo isso é protegido pelas *blockchains*, que trazem segurança, transparência e credibilidade para as transações virtuais, algo que, para um universo novo, é fundamental para que as coisas caminhem bem.

NFTs é uma outra tendência que será, sem dúvida, muito potencializada pelo Metaverso, e a arte será, em nossa opinião, o que mais vai dar campo para o crescimento exponencial desses ativos digitais. De olho nisso, um dos músicos mais famosos do mundo, Snoop Dogg, vai levar a sua gravadora, Death Row, para o Metaverso. Será um selo NFT, segundo o artista. O disco *Bacc On Death Row* saiu pela empresa de *blockchain* Gala Games como uma caixa de armazenamento. Aqueles que desembolsaram 5 mil dólares pela versão NFT do álbum receberam o projeto inteiro, junto com três faixas bônus. O *rapper* disse que quem coletar todo o projeto na *blockchain* ainda vai receber uma corrente da Death Row, um convite para uma festa de Warren G e acesso a um show exclusivo. Mais uma vez, o que vemos nesse caso do Snoop

Dogg? A criação de um NFT baseado na arte, transacionado por uma plataforma do Metaverso – no caso a Gala Games – e usando a *blockchain* para manter tudo seguro. Ainda tem dúvida do sucesso desse segmento no mundo?

Os NFTs têm feito muito sucesso nos últimos anos. Ainda é fresca a memória da venda da colagem de 5 mil imagens batizada de *Beeple's Everydays: The First 5000 Days*, do artista digital e *designer* gráfico americano Mike Winkelmann, que atingiu a cifra de 69,3 milhões de dólares em um leilão realizado em 11 de março de 2021 na Christie's. E esse negócio está se ampliando: marcas de luxo já anunciaram coleções de roupas em NFT, casas estão à venda dentro do Metaverso e na vida real, tudo funcionando por meio dos tokens não fungíveis. Isso não é um modismo superficial e passageiro, mas uma tendência indicativa daquilo que veio para ficar e que representa um novo mercado. Uma pesquisa realizada pela empresa DappRadar, que estudou *blockchains* de NFTs, mostrou que, só em 2021, as vendas de tokens não fungíveis atingiram 24,9 bilhões de dólares. Só para efeito de comparação, no ano anterior esse montante não passou de 95 milhões, ou seja um aumento de mais de 260 vezes de um ano para o outro. E, com a aproximação do Metaverso, as possibilidades ficam ainda maiores para a realização desse tipo de transação financeira.

É essa a aposta de Robert "Bob" Iger, CEO da Disney entre 2005 e 2021 e que hoje é um dos homens fortes da Genies, que desenvolve produtos no Metaverso, como personagens virtuais, roupas e acessórios e um marketplace de NFTs. Ele diz que foi atraído pela startup porque acredita que a habilidade de qualquer um para criar e vender bens digitais, um elemento-chave do Metaverso, vai mudar a indústria do entretenimento. "Imagine, por exemplo, deixar alguém comprar um avatar do Mickey Mouse e deixar ele de uma forma que, não somente nunca permitimos antes, mas que seria difícil de fazer no mundo físico", desafia Iger.[33]

O Metaverso, como já falamos aqui, é um espaço onde as pessoas são o que almejam ser, e por que não customizar seus personagens favoritos, como o Mickey ou o Pateta, de uma forma única? As crianças já pintam esses personagens em diversos livros de desenho da forma que desejam. Agora poderão fazer o mesmo e ainda lucrar com isso, se assim o desejarem. Se um dos mais poderosos executivos do mundo está de olho nessa tecnologia, quem somos nós para duvidar de todo o seu potencial?

As possibilidades do universo das NFTs

Mesmo sendo criadas em 2012, as NFTs começam a ganhar força quase dez anos depois. Em 2022, acreditamos que elas tenham aparecido mais na mídia, o que desperta a curiosidade, ainda mais com *cases* interessantes, como o que acabamos de citar de Mike Winkelmann, conhecido como Beeple, e sua obra de quase 70 milhões de dólares. De lá para cá, marcas como NBA, Pringles, Atari, Nissan, Ambev e SBT encontraram nos NFTs uma forma de agregar ainda mais valor para seus produtos e serviços, tornando-os ainda mais interessantes para o mercado. É o que veremos a seguir.

Coca-Cola Byte

A marca Coca-Cola é mundialmente conhecida. Dela consumimos não apenas a bebida, mas também roupas, cadernos, quadros, entre outros. Agora poderemos, no *Fortnite*, comprar a Coca-Cola Byte, uma edição limitada com "sabor de pixels" e a segunda bebida da Coca-Cola Creations, a nova divisão de inovação da empresa. A latinha tem inspiração na arte digital dos anos 1990, com o tradicional logo da Coca-Cola, só que pixelizado. A ilha batizada de Pixel Point – desenvolvida pela Coca-Cola e seu parceiro PWR, que cria experiências virtuais dentro do Fortnite – foi o espaço virtual escolhido para o lançamento do produto no Metaverso.

A bebida, que é da linha zero açúcar, já pode ser comprada, inclusive no Brasil. Ela vem com um jogo na lata, que tem como base a tecnologia de realidade aumentada. Ao digitalizar o rótulo pixelizado usando seus smartphones, amplia-se a experiência do consumidor com todo o universo digital. Neste  caso, nem precisa estar em uma plataforma do Metaverso, uma vez que, como já dissemos aqui, essa é a união dos mundos *on-line* e *off-line*.

As marcas se beneficiam dessa tecnologia

Os NFTs fornecem possibilidades ilimitadas a artistas, marcas e veículos de comunicação que querem atribuir um valor de originalidade a algo. "Hoje em dia falamos muito sobre as marcas terem engajamento legítimo com os consumidores e isso é uma ótima maneira, porque você pode pegar um aspecto icônico da sua marca, por exemplo, e tokenizá-lo. Então, a partir daquilo se cria uma coisa única", afirma Erik Debatin, especialista de canais e *social commerce* da Ogilvy Brasil.[34]

Toda a tecnologia empolga as pessoas, principalmente quem atua no marketing e inovação das marcas. Alguns *cases* que já mostramos ou que ainda mostraremos foram criados por uma dessas áreas, ou as duas juntas. Outras podem ter vindo do time de tecnologia. A origem tanto faz. O que importa mesmo é que as marcas estão se mexendo, principalmente lá fora. Aqui no Brasil talvez ainda vá demorar. Não porque estejamos defasados em termos de tecnologia, equipe, criatividade e investimentos, mas porque nos falta a coragem que os americanos têm no quesito inovação. Além disso, é preciso saber o porquê de se fazer uma NFT e como isso vai gerar renda para as marcas. Criar apenas por criar será um enorme tiro no pé do time. Portanto, o primeiro passo para entrar no mundo dos tokens não fungíveis é saber em que ele se torna relevante para o consumidor da sua marca. Não é porque a Coca-Cola fez que a Pepsi tem de fazer. E, se fizer, que seja algo diferente e que, ao mesmo tempo, possa ser facilmente inserido no dia a dia das pessoas, principalmente no Metaverso.

Para Caroline Nunes, CEO da InspireIP, as marcas devem falar o que é NFT e os consumidores precisam saber o que vão comprar. Isso é essencial para se saber o que está por trás do NFT e o que se está comprando. "Acredito que isso é muito o dever das marcas, porque elas têm um poder de influência. NFT é uma revolução cultural. E essa revolução cultural não acontecerá se a tecnologia não se tornar acessível ao público e este não entendê-la", diz.[35] Ou seja, é preciso uma curadoria das marcas para que as pessoas não gastem seu dinheiro em algo que não faça todo o sentido para elas. Isso vale tanto para a vida real quanto para o Metaverso. Os NFTs têm, como disse Caroline, um poder gigante como revolução cultural. Não há dúvidas do quanto elas já impactaram a nossa forma de ver o mundo. Eles são o primeiro passo de uma revolução benéfica para todo o varejo.

De olho nessa oportunidade, Alexandre Magno Abrão – filho do vocalista Chorão, já falecido, que era líder do grupo Charlie Brown Jr. – fez uma parceria com a Digitiva, hub de tecnologia e economia criativa, e o grupo Tacatinta para a comercialização de itens da icônica banda de rock santista por meio de NFT. O objetivo com a iniciativa é oferecer novas imagens e obras autenticadas e limitadas do cantor e da banda com intervenções exclusivas. A palavra "inédita" faz todo o sentido nesses casos, afinal, o NFT é algo único. Por exemplo, o primeiro produto desse projeto a ser comercializado é uma imagem do arquivo de Chorão, tirada em São Paulo, no antigo Citibank Hall (ex-Credicard Hall e atual Vibra São Paulo). O registro do fotógrafo Marcelo Rossi foi digitalizado e apenas 13 cópias foram disponibilizadas na plataforma Ethereum ao preço de 1,5 mil reais.

A pirataria obviamente pode ocorrer, afinal, se falsificam um Rolex, por que não vão descobrir a foto original e fazer réplicas de um token não fungível e vendê-lo por uma ninharia em um lugar qualquer da web? O

102 Metaverso

ponto é que, assim como um Rolex genuíno tem o seu certificado, apenas quem comprar a foto original via Ethereum, no caso do exemplo acima mencionado, terá o certificado digital e registrado na *blockchain*, comprovando a autenticidade e exclusividade da peça. Isso é o básico de um NFT: exclusividade, autenticidade e relevância na vida das pessoas.

SBT no Metaverso

Nem só de arte vive um NFT. Uma das emissoras que mais tem olhado com carinho a internet, o SBT, está acompanhando a tendência e usando seu maior garoto-propaganda para gerar a exclusividade e autenticidade necessária para o projeto. Para homenagear os 40 anos dessa rede de televisão, foram lançadas quatro imagens do apresentador Silvio Santos em diversas atrações transmitidas pela emissora: *Onde tudo começou* (1981), *De casa nova* (1996), *Topa tudo por dinheiro* (1992) e *Teleton* (1998). Uma aposta do SBT é o token que faz referência ao programa *Topa tudo por dinheiro* no momento em que, ao vivo, o apresentador caiu em um tanque de água.

Dessa forma o SBT não apenas se mostra inserido nesse universo digital e seu lado de inovação, como mostra que NFTs não são apenas itens de músicas e obras de arte. É possível transformar ídolos em NFTs, como foi feito com o jogador Erling Haaland, centroavante do Borussia Dortmund e da seleção norueguesa (que veremos mais à frente). Ainda em relação ao SBT, a empresa brasileira demonstrou que nem sempre os NFTs precisam ter preços inacessíveis para a maioria das pessoas, uma vez que, através do Mercado Bitcoin, ela vendeu seus ativos digitais com lances que começavam a partir de 100 reais. Lembra que acima citamos que o Brasil ainda tem pouca coragem para inovar? Ainda bem que temos gestores de marca que são ousados o suficiente para colocar em prática ideias que as novas tecnologias possibilitam fazer. Quem imaginou que um dia o Silvio Santos se tornaria um NFT?

Reserva: mais um caso bem-sucedido de NFT

Quantas vezes se viu um projeto sendo totalmente vendido em menos de uma hora? Foi o novo recorde que a marca de roupas Reserva conseguiu. Vale lembrar que não é de hoje que essa grife, cuja história começa em 2004, na cidade do Rio de Janeiro, entende o digital como uma plataforma de inovação e relacionamento dos seus consumidores com a sua marca e que as vendas são uma consequência, e não o objetivo.

Para a empresa, que em 2020 passou a fazer parte do grupo Arezzo&Co, as oportunidades em novas tecnologias vêm sendo estudadas há um ano. "No ano passado (2021), ficou evidente para nós que não poderíamos tratar as tecnologias relacionadas à *blockchain* como um futuro distante", explica Pedro Cardoso, diretor de Marketing Digital da Reserva.[36] Portanto, se você quer inovar, ótimo, vá em frente. Mas, antes, deixe a casa em ordem. Antes de querer entrar em um mundo que ainda não conhece, faça o básico e busque estudá-lo antes. Do contrário, por que sair mandando mensagens para o seu time exigindo uma ação de NFT para a sua marca sem ao menos saber do que se trata e o porquê disso?

A associação à tecnologia *blockchain* fez as vendas da Reserva alcançarem o equivalente a um mês de faturamento em uma loja física. Então, para você que ainda acha que NFT é apenas um modismo sem muita importância, fica aqui um sinal de que, quando algo é bem-feito, gera muito lucro para uma empresa. Cerca de 700 pessoas que se cadastraram tiveram acesso antecipado aos primeiros dois lançamentos. Seis artes com 81 NFTs cada foram disponibilizadas aos compradores, que esgotaram 486 tokens no mesmo dia, totalizando 900 mil reais em vendas, segundo noticiou a CNN Brasil. Certamente, foi apenas o teste da marca para, em breve, entrar no Metaverso com tudo, uma vez que esse tema já faz parte da pauta do time de Marketing, cujo núcleo tem se dedicado a aprender, organizar e implementar as oportunidades do ecossistema Web3 para a moda no Metaverso.

O símbolo da marca é um pássaro, portanto, nada mais interessante do que transformar essa personificação em NFTs. Assim nasceu o Pistol Bird, o "pássaro pistola", para que as NFTs tivessem o apelo da exclusividade. As doze artes estão divididas em três categorias: Admission, Creator e Royal. Ao comprar um token, o indivíduo terá acesso à coleção Pistol Birds exclusiva, acesso antecipado a *collabs* e lançamentos, além de ganhar um casaco com o pássaro pistola do seu NFT. O Royal, mais exclusivo, tem como um de seus benefícios uma mentoria de uma hora com o CEO e fundador da Reserva, Rony Meisler.

NFT de 3,6 milhões de reais

Imagine pagar 3,6 milhões de reais por um NFT? Esse é o valor pelo qual o token do jogador norueguês Erling Haaland foi vendido. A cifra superou o recorde anterior de Cristiano Ronaldo, o craque que mais tem fãs no mundo e é dono do Instagram com mais seguidores no planeta. O token não fungível do português alcançou apenas o "modesto" patamar de 1,5 milhão de reais. Esse *case*, como acima tínhamos destacado, é importante para mostrar que não é só a arte que serve de matéria-prima para esse tipo de criptoativo. Haaland, Silvio Santos e Cristiano Ronaldo, apenas para ficar nesses exemplos, são ídolos e têm uma legião de fãs pelo mundo que estão dispostos a pagar um bom dinheiro por algo único. Imagine, por exemplo, se CR7 marcar o gol da vitória da final da Uefa Champions League, a mais importante competição entre times do mundo, e colocar essa camisa à venda no Ebay? Ela valerá milhões e um entre milhares de fãs do craque português comprará a desejada peça. O princípio da NFT é o mesmo.

De olho no futuro, a Bundesliga (a liga de futebol alemã) já está apostando nos NFTs, algo que a nossa CBF parece que ainda não enxergou. Além de Haaland, NFTs de outros jogadores também foram leiloados, como Dominik Szoboszlai (RB Leipzig), Taiwo Awoniyi (União Berlim), Jamal Musiala (Bayern de Munique), Florian Wirtz (Bayer Leverkusen) e Lukas Nmecha (Wolfsburg).

Ronaldinho Gaúcho, apelidado carinhosamente de "Bruxo" pela magia que fazia em campo, tornou-se um jogador de um time do Metaverso, no MetaSoccer. Nesse ambiente, o foco está na gestão de clubes fictícios, permitindo que os *gamers* comprem e vendam atletas e recebam outros ativos comuns do futebol, como patrocínios via criptomoedas. Esse novo formato vai modificar a dinâmica dos jogos de futebol virtual. O mais famoso deles, o *Fifa*, que abra os olhos para não perder rapidamente a hegemonia do mercado, uma vez que ele também já se encontra no Metaverso. Nos *videogames* – universo fundamental para o sucesso do Metaverso no mundo – o *Fifa* já tem tudo na mão. Mas, se ficar achando que isso é o suficiente, o MetaSoccer e outros jogos do Metaverso vão tirar alguns milhões de dólares do seu rico mercado da EA Sports, empresa que detém a chancela da franquia e a licença oficial da poderosa Fifa, a Federação Internacional de Futebol.

Por que o 5G é fundamental nessa discussão?

Não há a menor sombra de dúvida de que o 5G vai revolucionar o mundo da internet em vários âmbitos, incluindo a inteligência artificial e a Internet das Coisas (IoT), como já dissemos anteriormente. O 5G, vale reforçar, está longe de ser apenas uma Internet mais rápida para os nossos smartphones. Estamos caminhando para uma revolução significativa no mundo dos negócios, onde o Metaverso estará mais do que inserido. Para Chris Jones, analista-chefe da Canalys, o Metaverso e o 5G vão impulsionar a próxima onda de evolução tecnológica. "Todas as empresas envolvidas na cadeia digital – fabricantes, empresas de telecom e redes sociais, por exemplo – querem ter a sua fatia de oportunidade na palma da mão do consumidor, dentro do dispositivo, na infraestrutura ou fornecendo um serviço", ressalta Jones, que está sediado em Reading (Reino Unido) e lidera globalmente o Serviço de Veículos Inteligentes da empresa que ajudou a fundar.

Há alguns anos, a Amazon lançou um vídeo em que mostrava uma entrega feita por drone em um luxuoso apartamento de cobertura. Isso bastou para gerar um aumento das buscas pelo termo Amazon e, com certeza, um aumento de vendas. Até aquele momento, a gigante do *e-commerce* não conseguia entregar nada usando drones. E não conseguiu até hoje, dez anos depois da promessa. Mas o famoso "buzz" que a mensagem produziu, com o vídeo viralizando nas redes sociais, *sites* e blogs, gerando comentários em torno do assunto, aumentou a audiência no *site*. Pessoas entravam buscando notícias, mas a compra por impulso falava mais alto. O vídeo não foi uma grande produção, mas a ideia foi excelente e é ela que faz algo viralizar e ainda é a rainha da propaganda em todo o mundo. Mas, enfim, o efeito 5G no mundo do varejo permitirá que essa ideia da Amazon seja uma realidade. E será... em breve.

Em um evento que aconteceu em janeiro de 2022, sobre tudo o que foi debatido na feira da National Retail Federation (NFR) do mesmo ano, Fábio Faria, ministro das Comunicações do Brasil, afirmou que o Metaverso vai chegar de forma muito mais rápida. "Vamos ter isso nos próximos anos em todas as áreas e isso vai mudar a vida do varejo", disse. No mesmo evento, batizado de Interactive Retail Trends – Pós--NFR, Faria revelou que a Agência Nacional de Aviação Civil tinha autorizado a empresa iFood, em parceria com a Speedbird Aero, a fazer entregas usando drones. Entenda que muita coisa que você está lendo aqui não se trata de uma viagem ou cenas de um filme futurista. É algo que está ocorrendo, assim como os veículos autônomos, que, depois de um longo processo de pesquisa e desenvolvimento, estão se tornando uma realidade em todo o mundo.

Como está mais próximo um sonho que a Petrobras começou lá atrás. Em março de 2007, a estatal brasileira deu seus primeiros passos em direção à realidade virtual ao realizar dentro do *Second Life* uma palestra cujo tema era "Tecnologia deixando de ser ficção", ministrada pelo especialista Ricardo Pomeranz. O evento real aconteceu dentro da Proxxima, importante evento do setor de marketing e comunicação digital do Brasil, com apresentação no auditório virtual da companhia petrolífera no universo 3D. Os interessados precisaram se cadastrar no *Second Life* – que já tinha 4 milhões de usuários e movimentava cerca de 1,5 milhão de dólares por dia –, criar seu avatar, acessar uma página desenvolvida especialmente para o evento e preencher um formulário de inscrição. A iniciativa foi um sucesso e a Petrobras chegou a comprar terrenos virtuais no jogo. Mas aquele ainda era só o começo da estrada. Avançamos bastante e, 15 anos depois da experiência da Petrobras, estamos muito mais próximos de uma experiência realmente imersiva do que jamais estivemos.

Meta Humans

Segundo Walter Longo em sua já citada entrevista para Fausto Botelho (no capítulo 1), o 5G está chegando no momento em que o Metaverso está crescendo e o avanço da tecnologia está resultando em avatares cada vez mais parecidos com os seres humanos. "Viveremos a era dos Meta Humans, onde cada vez mais o Metaverso será parecido com a nossa vida, ou pelo menos com a vida que desejamos ter, e o 5G vai potencializar muito esse cenário", afirma.

O conceito de Meta Humans, defendido por Longo, se refere ao fato de a tecnologia que temos hoje estar transformando as pessoas em avatares muito similares à realidade. Veja o caso de Shudu Gram, uma modelo de mídia social gerada por computador, criada em abril de 2017 pelo fotógrafo de moda Cameron-James Wilson, que se tornou a primeira supermodelo digital do mundo. Quem vê as fotos em campanhas da Shudu não tem a noção de que se trata de um avatar. Vendo sua imagem da "mulher muito glamorosa e surpreendente", como define seu próprio criador, fica mais fácil entender o que Longo diz sobre

os Meta Humans. Até o início de maio de 2022, Shudu tinha mais de 230 mil seguidores no Instagram.

Mas o que isso tem a ver com o Metaverso?

Tudo! Amanhã você estará em *The Sandbox* e no Magalu, onde o avatar da Lu irá lhe atender. Você vai pedir para ela uma dica de smartphone e a Lu vai buscar em seus sistemas os melhores, mas não será algo aleatório. Ela, via big data, vai fazer o levantamento dos seus dados de navegação e apontar o Samsung Galaxy S22 para você e oferecer um desconto de 10% se pagar via pix. Sabe por que ela fez essas opções? Porque o sistema entendeu que o modelo de celular que você mais tinha pesquisado ou interagido na internet foi aquele e que as últimas compras no Magalu haviam sido pagas via pix. Certamente você não vai nem lembrar disso, mas vai achar interessante que essa recomendação tenha sido feita por um avatar. No entanto, ali, totalmente imersa, sua mente poderá entendê-lo como se fosse um ser humano.

Na opinião de Romeo Busarello, quanto melhor a experiência nos meios digitais, maior a satisfação no mundo real. "Personalizar o atendimento é um caminho sem volta. As marcas precisam passar segurança para seus consumidores por meio do universo digital e levar informações-chave e genuínas, pois é isso que esses consumidores esperam todos os dias", disse Busarello, durante uma palestra sobre transformação digital. Isso representa bem o caso do Magalu. Entretanto, reforça outro ponto que estamos querendo passar aqui, que é o da experiência que as pessoas precisam ter com as marcas. O Metaverso é um campo muito fértil para que isso ocorra. Basta que os gestores o entendam e criem essas experiências, tendo o Metaverso e o 5G como plataformas para a construção dessa história. Uma coisa é fato: estar no Metaverso é ter experiência e não apenas uma presença.

Para Arthur Igreja, professor da Fundação Getulio Vargas (FGV), a experiência do cliente e a personalização dos atendimentos virtuais terão um enorme ganho no Metaverso. Nesse ambiente, as plataformas serão capazes de otimizar o relacionamento entre o público e as marcas, criando de forma digital espaços de interação mais constantes ao longo das etapas de compra. Se considerarmos ainda as tecnologias de big data e *machine learning*, os atendimentos serão potencializados, uma vez que as máquinas podem atender 24 horas por dia uma quantidade quase ilimitada de pessoas. Em contrapartida, os atendentes de SAC podem acompanhar, no máximo, duas pessoas ao mesmo tempo, seja no telefone e chat do *site* ou inbox de redes sociais.

O Metaverso, segundo Igreja, poderá ainda potencializar outros pontos de experiência do usuário e criar experiências mais imersivas do que simplesmente mostrar uma foto, vídeo ou animação do produto. Os usuários poderão ver, dependendo do produto ou serviço, algo mais na prática. E os óculos de realidade mista, como o HoloLens, da Microsoft, contribuirão com essa façanha. Recomendamos que você entre no YouTube, busque por "Introduction to Microsoft HoloLens and Holographic technology" e assista aos cinco minutos do vídeo para entender o que esses óculos são capazes de fazer. Passar por essa experiência é "viajar" diante de todas as possibilidades que uma marca pode usufruir com a aplicação dessa tecnologia, principalmente no atendimento.

Mas para que tudo isso seja possível é preciso que haja uma internet poderosa, e não cansamos de advertir isso aqui. O 5G é a chave para esse novo amanhã. Tudo que fazemos na internet nada mais é que troca de dados. Enviamos e recebemos dados o tempo todo, e com o Metaverso esse volume de informação será muito maior. Portanto, é essencial potencializarmos nosso poder de conexão para não travarmos no meio do processo. A maior capacidade garantirá que tudo funcione bem, por exemplo, quando for dada a ordem a um robô que encontre um determinado modelo de celular no estoque, este será levado até outra máquina para que seja empacotado enquanto outro equipamento será acionada para a emissão da nota fiscal. Feito e etiquetado o pacote , o produto será acondicionado em um drone ou um carro autônomo, que fará a entrega no mesmo dia. E aí, mudou algo para você? A nossa percepção é que o 5G vai inclusive reduzir custos da operação, o que é bom para empresas e consumidores.

Entende agora por que o 5G é tão fundamental no debate sobre o Metaverso? Não é o simples fato de a internet ser mais rápida, mas sim o quanto isso impacta em nossas vidas. Sempre que vamos a um shopping, invariavelmente passamos por um estande no meio do corredor de um empreendimento imobiliário que se localiza próximo àquele centro de compras. Uma estratégia interessante, já que a esmagadora maioria das pessoas que frequenta o local mora ou trabalha nas proximidades. Já pensou esse estande ser reduzido a uma TV de 85 polegadas, óculos de realidade virtual e um atendente para tirar as dúvidas dos interessados ou até para fechar a venda? Isso seria uma economia de tempo e dinheiro para a empresa, e com uma imersão tão fantástica no apartamento a compra tenderia a ser mais efetiva. Sabemos que, por mais que o brasileiro compre muito por impulso, a tomada de decisão no que diz respeito à aquisição de um imóvel demora de seis a oito meses. Entretanto, se um casal está "namorando" aquele empreendimento, esse pode ser o "empurrãozinho" que faltava para o "sim" na compra.

E tudo isso pode ser feito no Metaverso. O exemplo acima poderia ser uma agência bancária, onde as pessoas, por meio de tecnologia imersiva, pudessem buscar informações sobre financiamento ou outros temas que fazem parte da rotina desse segmento. Tudo isso hoje é possível, mas não é feito no Metaverso. Em alguns anos isso será uma realidade trivial. Portanto, o mercado precisará inovar ainda mais. Outro setor que será potencializado com a chegada do 5G e a expansão do Metaverso é o automotivo. Nesse ramo da indústria, o *test-drive* é fundamental, porque aumenta a chance de o consumidor comprar o produto. No caso dos modelos mais acessíveis, estima-se que 50% das pessoas que entram em uma concessionária e aceitam fazer o teste de rodagem acabam ficando com um veículo daquela marca que testou. No segmento de luxo esse percentual é ainda maior, oscilando entre 70% e 80%, dependendo da linha.

Sim, tocar, sentir e experimentar faz toda a diferença. Mas, com a consolidação e crescimento da internet, isso está mudando. Atualmente, o setor automotivo tem na internet a sua principal plataforma de conexão. Com a ascensão das fintechs, até o financiamento dos carros poderia facilmente ser feito 100% por esse caminho. Na fase mais restritiva da Covid-19 no Brasil, a Chevrolet e o Mercado Livre chegaram a se juntar e lançaram a primeira loja de veículos novos do marketplace. Nela era possível que a operação de compra do seu modelo Tracker fosse feita *on-line*.[37]

Ainda no segmento automotivo, lá fora, algumas marcas estão de olho no Metaverso. Mercedes-Benz, Tesla e até a tradicionalíssima Rolls-Royce vêm promovendo lançamentos de seus veículos dentro desse universo. Ali avatares podem não apenas comprar os carros a um preço infinitamente inferior em comparação ao produto físico como também ter toda a experiência de possuir um carro lá. E, se essa experiência for positiva, por que não trazê-la para o mundo real? Por outro lado, uma pessoa que tenha o carro fisicamente poderá buscar uma loja da Mercedes-Benz em seu Metaverso e comprar o mesmo carro para seu avatar.

No geral, as marcas estão apostando nas oportunidades de comércio que estão surgindo no ambiente virtual. De NFTs colecionáveis a NFTs focados em utilitários, de *wearables* digitais a experiências monetizadas em larga escala, o potencial para novos canais de venda está se tornando cada vez maior e mais difícil de ser ignorado. Não podemos esquecer que as experiências serão cada vez mais integradas entre os universos *on-line* e *off-line*. Alguns estudos apontam o *omni-channel* como um dos grandes beneficiários do Metaverso, onde finalmente, no varejo, as áreas de negócio serão efetivamente integradas. Com isso, será proporcionada a famosa "experiência única".

Onde o 5G entra nisso?

No momento em que as plataformas, computador e internet tiverem mais potência e oferecerem uma experiência mais rápida e prazerosa no Metaverso, o cenário para se fazer o *test-drive* do seu automóvel também poderá mudar. Na Alemanha, por exemplo, onde neva, pode-se simular como o carro se comportaria nessa condição. Isso muitos fliperamas de hoje em dia já fazem. Se quiser, uma praia pode ser o cenário, para que se tenha a sensação de estar de férias dentro de um carro da marca. Assim a experiência de direção seria outra. Virtualmente, poderia mexer em tudo o que o modelo oferece, desde na central multimídia, vendo o mapa para onde ir, colocando uma música sincronizando o aplicativo do Spotify do smartphone até nos vidros. Infelizmente, a sensação do ar-condicionado ainda não será possível sentir. Mas reforçamos: "ainda".

É por essas e outras que quem entende do assunto não cansa de dizer que o Metaverso e o 5G vão impulsionar a próxima onda de evolução tecnológica. Chris Jones é um deles. Para o vice-presidente e analista-chefe da Canalys, todas as empresas envolvidas na cadeia digital deverão suportar experiências de realidade aumentada com qualidade e o mundo continuará vendo as marcas de smartphones e PCs darem mais destaque a câmeras, monitores, processadores e *software* que atendam a essa necessidade. Isso combinado (5G e Metaverso) revolucionará a vida das pessoas, trazendo muitos benefícios, inclusive com os projetos de cidades inteligentes do plano físico, pois no Metaverso elas já são uma realidade.

"Todas as empresas envolvidas na cadeia digital – fabricantes, empresas de telecom e redes sociais, por exemplo – querem ter a sua fatia de oportunidade na palma da mão do consumidor, dentro do dispositivo, ou ainda na infraestrutura ou fornecendo um serviço", acredita Jones.[38] Na mesma linha segue Prakash Sangam, fundador da Tantra Analyst, que enfatiza, além da experiência para o usuário, os ganhos que todos que abraçarem esse novo mundo podem obter. "A tecnologia 5G vai aumentar o número de usuários com acesso móvel e ampliará a diversidade do público consumidor. Todo mundo vai poder ganhar uma fatia da torta", diz.39

Uma das principais vantagens da adoção do 5G são os benefícios que este proporciona para diferentes áreas como telemedicina, educação, agricultura e transportes, setores que em breve estarão no Metaverso. A telemedicina, que usa modernas tecnologias de informação e telecomunicações, já é uma realidade na vida das pessoas, que, usando o smartphone, podem ter uma consulta rápida. Mas já existem casos de robôs operando no Brasil sob a supervisão de um médico que está no Japão, com alunos assistindo a tudo no México. A telemedicina foi a especialidade médica que mais cresceu em meio à pandemia de Covid-19, com muitos pacientes aderindo às consultas e ficando satisfeitos com a experiência.

O campo médico voltado ao monitoramento remoto, muito aplicado especialmente em cardiologia, tem muito a avançar. Essa vigilância a distância permite reduzir o número de visitas a hospitais e clínicas, resultando em mais conforto para médicos e pacientes. A boa notícia na área é que estão em estudo a implementação de dispositivos capazes de controlar parâmetros específicos da saúde, com o envio imediato de dados via inteligência artificial e 5G a uma central. Dessa forma, médicos em qualquer lugar do mundo poderão analisar grandes quantidades de informações, identificando padrões com mais rapidez e facilidade. É nisso que também trabalha a Predict Vision, empresa já citada aqui no livro. A educação é uma área que fornece uma plataforma baseada em nuvem de inteligência artificial e que garante suporte a decisões de diagnósticos na Medicina.

Essa é uma área em que cada milissegundo conta. Assim como no segmento de *e-sports*. Em uma jogada decisiva, uma fração mínima de tempo pode fazer a diferença entre a vitória e a derrota. Dessa forma, esse é mais um mercado que vai se beneficiar do 5G e do Metaverso. Ou, indo mais para trás, quem não gostaria de ver novamente em ação o famoso *Dream Team*, o maior time de basquete de todos os tempos, formado para disputar as Olimpíadas de 1992, em Barcelona. Contando com jogadores como Michael Jordan, Patrick Ewing, Larry Bird, Magic Johnson, Charles Barkley e Scottie Pipen, aquela seleção foi campeã invicta, sem perder nenhum tempo sequer e fazendo mais de 100 pontos em todos os jogos. No Metaverso, os saudosistas e amantes de basquete poderão ver esse time jogando e não nos estranharia nada se os avatares fossem comandados pelos próprios jogadores.

Agora nos debrucemos sobre o mundo corporativo. Bill Gates previu que até 2024 a grande maioria das reuniões de trabalho será no Metaverso. Para quem trabalha com marketing digital isso é perfeitamente possível, mas, sinceramente, não sabemos se em outros nichos isso será uma realidade. Há um público mais desconectado que tem dificuldade para entrar em plataformas como Google Meet ou Zoom, só para citar as mais populares e mais fáceis de usar. Ainda assim, não podemos descartar a previsão de Gates, não só por ser ele quem é, mas porque a fala dele está alinhada como o que se vê no momento presente, quando a inteligência artificial começa a mostrar o seu valor. E ela faz toda a diferença dentro do Metaverso, podendo, por exemplo, puxar ali um documento, vídeo, pesquisa ou imagem que seja importante para a reunião, de maneira rápida e prática.

Imagine-se apresentando uma campanha para seu CEO e ele pergunta sobre um dado que você apontou na apresentação. Bastaria um

A Tecnologia e o Metaverso **115**

comando para que na tela da reunião fosse apresentado o site ou a pesquisa em que aquela informação se encontra, agilizando a reunião. Isso se deve à inteligência artificial, que "compreende" as necessidades e caminhos que cada humano vai querer trilhar naquele ambiente, personalizando as experiências. Aliás a palavra "experiência" aparece quase 200 vezes neste trabalho, pois, em nossa percepção, se pudéssemos resumir marketing em uma palavra, sem dúvida seria essa. E, quando o assunto é Metaverso, essa é a palavra-chave para o sucesso da sua iniciativa.

Não podemos deixar de falar de cibersegurança

Os aplicativos digitais são os que mais captam dados das pessoas, mas quem fica com esses dados? Começamos este capítulo com essa dúvida que permeia o universo digital e que, sem dúvida, abre o debate para a importância da cibersegurança, tema que vamos desenvolver nos próximos parágrafos.

Como tudo o que vemos por aí que envolve o digital, a cibersegurança é fundamental. No começo do *internet banking* e do *e-commerce*, vivemos a era dos cartões clonados. Não que isso tenha deixado de acontecer atualmente, mas diminuiu muito graças à segurança que os sistemas exigem. Às vezes, esse conjunto de medidas atrapalha até a usabilidade dos sistemas, mas isso é um tema que os especialistas em arquitetura de informação e usabilidade devem debater com os de segurança da informação. No Metaverso isso não será diferente, a começar pelo fato de que, para interagir entre as diversas plataformas, as pessoas deverão ter uma identidade digital para que possam ser facilmente reconhecidas em qualquer Metaverso. Isso requer muita segurança, para que dados não sejam vazados. É fundamental saber como proteger os dados das pessoas que estão no mundo virtual e isso é algo muito mais para as plataformas do que para as marcas que usufruem delas. Contudo, se vão transacionar algo naquele universo, as empresas começam a ter tanto ou mais responsabilidade que as plataformas.

Vale lembrar que o Metaverso é uma novidade, por isso suas regras de uso ainda não foram elaboradas. O que é crime no Metaverso? E por que é crime? Essas são perguntas básicas que muita gente vai se perguntar. Além disso, é preciso que as plataformas e as pessoas se preocupem com seus dados para não vazar, e as empresas, ao captar essas informações, devem seguir todas as regras da Lei Geral de Proteção de Dados, a já famosa LGPD.

O primeiro passo a ser dado por uma empresa em termos de mundo digital é a cibersegurança. Embora muitas organizações estejam cientes do que precisa ser feito para um bom gerenciamento de riscos, os programas de segurança ainda não conseguem identificar e bloquear esses cenários de ataque. As empresas que buscam uma cobertura de segurança eficiente e abrangente certamente estão à frente no mercado. Não faz sentido investir em *software* de segurança interno se a autenticação for vulnerável ou mesmo inexistente.

No Metaverso, o problema não é a criação do avatar, mas sim o roubo de dados. Como nenhum ambiente é 100% seguro, até um avatar muito fiel à pessoa que representa pode conter informações que facilitem a vida de figuras mal-intencionadas. Estas poderão usar tais dados para o roubo de identidade ou sequestro de contas em redes sociais e jogos *multiplayer*, beneficiando-se em outras plataformas. Há também a possibilidade de golpes que envolvam chantagens, subtração de criptomoedas e de valores em carteiras virtuais, contas de jogos com skins valiosas e créditos em lojas. Ou seja, assim como o Metaverso abre espaços para o varejo crescer, ele também é um mar aberto para fraudes e golpes com todos os usuários, como acontece com as redes sociais, *e-commerce*, internet banking e aplicativos.

No começo de 2022 a Netflix lançou um documentário que em poucos dias se tornou uma febre, chamado *O golpista do Tinder*. Assistimos na semana em que foi lançado e ficamos um pouco assustados com o que o protagonista fazia. Essa é uma história real que pode ser facilmente replicada no Metaverso. No caso, o criminoso recorria ao método chamado *catfishing*, que consiste em criar uma identidade falsa em plataformas virtuais para enganar outros usuários emocionalmente e, em alguns casos, também financeiramente. No documentário em questão, o personagem Simon Leviev é quem pratica o golpe em mulheres que acreditam no seu amor por elas e seu poder. Ele criava um cenário perfeito e interpretava um personagem convincente, o que lhe assegurou dezenas de vítimas e alguns milhões de dólares na conta. No Metaverso é ainda mais fácil criar essa fantasia e lucrar com base nela, porque ali nada é sólido ou de verdade, tudo é virtual. Com isso técnicas ainda mais engenhosas de *catfishing* poderão encontrar um terreno fértil para se desenvolverem, encontrando nos usuários mais desatentos ou carentes suas principais vítimas.

Outro ponto com o qual as pessoas precisam ficar preocupadas – e as plataformas mais ainda – são situações como *stalking*, processo no qual há uma perseguição pelas redes sociais e conhecimento de dados privados, e *doxing*, no qual *hackers* pesquisam e transmitem dados privados sobre um usuário ou organização para terceiros. Isso também pode ser feito por meio de avatares e redes sociais em troca de dinheiro. Mas, reforçamos, são práticas que ocorrem desde que a internet surgiu no Brasil, em meados dos anos 1990, e entrou na casa de milhões de pessoas. Essa triste sina continuou com os celulares, smartphones, chegou nas coisas e, como você já deve ter percebido, vai ganhar ainda mais terreno com o 5G. Um golpe recente de *phishing* no OpenSea, por exemplo, resultou no roubo de 1,7 milhão de dólares em NFTs de proprietários involuntários, incluindo tokens da *Decentraland*.

Com a sofisticação digital, os dados passaram a valer muito, mais do que qualquer *commodity*. Isso confirma uma máxima antiga já repetida por todos nós ao menos uma vez na vida: "Conhecimento é poder". Que digam Google, Meta e outros que sabem mais sobre nós do que nós mesmos. Talvez seja por isso que Isabela Inês, pesquisadora do Instituto Vero, faça questão de chamar a atenção para o assunto privacidade, não pensando na realidade de agora, mas na de amanhã. "No Metaverso, a gente vai compartilhar mais dados. Por exemplo, quando vamos criar uma persona virtual, vamos ter que ceder dados como nossa altura, peso, calçado, tipo físico e geolocalização. Então são mais informações que podem ser usadas para direcionar propaganda, o que pode polarizar ainda mais as pessoas", diz.[40] Além de preocupações relacionadas à privacidade de dados, Isabela afirma que muitos dos problemas que já existem na internet, como desinformação e discurso de ódio, podem migrar para o Metaverso, podendo ser inclusive amplificados. "Antes de pensar no futuro, a gente tem que resolver os problemas do presente", adverte.[41]

A *blockchain*, como vimos aqui, tem tudo para ser uma ferramenta de muita segurança para o Metaverso, mas será que todos vão adotá-la? As criptomoedas usam esse sistema, que parece ser seguras até o momento. Mas é algo com o que devemos ficar de olhos abertos, afinal, como em qualquer outra ferramenta digital, nossos dados estão expostos, seja no *e-mail*, em uma loja onde compramos uma camiseta ou mesmo naquele aplicativo que usamos para adquirir ingresso de shows. Hoje é fácil usar a tecnologia para qualquer fim. Pelo lado bom, ela ajuda as pessoas a ter mais tempo para si mesmas; e, para o mal, facilita novos tipos de crimes contra a população. Isso é algo que jamais vai mudar e a cada momento as empresas de segurança deverão atualizar sistemas para enfrentar esse desafio. Mas nada é garantido 100% no meio digital. Ainda assim, independentemente do seu negócio, não deixe de pensar na segurança das informações tanto da sua própria empresa quanto dos seus clientes.

Case do mercado imobiliário

Toda a compra de imóveis no Metaverso pode ser uma grande oportunidade de marketing. Mas isso é algo que não se compara a criar uma ação nesse universo paralelo. A compra de um terreno, por exemplo, representa posicionar a sua marca para ter uma ação relevante e constante no universo, ao passo que uma ação pontual no *Fortnite* ou *Avakin Life* é algo específico que em breve as pessoas vão se esquecer. Trocando em miúdos, é como você fazer apenas um post patrocinado com a Carol Dias, que tem 6,5 milhões de seguidores: no dia seguinte à ação, ela vai falar de outro assunto, com outro tema e a audiência dela nem se lembrará do que ela disse no dia anterior.

Comprar terreno já é algo diferente de uma ação pontual. Isso precisa ser encarado como um investimento de longo prazo para uma presença no Metaverso que seja longa e com excelentes experiências de ambos os lados: pessoas e marcas. E não é porque são virtuais que são baratos. A *Sandbox* e a *Decentraland* vendem terrenos antecipadamente, por meio de *marketplaces*, que são formatados como NFTs e devem ser adquiridos usando suas criptomoedas no jogo. As marcas também podem comprar imóveis em mercados secundários como o OpenSea.

Existem alguns *cases* do Metaverso em que o mercado imobiliário está envolvido. Sobre esse assunto, conversamos com Gustavo Zanotto, que sempre atuou na área de inovação e focou sua carreira no mercado imobiliário. Atualmente, Zanotto é um dos principais profissionais do país quando se fala de marketing digital para vender casas, apartamentos ou terrenos. Diferentemente do *case* de O Boticário, optamos por apresentar aqui o diálogo com esse grande amigo no formato de entrevista e asseguramos que, além de elucidativo, é tão inspirador quanto aquilo que trouxemos da empresa de cosméticos e perfumes brasileira.

Zanotto, o que você está vendo de novo nesse mercado?

Tenho visto muitos movimentos nesse mercado altamente novo e acredito que em breve ele estará muito maior. Investir milhões de reais para comprar "terras" em um mundo virtual, hoje, pode parecer uma loucura, mas fora do Brasil isso já é uma realidade. Muitas pessoas e empresas já estão cavando oportunidades no Metaverso.

O que você viu de interessante?

Tem o caso da PwC de Hong Kong que tem comprado imóveis no The Sandbox, um dos maiores Metaversos do mundo. A empresa comprou um imóvel virtual representado por um NFT. Isso mostra uma nova forma de compra de terrenos; além do conhecido caso da pessoa que comprou o terreno ao lado da casa virtual do Snopp Dogg por 450 mil dólares. Hoje, isso pode parecer algo fora do contexto, mas em breve será tão comum como comprar um terreno para construir a sua casa em algum condomínio da cidade de Campinas.

Já tem empresas focadas nisso?

Sim. Temos o caso do Grupo Metaverse, que comprou no Metaverso Decentraland um terreno na casa dos 2,4 milhões de dólares. Ainda não se sabe o porquê da compra, mas nenhuma empresa gasta essa fortuna sem ter um bom plano de negócios para, no mínimo, dobrar esse investimento. O que para nós hoje é uma surpresa, para os nossos filhos daqui a dez anos será algo comum. Assim como foi, para os nossos pais, o tablet, novidade que, quando chegou para nós, dominamos facilmente.

O que faz uma empresa decidir ir para o Metaverso?

Ali é, por ora, um terreno sem dono e as empresas com visão de futuro sabem que os investimentos de agora terão retorno no médio e longo prazo. É fato que, em breve, com mais pessoas dentro do Metaverso, os terrenos e casas ficarão mais caros para serem comercializados. Como o Metaverso é uma realidade paralela, lá as pessoas podem ser quem desejam ser, andar com o carro que desejam e morar na casa, ou apartamento, que sonham. Talvez os valores para isso sejam similares aos da vida real, é cedo para cravar isso, mas não há dúvida que o mercado de terrenos e casas virtuais será bilionário em poucos anos.

Quem no Brasil já está fazendo isso?

O Brasil ainda está atrasado, mas vale lembrar que a Tecnisa, que sempre foi referência em marketing digital no setor imobiliário, em 2007 já era a primeira incorporadora brasileira a interagir por meio do Metaverso, no qual apartamentos eram comercializados pelo Second Life, ambiente virtual onde a vida real era simulada, o que é o Metaverso hoje.

Por que as pessoas vão comprar terrenos e casas virtuais?

O motivo é o mesmo da vida real, com a diferença de que no Metaverso ninguém mora fisicamente falando, mas virtualmente, sim. As pessoas, no mundo físico, moram em casas e apartamentos que podem pagar e nem sempre estão satisfeitas. Na verdade, ninguém nunca está satisfeito com o que tem e isso move a economia no mundo. Todos queremos sempre ter mais. Por mais que você more em um lugar que goste muito, sempre acha algo a ser melhorado: uma sala maior, uma cozinha que poderia ser aberta, um armário que poderia ser maior... são pequenos ajustes que no Metaverso você poderá fazer, construindo a casa dos seus sonhos e projetando no seu avatar a sua felicidade de morar no imóvel que você idealizou.

Será possível decorar a casa do jeito que as pessoas sonham?

Com certeza! Existirão várias lojas de produtos para a casa criando versões de seus produtos como sofá, mesa, cadeira, prateleiras; isso sem contar com as lojas de decoração e iluminação *desenvolvendo produtos para o Metaverso, ou produtos físicos com versões para o Metaverso que as pessoas poderão comprar e colocar em suas casas. E não esqueçamos dos NFTs que podem ser itens decorativos para casa, por exemplo, o pôster do seu ídolo na música ou a sua jogadora favorita de basquete.*

Você enxerga oportunidades?

Sem dúvida. Nesse mercado o termo "boom imobiliário" é comum e ocorre periodicamente no mundo todo. A infinidade de oportunidades faz com que o mercado imobiliário no Metaverso seja cada dia mais uma realidade. Assim podemos prever que 2022 será o primeiro de uma série de boom imobiliário do Metaverso. Terrenos, casas e edifícios virtuais podem ser comercializados por milhares de dólares, aumentando a especulação imobiliária virtual e desencadeando uma compra desenfreada. Esse cenário já pode ser confirmado com vendas de terrenos milionários nas principais plataformas do Metaverso. Por 1,4 milhão de dólares, por exemplo, qualquer pessoa poderá comprar 65 terrenos na Decentraland, um dos maiores Metaversos da atualidade. Foi o que a Philipp Plein, uma empresa de moda suíça, fez ao pagar esse montante recentemente. O fato é que, quanto mais o Metaverso ganha escala, mais as marcas estarão de olho para explorar o potencial que o comércio de imóveis virtuais está desenhando. O que estamos vendo é um movimento das marcas comprando terrenos em parceria com algumas plataformas do Metaverso e firmando contratos de licenciamento. Assim, esses lotes virtuais são usados para que essas marcas ajudem a desenvolver as plataformas, e, com isso, o valor dos terrenos cai bastante. Mas o time de tecnologia e marketing do anunciante precisa pensar em como evoluir.

Para encerrar, você aconselha o ecossistema do mercado imobiliário a entrar no Metaverso?

Se possível, entrar "ontem". Tudo o que estamos vendo sobre o tema, tudo o que estamos vendo da evolução da internet nesses últimos anos, não tem como fugir, até porque, por mais que o digital não tenha limites físicos, é preciso entender que em Metaversos como The Sandbox e Decentraland há uma quantidade finita de lotes disponíveis. O Brasil tem tecnologia, profissionais e mentalidade digital que não deixam a desejar para nenhum país do mundo, ou seja, tem capacidade para criar cases globais nesse novo universo. Sem dúvida, somos um dos povos mais apaixonados pela internet em todo o mundo. Estamos entre os cinco países que mais acessam os principais players digitais, como Facebook, Instagram, YouTube e Google. Aliás, em março de 2022, o nosso amigo Rafael Kiso, da Mlabs, publicou que o Instagram passou o Facebook em números de usuários. Acha que o brasileiro não vai, muito em breve, estar entre os povos mais populares nos Metaversos pelo mundo? Eu não duvido disso!

Vendem-se terrenos no Metaverso

Apenas para respaldar a conversa que tivemos com Gustavo Zanotto, uma matéria de março de 2022 publicada no portal Adnews revelava que várias empresas estão adquirindo terrenos no Metaverso.[42] O *Sandbox*, por exemplo, que ainda está em teste, já possui mais de 500 mil carteiras de criptomoedas registradas e 12 mil proprietários de terrenos únicos. Adidas, HSBC, Carrefour e PwC são alguns dos que investiram em terrenos virtuais ali. Outros, como Samsung, estão na *Decentraland*. Foi essa a plataforma escolhida pela gigante sul-coreana para construir uma réplica de seu principal centro de experiência, o de Nova York.

As agências de marketing digital também estão comprando esses criptoterrenos para expor seus clientes ao ecossistema Metaverso e seus ativos negociáveis, que existem principalmente na forma de NFTs. Quem já está lá? O Mediahub tem seu "pedacinho de terra" em *Decentraland*. Ela investe a bagatela de 400 dólares por mês (por permissões de publicação sobre um enredo, que pode ser atualizado sempre que quiser) e construiu um escritório que permite mostrar aos clientes o que é um Metaverso.

Outras agências estão em múltiplas plataformas, como é o caso da Virtue Wordlwide (que é parte do Vice Media Group, poderoso conglomerado de mídia e transmissão digital americano-canadense) e da

Media.Monks (empresa de produção digital especializada em *websites*, jogos e filmes). Por sua vez, a Wunderman Thompson (um dos maiores grupos de comunicação e marketing do mundo) preferiu construir seu escritório em um mundo virtual menos conhecido, o Odyssey. Todas as empresas que ali estão miram as oportunidades de comércio que estão surgindo neste novo palco, que é o Metaverso, cujo potencial de venda já demonstrado não se pode ignorar. Neste vasto mercado digital, vendem-se de NFTs colecionáveis a *wearables* NFTs (roupas digitais que podem ser usadas no Metaverso e em realidade aumentada) e, claro, experiências monetizadas em larga escala.

Lembramos ainda que *Sandbox* e o *Decentraland* foram desenvolvidos na *blockchain* Ethereum, que permite negociar e possuir criptoativos nesses universos igualmente intangíveis. Ambos, por exemplo, oferecem criptoterrenos a preços premium. Segundo Mason Nystrom, analista de Pesquisa sênior na Messari, especializada em criptoeconomia, a parcela média de 1x1 nessas plataformas custa cerca de 11 mil dólares.[43] Por estas serem controladas por sua rede de usuários, não pelas próprias plataformas, dão mais liberdade às marcas para que possam ter uma experiência mais próxima de sua realidade. É importante saber disso porque Metaversos como *Roblox* ou *Fortnite* têm regras e, às vezes, algumas delas limitam as ações. Porém, a audiência desses dois Metaversos tende a ser muito maior que a dos demais. Lembra quando comentamos que o *Fortnite*, ciente da sua força, ousou bater de frente com a poderosa Apple? Realmente, isso não é para qualquer um.

Para Veruska Almeida, diretora de negócios na Blitzar, é justamente a descentralização do Metaverso o que o torna mais interessante. Desse jeito, há a possibilidade de se criar as mais diversas funcionalidades nesses espaços digitais, demanda que deve partir dos próprios usuários. "Quando você coloca o poder na mão do usuário, perde esse controle das empresas. Isso é maravilhoso nesse espaço", comenta.[44] Já Thata Saeter, diretora de Operações na Convex Research, empresa de análise econômica e financeira, defende que os esforços de descentralização no

Metaverso podem reduzir o impacto negativo na segurança e privacidade dos usuários. "Acredito que o principal diferencial quando falamos em ambientes e estruturas descentralizados está no fato de devolver ao indivíduo o poder e controle de seus dados", afirma.[45] Esse é um assunto que ainda vai gerar muitos debates. Enquanto isso, sigamos em frente, pois agora chegou a hora de planejar a entrada definitiva de sua empresa no Metaverso, um caminho que pode ser sem volta. Duvida?

3

As pessoas e o metaverso

Perfil de público que está *on-line*

Em capítulos anteriores falamos sobre a importância do planejamento para a entrada das empresas no Metaverso, certo? Um dos pontos principais do plano é entender o perfil de consumo de quem vai ser impactado pela iniciativa. Isso é fundamental para o sucesso de qualquer ação. Muitas vezes, em projetos, palestras e aulas, reforçamos que o público é o mais importante dentro do processo, afinal, o sucesso ou fracasso de uma empresa depende do número de pessoas que compram ou não seus produtos.

Um outro amigo nosso,

Em uma palestra durante o RDSummit 2019, que inclusive está disponível no YouTube, Fernando Kimura foi preciso ao falar como as pessoas têm desejo de ser, estar, pertencer... e no Metaverso, vamos ver isso com muita propriedade. Segundo Kimura, que desde 1999 atua no mercado de tecnologia e em 2015 fundou a Academia Neuromarketing, os desejos são o que move as pessoas, e estes são universais. Pouco importa de onde a pessoa é, há desejos únicos e universais. O desejo de ser aceito em sua sociedade, por exemplo, é universal; o desejo de ter uma Ferrari é único, nem todos o alimentam. Além disso, esses impulsos podem ser conscientes, inconscientes e reprimidos. E é nesse terceiro ponto que o Metaverso entra com toda a força, pois é lá que as pessoas deixam de lado quem são para ser quem desejam ser. "A arte nos dá novos caminhos para enxergarmos a vida de uma outra forma, enxergar o mundo através do olhar de outras pessoas, o que amplia as nossas mentes", enfatizou Kimura, que é um entusiasta das artes.

Mas o que essa frase do palestrante tem a ver com Metaverso? Estamos diante de uma nova fase da revolução digital. E note que apenas a palavra "nova" já desperta um desejo, ao menos em saber o que é. O Metaverso tem na arte suas bases essenciais. Já falamos aqui dos NFTs como obras de arte e shows de música realizados nos universos paralelos que estão sendo criados. A arquitetura também é uma forma de arte, isso sem falar na moda. Em meio a tudo isso está o *design*, presente em tudo que for produzido dentro do Metaverso. Por isso a frase de Kimura faz tanto sentido. O Metaverso já é uma arte por si só e, como tal, um bom chamariz para aqueles mais curiosos e interessados no novo. O interesse em querer fazer parte dele também pode ser entendido como o desejo de pertencer a uma nova sociedade na qual podemos ser o que não conseguimos ser na vida real. Manuel Bandeira já desejava o Metaverso no início do século XX, ao que chamava de Pasárgada, a cidade idealizada, fonte de refúgio e de prazer. "Vou-me embora pra Pasárgada, lá sou amigo do rei, lá tenho a mulher que eu quero, na cama que escolherei", escreveu o poeta pernambucano.

E do sonho se fez fato. Hoje, para estar no Metaverso é preciso gostar basicamente de internet, e isso o brasileiro ama! É para todas as faixas de idade, mas, nesse momento inicial, os jovens devem dominar as plataformas. Mas será que eles ainda serão a maioria até o final de 2023? Pensando que o Bill Gates previu as reuniões de trabalho pelo Metaverso, se isso se concretizar, acreditamos que os adultos se tornarão a maioria. Outro fator que nos faz acreditar nisso é que muitas marcas estão entrando no Metaverso de olho em potenciais consumidores, isto é, os adultos novamente. Portanto não acreditamos que seja possível defender a idade ou sexo no Metaverso, mas sim seguir o que o marketing moderno ensina: é preciso entender comportamentos, mais do que o perfil por sexo, idade ou classe social. Vale lembrar ainda que o Brasil é um país dominado pela Classe C, sendo o grupo formado pelas Classes D e E maior do que o de A e B. Aqui tem 210 milhões de smartphones ativos. E para entrar no Metaverso só é preciso um desses aparelhos e conexão à internet, seja por 3G, 4G, wi-fi ou cabo. Se preferir, pode também fazer esse acesso pelo PC, *notebook* ou tablet.

A pandemia nos prendeu dentro de casa por mais de dois anos. Com isso, os canais digitais foram potencializados. O *e-commerce* dobrou de tamanho de 2020 para 2021; o YouTube ampliou muito seu número de acessos; e as pessoas passaram a dedicar mais tempo às redes sociais, inclusive com a explosão das *lives*. Entretanto, mesmo com o abrandamento da Covid-19, esse comportamento não mudou, ao contrário, ficou ainda mais forte. As pessoas aderiram a algumas tecnologias, gostaram e ampliaram o seu uso, como é o caso do *games on-line*, que trazem um comportamento importante para o universo do Metaverso, que pode também ser considerado um *game*.

Nessa pandemia, as classes mais baixas aderiram aos *games on-line* de forma massiva, como aponta a oitava edição da Pesquisa Game Brasil (PGB) realizada no fim de 2021 e que já introduzimos no capítulo 1. Esse cenário também é favorável ao Metaverso. Outra descoberta com esse estudo foi que a maior parte dos jogadores acessam os sistemas por meio dos dispositivos móveis (48,3%), à frente dos consoles (20%), desktops (15,5%) e laptops (7,8%)[46]. Como quase 90% dos acessos às redes sociais já são *mobile*, isso não é de se estranhar. Aliás, desde 2015 o brasileiro acessa a internet mais pelo smartphone e tablet do que pelo PC e *notebook*. Portanto, essa tendência de uso dificilmente será revertida. O brasileiro apresenta cada vez mais uma síndrome que se chama "nomofobia", que é o medo de ficar sem o celular, o que tem feito com que alguns especialistas levantem uma questão: controlamos a tecnologia ou ela é que nos controla? É algo alarmante, sem dúvidas, mas também é um dado sobre o qual o marketing precisa se debruçar com os olhos de negócios. Afinal, se é no smartphone que as pessoas estão, é lá que as marcas precisam estar.

Você pode até questionar que a pesquisa acima fala do universo *gamer*, e não do Metaverso. Isso é verdade, mas a similaridade dos perfis é tanta que podemos afirmar, sim, que a grande maioria dos *gamers* está ou estará em breve no Metaverso. Cristiano Dencker, líder da Accenture Interactive América Latina, em estudo já aqui apresentado sobre o pós-digital, acredita na força dos mais jovens para fazer girar as engrenagens dos mundos virtuais*:*

> *"Sobre inovação e experiência entre marcas e consumidores, os mais jovens não são atraídos pelos mesmos artifícios e táticas aplicadas às demais gerações. A cultura derivada da experiência em cada etapa de contato, impulsionada pela personalização digital, representa um desafio narrativo para as empresas. Tendo ainda um cenário mais plural em termos de identidades, inclusões, predileções, identificações e opiniões, estes desafios de autenticidade e confiança entre marcas e clientes ficam cada vez mais complexos."*[47]

Sobre essa jornada de experiências, Dencker avalia que para vencer é preciso ter o consumidor como sua bússola principal e coragem para se reimaginar constantemente. Para ele, "do ponto de vista tecnológico, as melhores abordagens para recriar essa jornada estão na combinação do digital com conexão com o mundo real", diz o especialista. Na prática, é preciso facilitar a tradução do mundo virtual para o físico para que a experiência aconteça, mas sem nunca, como faz questão de advertir Dencker, tirar o foco do objetivo principal do cliente.

Por mais que a tecnologia esteja inserida na vida dos mais jovens, não serão apenas eles que vão desfrutar do Metaverso, e as marcas precisam estar atentas a isso. No capítulo 1, quando abordamos mais o pós-digital, trazendo outros recortes do estudo de Dencker somados a conceitos do livro de Walter Longo, ficou claro que a palavra "experiência" é a base de qualquer atividade no Metaverso. Já passamos da metade do livro e, acredite, ela continuará aparecendo nas páginas que virão.

Um outro recorte que desejamos destacar do parágrafo acima é sobre conceitos que o líder da Accenture trouxe: identidades, inclusões, predileções, identificações e opiniões. Na prática, é o que as gerações mais novas, como YZ e em breve a Alpha, querem fazer nas plataformas de internet, que abriram espaço para que os usuários tenham opinião. A Web 2.0 é baseada nisso: no fato de as pessoas terem opinião. Usufruímos essa graça desde 2004, quando o Orkut nasceu e mudou a forma de as pessoas interagirem e consumirem marcas de uma maneira nunca antes vista até então. É o que veremos no Metaverso, porém com a possibilidade de que criemos nosso próprio mundo ou sejamos inseridos nos universos que desejamos, onde nos identificamos, sem medo de preconceitos, e nos vinculamos a outros grupos que nos são relevantes. Ali podemos dar sempre nossa opinião sobre tudo.

"Meu irmão não liga a mínima para a roupa que veste, mas se preocupa demais com o visual e com a roupa que seu avatar veste em ambientes digitais", disse Vladislav Ginzburg, CEO da Blockparty, que trabalha com NFTs colecionáveis, durante a SXSW 2022. Pode ser apenas um pequeno exemplo citado em uma das milhares de palestras do evento de Austin. Mas é isso que vamos presenciar nos próximos anos: pessoas mais preocupadas com seus avatares do que consigo mesmas. Não pense que isso seja um absurdo. O avatar pode ser o que a pessoa sonha em ser, mas que dificilmente conseguirá na vida real. Um jovem de 12 anos poderá ser o Cristiano Ronaldo; uma menina de 14 anos poderá ser a Beyoncé; um alto executivo de um banco poderá ser o Marty McFly, do filme *De volta para o futuro*, e uma mãe poderá ser a Rachel Maia, negra que chegou à condição de CEO da Lacoste no Brasil e é muito admirada pelas mulheres. No Metaverso você será o que você quiser ser na hora que desejar ser, e isso muda todo o jogo das marcas nesse ambiente. Elas terão que lidar muito mais com o imaginário e o emocional das pessoas do que com o seu lado racional de uma compra.

Uma pesquisa da Kantar Ibope Media, divulgada em novembro de 2021, apontou um perfil já identificado como "early adopters", que são pessoas "que estão na vanguarda, consumindo produtos e serviços de tecnologia assim que são oferecidos ao mercado. Prova disso é que 90% dos usuários de ambientes virtuais gostam de descobrir novos aplicativos".[48] Esse conceito (early adopters) vem da *Lei da Difusão da Inovação*, criada pelo sociólogo americano da Comunicação Everett Rogers, em 1962. É usada para explicar como produtos inovadores se espalham e são percebidos pelos consumidores. Segundo a teoria, 13,5% das pessoas em todo o mundo se enquadram nesse perfil, sendo na prática inovadores e criadores de tendências entre as pessoas, justamente pela curiosidade em utilizar e experimentar novos produtos. A maioria compreende jovens, que buscam sempre por novas formas de resolver seus problemas, por isso estão sempre antenados com as atualizações. São os mesmos usuários que se destacam em redes sociais e conseguem influenciar a decisão de compra de outros. Baseado no estudo da Kantar Ibope, podemos pensar no jovem como o principal público, certo? Sim, mas, se pensarmos alguns anos à frente (e aqui reforçamos o que já dissemos antes), pode ser que esse grupo mais bem-informado nas questões de tecnologia não seja mais o grande dominador das plataformas que dão acesso a esses universos paralelos.

O público que está presente no Metaverso é muito ligado ao universo digital, está constantemente conectado e usa as redes sociais mais de oito horas por dia, sendo o Instagram a principal delas. Isso mostra a preferência pela imagem. Devemos então entender que esses canais de interação fizeram com que muitas das experiências físicas fossem transportadas para o mundo virtual. A expansão do Metaverso irá dar mais alguns passos na virtualização das nossas atividades sociais, onde em breve, na sua extremidade, não mais saberemos efetivamente se estamos vivendo no ambiente *on-line* ou *off-line*.

O público do Metaverso é aquele que no fim de semana se diverte com as produções dos seus serviços de *streaming* favoritos, pede comida pelo aplicativo de *delivery* e, em breve, nem mais ficará sentado diante de um aparelho de TV, preferindo acompanhar sua programação pelo celular e dentro do seu Metaverso. É o público que vai ao shopping para entretenimento e pesquisa, pois comprar mesmo é pelas lojas virtuais; usam o celular para ver vídeos, se orientar pelos mapas *on-line* e trocar mensagens. Eles também consomem conteúdo em 280 caracteres pelo Twitter e... ligar para alguém? Só em caso de extrema urgência, por exemplo, se a outra pessoa não responder em alguns segundos ao WhatsApp ou a DM via Instagram. Em resumo, são pessoas que utilizam plataformas digitais, principalmente para se comunicar e interagir; se destacam no uso de *e-readers*, pulseiras inteligentes, câmeras de vídeo e muitos outros aparelhos disponíveis. Tudo o que envolve tecnologia é com eles. Usam *smartwatches*, têm aparelhos como Alexa ou Google Home em casa e jogam muito *videogame*, principalmente os Massively Multiplayer Online (MMO), como *GTA V*, *World of Warcraft*, *Minecraft* e *Fortnite*.

Esse não é um público que está totalmente avesso à publicidade digital, como constantemente lemos em pesquisas. Segundo a Kantar Ibope, 78% dos usuários de ambientes virtuais preferem ver anúncios relacionados ao conteúdo dos *sites* que visitam.[49] Então, dá para dizer que a propaganda digital inserida no contexto funciona muito. Um exemplo é a Brahma, que criou um bar dentro do servidor Cidade Alta, do jogo *GTA*, para lançar a Brahma Duplo Malte Long Neck. Entretanto, quando entramos em um *site* que demora para carregar de tanto banner que tem na *homepage*, onde mal conseguimos ler o conteúdo, pois aparecem painéis digitais de tudo que é jeito, oferecendo roupa, celular, viagem, *streaming*, curso de inglês e tênis, esse tipo de mídia, com certeza não dá resultado.

Destacado isso, não enxergue o Metaverso com um espaço para banner, mas sim um local onde a experiência precisa ser priorizada para um público altamente digitalizado e que está atrás de interatividade, conversa, relacionamento e trocas. Lembre-se: a compra é uma consequência. Até para se aproximar de um público mais jovem, as marcas estão aderindo a esse novo universo, e com sucesso.

O Posto Ipiranga vende uma *commodity*, gasolina, já está lá, com o lançamento de um jogo temático. Na plataforma Cidade Virtual do Roleplay Complexo, o público tem acesso ao *game* e se relaciona virtualmente com os pilotos Thiago Camilo e César Ramos, da Stock Car. Além disso, realiza missões e acumula pontos, que podem ser revertidos em prêmios, inclusive ingressos para o Rock in Rio, evento que a marca patrocina e no qual o jovem é o principal público. O objetivo é se aproximar e gerar interatividade de maneira natural com esse grupo de consumidores, que até podem estar repensando a relação com o carro, mas podem ter no AmPm uma loja para convívio com os amigos. Como já falamos aqui, é preciso ter atratividade para que as pessoas entrem no Metaverso e interajam com as marcas, do contrário, será um projeto interessante, mas que ficará restrito ao conhecimento de alguns poucos.

Não nos esqueçamos dos geeks

Na nossa época de escola, entre os anos 1980 e 1990, os nerds representavam aquelas pessoas que sentavam na frente da professora, tiravam 10 em todas as matérias e gostavam de *videogames*. Hoje esse perfil é admirado por todo mundo, e os nerds de ontem são aqueles que ocupam cargos de liderança hoje, especialmente nas empresas de tecnologia, que muitos ajudaram a construir. O termo caiu em desuso e mudou para geek, conceito agora valorizado, pois inclui a cultura de desenhos, jogos eletrônicos, filmes e quadrinhos. Este tipo faz parte de um público muito lucrativo para a indústria de entretenimento, o que inclui internet e *games*, e certamente marcharão unidos para explorar as maravilhas do Metaverso.

A nona edição da Geek Power, pesquisa personalizada para marcas e empresas, realizada pela Omelete Company e publicada em janeiro de 2022, apresentou os gostos do público geek e nerd brasileiro em áreas como esportes, alimentação, transporte, finanças, *games* e entretenimento. Estes dois últimos segmentos chamaram a nossa atenção. O estudo revelou que 81% deles usam redes sociais todos os dias e o Instagram é a rede favorita; mais da metade deles dispõem de ao menos três serviços de *streaming* e pedem comida por aplicativos pelo menos uma vez por semana.[50] Já apresentamos neste mesmo capítulo a correlação do público do Metaverso com aqueles que fazem uso intenso de tecnologias para melhorar a vida. O serviço de streaming é um deles. O próprio CEO da Netflix afirma ter mais medo do *Fortnite* do que dos outros *on-demand*, uma vez que o Metaverso poderá ser, em muito breve, um concorrente da plataforma; ou um parceiro, dependendo da agilidade dessa gigante em relação a esse mundo.

Outro ponto curioso da pesquisa são os gostos desse público no que diz respeito a entretenimento. A grande maioria tem apreço pela cultura pop: 95% leem dois livros ou histórias em quadrinhos (HQs) por mês e, entre os animes, *Naruto* e *One Piece* lideram as visualizações. O estilo musical favorito dos geeks e nerds é o rock e o Spotify é o aplicativo preferido. Dentro do mundo das séries, *Loki* é o personagem favorito de 2021. Tudo isso pode ser apenas elementos curiosos, mas quando um estrategista olha para esses dados a cabeça ferve. Como será o uso de *Loki* em uma ação no Metaverso? Como será trazer um show do *Kiss*, com todos os seus efeitos especiais, para o espaço da sua empresa no ambiente virtual? Como trabalhar o conceito de HQs para um *storytelling* dentro de um ambiente fechado para a sua marca? A cabeça pira, mas, para ter sucesso, é preciso que a ideia saia da cabeça, passe pelo papel e chegue às pessoas no Metaverso que a sua empresa escolher para estabelecer essa relação.

Por que você também estará lá em breve?

A essa altura, você deve concordar que está mais do que provado que o Metaverso já é uma realidade. Muitas empresas já estão investindo nele e, se a sua empresa ainda não fez esse movimento, é provável que o faça num futuro próximo, especialmente se quiser continuar sendo relevante perante o público.

Também são uma realidade as novas profissões que surgiram na esteira da internet, como arquiteto de informação, gestor de comunidade *on-line* e influenciador digital. E outras tantas nascerão com a consolidação do Metaverso. A busca por profissionais que têm alguma curiosidade para explorar oportunidades de negócio no universo virtual em áreas de inovação em bancos, criptomoedas, eventos, marketing e no varejo está alta. Segundo alguns especialistas em Recursos Humanos (RH), isso mostra que desde já o mercado está de olho em pessoas que trazem em si o DNA da inovação, que lidam bem com novas ideias e conceitos e cujo trabalho e iniciativas, por conta dessa percepção acurada do que está além, favorecem o surgimento de métodos, produtos, serviços e processos.

Uma matéria publicada na versão digital da *IstoÉ Dinheiro*[51], por exemplo, trouxe uma lista de profissões que estarão em alta com o Metaverso. A seleção foi preparada pelo PageGroup, uma consultoria especializada em RH. Outros, como o *Consumidor Moderno* e *Observatório de Games*, seguiram a mesma linha, e a seguir fizemos um compilado desses três. Mas não se prenda a ele, pois o novo cenário é muito propício para a aurora de carreiras que ainda nem foram mapeadas. O gestor de comunidade *on-line* não surgiu quando os *sites* ganharam força nas estratégias de marketing da empresa, nem com o advento do Orkut e do Facebook. Levou mais tempo até que se percebesse tal necessidade.

E virão outras no universo digital, independentemente da expansão do Metaverso. Já existem novas demandas para as quais ainda nem temos profissionais qualificados. A defasagem se cura com formação. Mas fato é que mesmo no atual cenário digital ainda enfrentamos carência de profissionais, basta ver nas empresas e agências como é complicado contratar pessoas boas para determinadas vagas. Não à toa, a rotatividade nas agências é gigante, embora não seja apenas esse o motivo. Mas isso fica para um outro livro.

As principais oportunidades são nas áreas de Finanças e Tecnologia, mas, com o interesse das empresas crescendo, o setor de Varejo e até o de Indústria podem gerar novos cargos. Para se destacar nesse mercado, inglês avançado e conhecimento em plataformas de *blockchain* serão essenciais. A seguir reproduzimos a compilação com as 19 profissões que podem ser impactadas, transformadas ou mesmo nascer com o avanço das novas tecnologias.

Gestor de investimentos

Com a possibilidade de efetuar compras dentro do ambiente do Metaverso, esse profissional vai apoiar as pessoas a fazer os melhores investimentos no mundo de criptoativos para potencializar seus rendimentos.

Gestor de patrimônio e imobiliário digital

Profissional que fará gestão dos terrenos, construções e propriedades dentro do Metaverso. Além disso, também trabalhará avaliando e prospectando os melhores investimentos em imóveis digitais para seus clientes.

Estrategista de NFT

Precisará ter profundo conhecimento e compreensão da tecnologia *blockchain* e do domínio *Metaverse Jobs*. Eles serão responsáveis por analisar as tendências do setor para fornecer *insights* e oportunidades acionáveis. Os estrategistas de NFT também criarão planos para combinar conceitos de NFT, gamificação, implementação tática e outros.

Analista de taxas de transação virtual

Conforme o número de transações aumente no ambiente do Metaverso, os mineradores de dados precisarão de um apoio para analisar e criar melhores taxas dentro da *blockchain* para registro das operações em diferentes criptomoedas. Esse profissional, possivelmente estatístico, terá essa responsabilidade.

Especialista em estruturação de linhas de crédito

Profissionais que irão estruturar linhas de crédito em criptomoedas para compra de NFTs dentro do Metaverso.

Gerente de seguros financeiros

Terá como responsabilidade vender seguros financeiros que protejam os investidores de criptoativos contra a oscilação das moedas no mercado.

Especialista em segurança cibernética

Esse profissional vai avaliar e bloquear invasões em tempo real e garantir que as leis e protocolos definidos pelo time de Segurança da Informação sejam reconsiderados e corrigidos.

Desenvolvedores de avatares

Ajudarão na personalização de avatares para indivíduos e empresas. Esse cargo será ocupado por profissionais com conhecimentos em programação e *design*. Especialistas em realidade aumentada e 3D também estão capacitados para ocupar esse cargo.

Estilista de moda digital

Com a evolução dos NFTs, alguns *designers* vão se especializar em desenvolver produtos para o mundo virtual, sejam skins (roupas para avatares) ou acessórios. Marcas como Balenciaga e Nike já estão fazendo produtos exclusivos para esses ambientes.

Diretor de eventos

Responsável por promover eventos virtuais, com a oportunidade de ter um alcance muito maior que em um evento físico, vide os lançamentos de músicas que alguns artistas fizeram com shows dentro de jogos.

Engenheiro de *hardware*

Os testes de simulação poderão ser aprimorados com sensores de temperatura e pressão que, para serem criados, necessitarão desse profissional. Ele construirá sensores de operações industriais seguros o suficiente para serem utilizados em testes industriais. Raciocínio lógico-matemático, conhecimentos de Física, Engenharia Mecânica, *Design* de Produtos, Inteligência Artificial e Modelagem 3D serão habilidades desejadas.

Gerente de segurança da informação e riscos

Com o avanço da tecnologia e a chegada do Metaverso, a área de Segurança da Informação tende a crescer ainda mais. O especialista nessa área terá de fornecer orientação e supervisão para que o desenvolvimento de tecnologias e ecossistema esteja seguro. Ele terá que prever como as funcionalidades do Metaverso serão usadas e como serão os componentes críticos de segurança, sistemas e etapas de fabricação associados a essas previsões.

Cientista de pesquisa em Metaverso

Responsável por construir o que se assemelha à teoria de tudo, onde o mundo inteiro seja visível e possa ser acionado de maneira digital. A tecnologia será a base para jogos, anúncios, controle de qualidade em fábricas, saúde conectada e mais. Estes profissionais trabalharão com dados e informações e poderão vir com *backgrounds* de estatística e ciência de dados.

Designer espacial digital

Com a evolução dos cenários e das interfaces nos jogos, cada vez mais marcas criarão cenários e lojas dentro desse mundo virtual, a fim de promover a melhor experiência. Alguns varejistas já estão experimentando inclusive a conversão para venda desses espaços, como o Walmart mostrou na última edição da National Retail Federation (NRF). Habilidades necessárias: Computação Espacial, Programação, Inteligência Artificial, Física Aplicada, Design Gráfico, Modelagem 3D, Arquitetura, Antropologia, Ciências Cognitivas.

Influenciador avatar

Avatares criados a partir de influenciadores reais ou não. Atuam como influenciadores de marcas, com a vantagem de estarem sempre disponíveis e em vários locais ao mesmo tempo. Alguns varejistas também têm trabalhado com avatares, como a Renner e o Magalu.

Desenvolvedor de ecossistema

Responsável por coordenar as interações de indústrias e parceiros diferentes, por meio da interoperabilidade de sistemas do Metaverso. Ele articula todos os agentes corporativos, de governo e civis para criar funcionalidades em larga escala, entre diferentes experiências virtuais.

Engenheiro de *blockchain*

Tecnicamente responsável por implementar e criar uma *blockchain* digital para soluções corporativas. As áreas de trabalho dos engenheiros de *blockchain* geralmente giram em torno de consultoria de tecnologia ou empresas de serviços de dados. Mas, no Metaverso, eles serão responsáveis por criar e projetar soluções de *blockchain*.

Cientista de dados do Metaverso

Esse é um perfil que deve trabalhar lado a lado com o próximo perfil, de planejamento. Os dados são parte integrante do Metaverso e esse fenômeno aumentará gradualmente no futuro. No Marketing Digital esse profissional já está muito valorizado, no Metaverso será ainda mais.

Planejador de Metaverso

Sem dúvida, esse é o local onde nós nos encaixamos. Não somos pessoas de tecnologia ou *design*, mas sim estrategistas. Pesquisamos a fundo, analisamos mercados e pessoas para traçar a melhor estratégia de Metaverso. Profissionais como nós criam a infraestrutura de crescimento para os negócios nesses mundos. Eles constroem um portfólio estratégico de oportunidades, desde a prova de conceito até o piloto e o desenvolvimento, que envolve a identificação de oportunidades de mercado, construção de casos de negócios, roteiros, entre outros.

As pessoas e o metaverso **139**

E aí, em qual você se encaixa?

Qualquer uma dessas profissões já tem demanda para criação de iniciativas no Metaverso ou mesmo para a construção de plataformas novas. Não ache que daqui a cinco anos apenas as plataformas que temos hoje serão as que as pessoas usarão. Muitas das que existem agora desaparecerão; outras se tornarão as maiores; e novas surgirão. É o fluxo natural da vida de produtos. É assim que as coisas funcionam, porém, se alguma lhe interessou, saiba que formação é fundamental, além de muito estudo. Não é lendo dois ou três livros, fazendo um curso *on-line* e seguindo um influenciador na área que você vai se tornar um especialista. Muito menos comprando cursos de fórmulas prontas que só funcionam para quem as vende. Entenda que o maior problema para a defasagem de profissionais no mundo digital é a total falta de conhecimento dos pretendentes a uma vaga na área, que focam apenas em redes sociais e acreditam que o marketing digital se limita a isso.

Não, o marketing digital vai muito além do Instagram e Facebook. Essa dica que aqui damos é para você enxergar o Metaverso como algo muito maior do que só tecnologia, só *design*, só produto ou só campanha. Não é preciso ser um expert em tudo acima, até porque é impossível. Mas, independentemente de que rumo tomará dentro do Metaverso, lembre-se, é preciso conhecer tudo da área escolhida, e não apenas um pedaço. Os especialistas de verdade estudam, e muito, todos os dias. A inteligência real nunca será substituída pela artificial. Elas se retroalimentam. Nesse processo, a inteligência real produz a inteligência artificial, que, por sua vez, permite novamente que a inteligência real produza inteligência artificial mais sofisticada, e assim por diante. Isso provoca um torrente de inovação e, dessa forma, podemos ver que, por mais que o Metaverso cresça, sem a inteligência humana ele não alcançará seu pleno potencial, aquilo que está destinado a se tornar.

Experiências que mudarão os comportamentos humanos

O Metaverso traz a sensação sensorial de estar presente e isso melhora a interação *on-line* entre as pessoas. Padrões de tecnologia são essenciais para a boa experiência no universo paralelo. Marcas devem recriar experiências físicas no Metaverso, mantendo seus atributos, isto é, tudo o que ocorre no mundo imersivo vai afetar – se já não afeta – diretamente a vida das pessoas no mundo físico. Walter Longo defende a tese de que em breve não saberemos se a interação com as pessoas foi física ou digital. E podem "culpar" o Metaverso por essa percepção. No maior evento de tecnologia do mundo, o SXSW, essa foi uma das pautas. É algo tão poderoso que mudará a maneira como vemos e nos relacionamos com o mundo hoje. O mesmo fizeram no passado o cinema, o rádio, a TV e a internet. Portanto, não podemos achar que a tecnologia, avançada do jeito que está, não vai trazer novos horizontes e mudanças de paradigma nos próximos anos.

Amy Webb, fundadora do Future Today Institute, é uma futurologista responsável por diversos estudos sobre o futuro do mundo. Ela tem uma visão extremamente estratégica de como as marcas terão que se comportar nos próximos anos, vislumbrando tendências para as quais empresas precisam se preparar para não perecer com o tempo. A especialista prevê que aquelas que se prepararem estrategicamente para o futuro podem crescer até 200% mais rápido que a concorrência. Esse é um dado muito interessante para você olhar e refletir qual será sua relação com o Metaverso. Na nossa opinião, se você não entrou hoje, já está atrasado; imagine se postergar essa decisão para somente daqui a alguns meses. No SXSW, muitos dos que se desafiam a prever o sentido da evolução especialmente científica e tecnológica trouxeram algumas inovações que vemos hoje nascendo como grandes movimentos para o varejo nos próximos anos: inteligência artificial, redes neurais e Metaverso. A conclusão a que chegaram é que o mundo digital vem se mostrando suficientemente inclusivo para permitir avanços na sociedade.

A tecnologia muda a vida das pessoas. Basta analisar como era o mundo antes e depois do rádio, por exemplo. Agora, vamos acompanhar a mudança com a chegada do 5G, que não vai ser, como já dissemos, apenas uma Internet mais rápida. Ela vai fazer com que muitas tecnologias, ainda mais as ligadas a Internet das Coisas (IoT) e inteligência artificial, sejam potencializadas. O Metaverso precisa desse tipo de recurso para oferecer uma boa experiência, ou será efetivamente apenas um *Second Life* 2.0 e terá o mesmo destino.

Para Fátima Pissara, CEO da Mynd, que esteve na SXSW 2022, se foi a banda larga que permitiu o streaming, o 5G é o avanço que vai permitir que o Metaverso seja viável. Por outro lado, alertou que é preciso refletir sobre o nível de exclusão que esse novo mundo pode provocar em uma sociedade já tão desigual na vida real e que o conceito de inclusão social é tão difícil que mais parece uma utopia. "Para mim é nesse ponto que a tecnologia e o Metaverso colidem com aspectos humanos que precisam de atenção urgente na vida real, como diversidade, inclusão, oportunidades e a importância da saúde mental das pessoas para o futuro das empresas", afirma.[52] Segundo ela, para atender às suas necessidades básicas, as pessoas querem ter assegurado o seu direito à realização pessoal, em uma total inversão da famosa pirâmide de Maslow.[53]

Fátima afirma que "a importância de colocar o consumidor no centro de todas as estratégias vem sendo repetida como um mantra nas diversas palestras de tendências".[54] E não estão errados os que pensam assim. Philip Kotler, o maior nome da história do marketing, em seu livro *Marketing 3.0*, de 2007, já defendia esse conceito. Nas obras seguintes – *Marketing 4.0* e *Marketing 5.0* – ele reforçou essa tese. Especialmente neste último, o 5.0, ele abordou tecnologias que muito comentamos aqui, como o big data, por exemplo, fundamental para que as empresas efetivamente coloquem seus consumidores no centro de tudo.

A expectativa do mercado é que o 5G seja a base para a mudança de comportamentos das pessoas. Se hoje você está em seu sofá vendo a Netflix e precisa pedir uma pizza, é preciso pegar o seu telefone para abrir o iFood ou Rappi. No caso do 5G, provavelmente em breve a sua Alexa fará o pedido da pizza na sexta-feira, às 20h30, pois é o horário-padrão em que você corriqueiramente executa aquela ação. A tecnologia tem como meta melhorar a vida das pessoas, sempre. Na medicina nós estamos vendo isso diariamente. Talvez não se lembre da descoberta do genoma humano ou dos avanços no tratamento das doenças cardiovasculares. Mas saiba que a Tecnologia da Informação mudou por completo a prática médica, com a chegada de computadores, tablets e smartphones, além da tecnologia de *cloud computing* aplicada à medicina. Fato é que o setor de saúde será um dos que mais vão se beneficiar com a tecnologia de internet de quinta geração. As telecirurgias, ainda não tão comuns por conta do risco da latência do sinal, se popularizarão. Terapias neurológicas e voltadas à saúde mental deverão ser aperfeiçoadas com o emprego de realidade virtual e realidade aumentada, e muito mais em diversos campos.

Realmente, o que se espera é que o 5G traga novas possibilidades de inteligência artificial e Internet das Coisas, provocando a mudança no rumo de empresas dos mais diversos segmentos, principalmente na cabeça dos gestores. Quando o conceito de transformação digital ganhou força no universo do marketing e varejo, muitos afirmavam que essa mudança deveria começar na mente dos gestores. Concordamos plenamente. Nada adianta que muitos queiram transformar o mundo se os decisores acharem que não deve. Sem o "poder da caneta" nada acontece. Mas, obviamente, esse estímulo deve ser provocado, ou por aqueles que estão vendo uma oportunidade ou por quem está sentindo uma necessidade.

As empresas são diariamente provocadas pelo consumidor e pela tecnologia a mudar. Uma hora vemos novos comportamentos, outra novas tecnologias. A mudança sempre nos alcança. Esse processo é geralmente lento e gradual, mas muitas vezes se impõe de modo acelerado, sem dar muito tempo para planejamento. Foi o que vimos de 2020 para cá. Um agente chegou sem aviso e forçou o mundo a mudar em uma velocidade nunca vista. Por necessidade, as empresas avançaram na tecnologia em cinco meses o que levaria cinco anos. Heráclito estava certo: "Nada é permanente exceto a mudança". John Kennedy mais ainda: "A mudança é a lei da vida. E aqueles que apenas olham para o passado ou para o presente irão com certeza perder o futuro". E nós dizemos: o Metaverso é o futuro. Estar nele é mais do que uma opção, mas uma necessidade.

O consumidor é muito mais *omnichannel* do que as marcas. Engraçado que, no papel de consumidores, queremos comprar *on-line* e retirar na loja; ou comprar na loja e receber em casa. Mas, no papel de gestores de marca, isso é complicado. De fato é, mas não impossível. Aliás, Walt Disney dizia: "Eu gosto do impossível porque lá a concorrência é menor". Foi com esse pensamento que muitas empresas nasceram e cresceram, como a Apple. Esta foi criada para brigar com IBM e Microsoft, já gigantes. E não é que ela conseguiu vencer?

Esse conceito *omnichannel* foi o principal assunto na NRF dos distantes anos de 2013 e 2014. Nos Estados Unidos, já está muito consolidado e avançado, entretanto, no Brasil, mesmo quase uma década depois, nada de grandioso ocorre. Obviamente, não por falta de cérebro humano, pois em marketing não deixamos a desejar para nenhum país do mundo. Mas, reiteramos, é pela simples falta de coragem de fazer algo diferente e inovador. Se você perguntar a qualquer profissional de marketing ou publicitário, este dirá que é altamente inovador, mas no dia a dia exigem-se dele apenas posts em redes sociais, e olhe lá!

Um dos programas icônicos da TV brasileira, do apresentador Amaury Jr., já está no Metaverso. Amaury, que ganhou fama entrevistando celebridades em eventos e festas, tem um carreira de sucesso com esse formato. Mas o clássico apresentador, um dos melhores do país, escolheu inovar ao lançar "AJ", um avatar inspirado em seu *lifestyle*, com estilo e personalidade próprios, reunindo algumas características do Amaury Jr. que todos conhecemos. A criação segue a tendência dos avatares, que é não ser quem as pessoas realmente são na vida real, mas o que elas desejam ser. No Metaverso do AJ, as pessoas poderão acessar palcos para shows, estúdios, jogos virtuais, shopping e ações em parceria com marcas que já fazem parte do universo do Amaury Jr. em seus programas semanais. "O Metaverso está na ordem do dia e ninguém poderá ficar indiferente a ele. Poderei criar ações que até hoje foram inimagináveis, como, por exemplo, entrevistar Elvis Presley ou Charles Chaplin", celebra Amaury, ele próprio fascinado com a ideia. E é bem isso! Quantos que amamos ou admiramos e que já não mais estão aqui entre nós, mas que podem ser recriados em forma de avatar e reconquistar o público que sempre foi fã, seja um músico, um ator, uma atriz ou um jogador de futebol.

Dessa forma, é preciso mudar para se destacar, estar em constante evolução. Se nós, profissionais, devemos continuar estudando todos os dias, nos atualizando, nos preparando para o amanhã, por que as marcas também não o fazem? Vale lembrar que o Metaverso já é uma nova forma de as pessoas consumirem de tudo. Os NFTs virão forte para o mundo da arte, bilhões serão transacionados diariamente em criptomoedas, as pessoas pegarão parte do seu salário para investir em imóveis onde jamais irão morar fisicamente, e os *designers* irão criar coleções apenas para o Metaverso que poderão, se bem-sucedidos lá, serem compradas no mundo real.

O mesmo SXSW trouxe Nabil Ayers, presidente da Beggars Group, uma gravadora britânica, que fatura algo em torno de 80 milhões de euros ao ano. É meio óbvio que a indústria da música esteja de olho no Metaverso depois de alguns casos de sucesso por lá. Para Ayers, a exploração artística no Metaverso, embora esteja mais madura do que se pensa, ainda está só engatinhando e pode ser mais bem explorada pelos grandes músicos. Para nós, Felipe e Maya, que somos grandes fãs do *Queen*, por exemplo, seria muito interessante ver um show deles no Metaverso, em que o vocalista Freddie Mercury, morto em 1991, pudesse ser "ressuscitado" e estar no palco, ainda que na forma de avatar, na companhia dos demais avatares de Roger Taylor, Brian May e Jon Deacon (os outros integrantes da banda, que felizmente estão vivos e na ativa). Para Ayers, os NFTs serão um complemento dos artistas no Metaverso, podendo também ser mais uma fonte de renda para todos, inclusive as gravadoras.

Os artistas precisam conhecer tudo e mais um pouco sobre esse mercado. Nem tecnologia de NFT, nem nenhuma outra mudarão a essência da arte, genialidade e criatividade deles. No entanto, os tokens não fungíveis ajudarão na forma de eles se expressarem e serem reconhecidos pelo mundo. Em breve teremos artistas apenas nessa plataforma, se já não há. Enquanto isso, a Genies (*startup* americana responsável por criar os avatares de diversas celebridades, como Justin Bieber e Rihanna) fechou uma parceria com a Universal para criar o Avatar de diversos cantores, para que eles possam interagir com as pessoas no Metaverso.

Até o Spotify, que sem dúvida revolucionou a forma de consumirmos músicas e podcast, entrou nessa onda e pensa em usar NFTs para trazer uma renda extra aos artistas que disponibilizam suas músicas na plataforma. É uma nova oportunidade de negócios para uma empresa que tem 180 milhões de clientes pelo mundo (número de dezembro de 2021). Um relatório da *Nonfungible* aponta que o setor de música tem um enorme potencial para esse tipo de criptoativo, e foi esse documento que motivou a gigante sueca de *streaming* musical a se aventurar no ramo de NFTs musicais.[55] As gravadoras Warner e Universal também querem garantir sua fatia de mercado. Inspiradas em ações bem-sucedidas como a de Snoop Dogg (já tratada anteriormente) e a do Kings of Leon, ambas estão projetando a entrada nesse universo.

O Metaverso como área de teste

O *design* é inspirador. Essa frase pode ser batida, mas não deixa de ser uma grande verdade. O *head designer* Safa Sahin, de uma das mais famosas marcas de moda do mundo, a Balmain Paris, lançou em março de 2022 uma coleção de tênis que movimentou as redes sociais. Sua inspiração foi o Metaverso. Perceba como esses mundos estão convergindo de uma forma tão rápida que nem perceberemos em breve onde tivemos o relacionamento com pessoas ou marcas. Não está especificado na sua coleção, mas não vamos estranhar se esses tênis estiverem nas plataformas do Metaverso antes de esta obra chegar às livrarias.

Victoria Cosato, especialista em planejamento estratégico na Globo, ao fazer uma postagem no seu LinkedIn sobre os tênis criados por Sahin, fez uma análise bem interessante e que serve para pensarmos. Seu posicionamento não é um "achismo" ou futurologia, mas uma verdade que estamos vendo se confirmar no dia a dia, ainda mais quem tem filhos na faixa dos dez aos 17 anos. "Isso tudo (referindo-se ao tênis lançado pela Balmain Paris) alimenta ainda o consumo na vida real. Uma das maiores tendências estéticas hoje entre os jovens são os *e-girls* e *e-boys* (jovens altamente conectados à internet) e para eles as reproduções dos universos digitais têm que estar no físico também", escreveu Victoria. Ela tem razão e não está só. Na opinião de Achim Berg, sócio da consultoria McKinsey, esse tipo de estratégia faz parte de uma tendência de exploração de dados coletados da web para desenvolver melhores coleções e fazer melhores previsões.[56] A observação de Berg é didática, afinal, na vida real algumas experiências e apostas podem custar muito caro. Portanto, um lugar que permita mais experimentações com menos risco para que, a depender da aceitação, essas criações venham para o mundo real é o que muitos queriam, mas até então não tinham... e agora têm com o Metaverso.

Na onda das roupas preparadas para o Metaverso, a marca brasileira Aramis também fez história em março de 2022 ao lançar seu primeiro produto digital, o NFT da jaqueta Metaheat, que até este momento em que escrevemos só existe no formato intangível. Quando for lançada no mundo real, a peça terá até controle de temperatura em até três níveis e tecnologia impermeabilizante que repele diversos tipos de líquido. Para tornar mais real a experiência virtual, a marca deu início à construção de uma cidade totalmente em 3D, que batizou de Meta Aramis.

Coube a Danilo Matos, especialista em crypto, *blockchain* e especialista certificado em Metaverso, apresentar a boa nova em uma publicação em seu LinkedIn: a jaqueta Metaheat, que integra o movimento do DesINVERNO da grife. A coleção une as últimas tendências internacionais com peças casuais atemporais em tecidos tecnológicos e sustentáveis. Inspirada na natureza, no bem-estar e no conforto, ela marca o início de um novo capítulo, e convida você a acordar enquanto o mundo hiberna e desfazer a monotonia da estação.

Segundo Matos, a grife, uma das principais referências nacionais em moda masculina, inspirou-se em *cases* como os da Dolce&Gabbana e Gucci, tornando-se assim uma das pioneiras no mundo na moda virtual dentro da plataforma. A jaqueta oferecida traz o conceito de *omnichannel*, pois a ação comercial é desenvolvida dentro e fora do Metaverso. Quem executar a compra do criptoativo acabará por receber a versão física do produto. O projeto foi desenvolvido usando a tecnologia Ethereum e funciona como uma espécie de chave para o Clube Aramis Red, que oferece benefícios para quem comprar a jaqueta como condições especiais em suas compras e acesso antecipado a lançamentos, entre outros conteúdos. A ação da Aramis é uma demonstração de que é preciso criatividade para se diferenciar no Metaverso. Certamente, exercer o pioneirismo faz com que as marcas corram riscos, mas também podem, se bem-sucedidas, virar referências.

Vale lembrar que marcas como Adidas, Gucci e Zara têm criado coleções de roupas que só existem na internet e só podem ser usadas por avatares. Ao mesmo tempo, itens como iates virtuais têm sido vendidos por milhões de reais e terrenos digitais batem recordes de preço o tempo todo, movimentando centenas de milhões de dólares. Isso só reforça o que estamos defendendo: o Metaverso é uma realidade, independentemente do que você sabe sobre ele e do que pensa sobre a virtualização da vida e das relações humanas. E se sua empresa não está lá ou nem se prepara para estar, saiba que, em breve, esse pode ser o caminho que a levará ao tão sonhado sucesso.

A consultora de marketing Martha Gabriel postou uma imagem interessante em seu Instagram (@marthagabriel), que reproduzimos aqui. Preparamos um capítulo especial sobre Moda e Metaverso, mas estamos aos poucos dando alguns *spoilers*, pois esse tema é muito forte – e ficará ainda mais no Metaverso.

Pegando o gancho do *case* da Aramis, olha o quanto, até março de 2022, algumas marcas tinham feito de dinheiro com vendas apenas no Metaverso, na Figura 3.1. Note o quanto a Dolce&Gabbana (D&G), que até inspirou a Aramis no exemplo acima citado, já teve de faturamento. Difícil precisar o porquê desse faturamento. Mas é importante frisar que, apesar da liderança em vendas de NFTs neste momento da corrida, não dá para a D&G baixar a guarda. Muitas que nem aparecem nesse sucinto ranking estão de olho no segmento e preparando suas investidas, e podem inclusive roubar o posto mais alto da grife italiana. Afinal, um mantra do marketing é que "chegar à liderança é fácil, difícil é se manter lá".

Vale destacar como as lojas físicas podem se beneficiar do Metaverso. No fim deste capítulo, você verá um *case* da Nikeland, que mistura o *on* e o *off-line*, no conceito que preferimos chamar de *omnichannel*, apesar de hoje estarem chamando de Omnicalidade ou Phygital. Cada um tem uma forma preferencial, mas no fim o que importa são os resultados que isso trará, e não a maneira como o chamamos. Segundo Arthur Igreja,

Figura 3.1 - NFTs de luxo

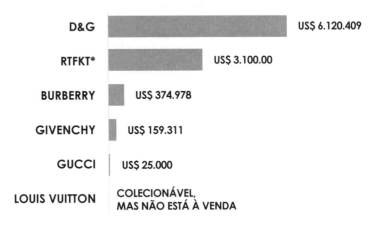

Fonte: Statista
* Marca de tênis digitais colecionáveis adquirida pela Nike em dez/2021.

professor da Fundação Getulio Vargas (FGV), nesse primeiro momento, os varejistas e as marcas estão se posicionando com ações que envolvem compra de terreno, estabelecimento de lojas e criação de experiências. "Nesse sentido, os varejistas usam de posicionamento e presença de marca no Metaverso, bem como da Omnicanalidade e de itens exclusivos para introduzir as experiências tecnológicas nas lojas físicas", diz Igreja, que é especialista em tecnologia, inovação e tendências.[57] Isso apenas reforça o que já falamos ao longo do livro a respeito da união dos mundos *on* e *off--line*, uma divisão que há muito tempo o consumidor não mais faz. Porém as empresas e, principalmente, as agências ainda tendem a fazer.

O mundo do *omnichannel* poderá ajudar nas vendas de NFTs, uma vez que é perfeitamente possível com impressoras 3D ou de altíssima qualidade de imagens transformar o etéreo em algo palpável, como uma gravura ou uma escultura. O certificado digital do NFT está garantido, entretanto, as obras podem continuar sendo objetos de decoração nas casas e empresas. Afinal, quem vai querer pagar um alto valor para ter uma obra guardada em alguma nuvem digital? As pessoas querem comprar arte para mostrar seu bom gosto aos outros, concorda?

Já estamos com um pé lá e o outro cá. Isso nos faz lembrar um "causo" acontecido anos atrás. Em 2016, Felipe coordenava um MBA de Marketing Digital em uma faculdade de São Paulo, onde ele ficou até 2018. Um dia um aluno, que depois veio a ser um grande amigo nosso, o Rodrigo Lacsko, contou sobre um desafio que o professor de Mobile Marketing, Ricardo Longo, outro amigo, havia feito em sala de aula. Longo olhou para a sala e perguntou:

— O Waze é *on* ou *off-line*?

— *On-line* – responderam os alunos presentes em coro.

— Mas ele leva a gente de casa para o trabalho ou para um evento, por exemplo… – e antes que ele concluísse o raciocínio, a sala o interrompeu.

— *Off-line* – concordaram uníssonos.

— Entretanto, o Waze usa o smartphone e *machine learning* para isso.

O silêncio dominou a sala, afinal o professor havia dado apenas duas opções e mostrou em poucas palavras que nenhuma delas era a certa. Então, após alguns segundos daquele quietude que gera a ansiedade, Ricardo falou:

— O Waze é *on-off*. – E continuou o professor: — Um termo que usamos para dizer que algo é *on-line* e *off-line* ao mesmo tempo, pois ele atua no *on-line*, mas nos ajuda no *off-line*. E é assim que que nos encontramos neste tempo presente, pois já não existe mais essa divisão entre mundos.

E de fato Ricardo está certo. Em 2011, tivemos a oportunidade de assistir a uma palestra da Martha Gabriel no evento Digitalks, onde ela afirmava que não mais existia marketing e marketing digital, mas que o digital era uma importante arma do guarda-chuva do marketing. Anos mais tarde, Philip Kotler reforçou esse mesmo pensamento em seus livros *Marketing 3.0, 4.0* e mais ainda no *5.0*.

Cidades já começam a ser projetadas no Metaverso

Se, para alguns, o Metaverso é uma brincadeira, para outros é coisa séria, e vamos aqui apresentar o *case* de Liberland Metaverse, uma cidade inspirada na República Livre de Liberland, nação fundada pelo político tcheco Vit Jedlicka, em 2015, entre a Croácia e a Sérvia. O território de quase sete quilômetros quadrados é maior que o Vaticano e Mônaco. É um raro caso de terra não disputada ou reivindicada por nenhum país, na fronteira entre Croácia e Sérvia. Aproximadamente mil pessoas moram na micronação do mundo real, que tem uma bandeira nacional, hino e moeda – a criptomoeda Liberland.

No caso de Liberland Metaverse, a cidade virtual está sendo projetada pelo Zaha Hadid Architects (ZHA), um dos maiores escritórios de arquitetura do planeta. O lugar não será apenas uma reprodução de Vit Jedlicka, mas terá seu próprio ecossistema, inclusive uma prefeitura, espaços de trabalho colaborativos, lojas, incubadoras de negócios e uma galeria para exposições de arte NFT. A comunidade terá foco na autogovernança, com menos regras e regulamentos. A arquitetura digital de Liberland deve ser mais fundamentada na realidade, mais próxima à cidade que a inspira. "Os edifícios, embora hiperfuturistas, são semelhantes à aparência brilhante de renderizações arquitetônicas típicas. Mas eles foram feitos com *design* paramétrico, um método que emprega algoritmos para criar formas complexas. A arquitetura do Metaverso de Liberland é incomum e única, mas ao mesmo tempo é realista em relação aos tipos de arquitetura que já construímos e que virão", explica Patrik Schumacher, principal arquiteto da ZHA.[58] Vit Jedlicka confirmou que os cidadãos e residentes de Liberland terão o primeiro acesso.

Lego entra no Metaverso

Mais uma vez, trazemos o *Fortnite* como exemplo para ações diferenciadas, desta vez com a Lego, que criou ali seu Metaverso para famílias e crianças. Enquanto escrevíamos, entendemos que essa era a maior plataforma do Metaverso – por ora, poisse achar que será sempre a maior, em breve pode ficar para trás. A gigante dinamarquesa já tem diversas iniciativas que extrapolam seu universo de brinquedos físicos, se tornando uma plataforma digital de conteúdo que é um *case* mundial. A nova iniciativa visa dar às crianças acesso a ferramentas que lhes permitirão tornar-se criadores confiantes e oferecer-lhes incríveis possibilidades de jogo em um espaço seguro e positivo. Por outro lado, ajudará a marca a pensar novas possibilidades de conteúdo, serviços e, principalmente, produtos, ampliando o seu elo junto aos mais diversos perfis de público, afinal, a companhia, que em 22 de agosto de 2022 faz 90 anos, não tem mais idade para brincar.

O que muda no dia a dia e no trabalho

Como já dissemos aqui, quando a tecnologia chega, novas profissões surgem. Com isso o mercado de trabalho se expande, o que gera benefícios para as empresas e, principalmente, para as pessoas. Não só novos empregos surgem, mas toda a evolução tecnológica consequentemente faz com que os atuais empregos acompanhem essa evolução. Por isso nós precisamos estar constantemente nos atualizando. Isso traz novas perspectivas para quem ainda não está no mercado de trabalho, que vê nas nascentes tecnologias uma chance de recolocação. Mas cobra seu preço, que é a obrigação de estudar sempre para que o profissional deste segmento se mantenha atualizado e bem empregado.

Imagine uma pessoa contando lá em 2005 ou 2006 que tinha sido contratada por uma agência para ser arquiteto de informação ou especialista em usabilidade. Se hoje, em pleno 2022, ainda é complicado de explicar, mais complicado ainda era fazer isso lá atrás, quando determinados conceitos eram completamente desconhecidos pela maioria da população. Mas, independentemente do desconhecimento geral,

As pessoas e o metaverso **153**

essas profissões ganhavam espaço, principalmente nas agências de publicidade. Nesses novos tempos, continua não sendo fácil contar aos amigos e familiares que se está estudando para ser engenheiro de *blockchain* ou estilista de moda digital. Como explicar isso no almoço de domingo para seus tios e tias? A boa notícia é que é um mercado de enorme potencial e que está bem no começo. Mas bem mesmo!

Há tempos os times de tecnologia têm sido fundamentais nos processos das empresas. Com o Metaverso eles se tornam ainda mais importantes, pois para tudo o que a sua empresa pensar em fazer nesse ambiente virtualizado o time de TI precisa urgentemente ser acionado. E não é "Ah! Faz aí uma reprodução da nossa empresa na plataforma X", é preciso um projeto com um planejamento muito bem detalhado, com estratégias específicas para esse novo universo e com metas e objetivos muito claros e alcançáveis. Do contrário, será realmente apenas uma réplica da empresa na plataforma, o que em nada vai agregar, tendendo a não agradar e fracassar. Um projeto no Metaverso sem um planejamento, esforços e equipe dedicada não vai trazer nenhum benefício para as iniciativas, será apenas uma ideia que foi executada sem sucesso.

Se você conhece ou trabalha com alguém que lida com tecnologia, a dica é se especializar o quanto antes no Metaverso. Faça essa aposta agora para que seu "passe" fique ainda mais valorizado amanhã. A tecnologia é a base do Metaverso, entretanto ela sozinha não fará muita coisa. É preciso algo que encante as pessoas e que as engaje com a sua iniciativa. Em outras palavras, sem algo que faça brilhar os olhos dos usuários, eles não irão usufruir de sua iniciativa e os resultados financeiros não virão.

E uma das maneiras de chamar a atenção é pelo *design*. Quando uma Ferrari passa na rua, é possível ver claramente como ela atrai os olhos de todos que se encontram no seu caminho. Chegue com uma caneta Montblanc a uma reunião ou abra seu MacBook em meio a amigos para ver a reação. Tudo isso é pautado pelo *design* e, claro, a tecnologia para fazer tudo funcionar com perfeição. Sendo assim, se quer ser bem-sucedido no Metaverso, não abra mão do *design*.

A isso se soma a estratégia de negócios e de marca que a sua empresa traçou no âmbito geral. O Metaverso é mais um canal de relacionamento, construção e posicionamento de marca; não é o único e não será jamais.

Aqueles que preferirem investir em criptomoedas deverão buscar mais conhecimento sobre esse segmento financeiro e, consequentemente, *blockchain*. Estão fora do contexto aqueles que acreditam que o dólar e o euro continuarão hegemônicos no mundo. Já existem corretores de criptomoedas, desempenhando um papel similar ao executado pelos corretores de ações, com foco no Metaverso. Enquanto finalizávamos este trabalho, estourou a guerra entre Rússia e Ucrânia. Diversos veículos publicaram que muitos bilionários russos tiveram dinheiro bloqueado em diversos países. No entanto, aqueles que tinham criptomoedas não sofreram, pois esses ativos não são controlados por nenhum governo. Acha mesmo que depois desse problema as pessoas nos quatro cantos do mundo não passaram a enxergar com outros olhos essa nova economia mais livre?

A Tecnisa, citada aqui em outros momentos, é uma das empresas brasileiras que já aceitam esse tipo de pagamento para a compra de um apartamento. E não é de hoje. E, pensando bem, faz todo o sentido, já que um imóvel de 1 milhão de reais, poderia, por exemplo, ter sido vendido em 2020 por 10 Bitcoins, a criptomoeda mais conhecida do grande público. Naquela época, cada unidade de Bitcoin valia 100 mil reais; nesse momento que finalizamos a obra (primeiro trimestre de 2022), um Bitcoin vale 220 mil reais. Uma valorização de 120% nesse período. Para a Tecnisa, que aceitou receber em criptomoeda, a operação representou um grande negócio, não? Claro que tem os seus riscos, pois, como toda moeda, o valor do Bitcoin pode oscilar. Poderia, por exemplo, estar valendo agora 50 mil reais, o que para a Tecnisa seria um grande prejuízo.

De fato, esses exemplos só servem para que você tenha a consciência, e este capítulo tem a missão de mostrar isso, que não importa a profissão em que você está hoje, o Metaverso já está mudando muita coisa nela e, se você não se atualizar, perderá espaço para aquele(a) estagiário(a) quieto e tímido, mas que nas horas livres devora livros, cursos, palestras e artigos sobre o tema. Não esteja no mesmo barco daqueles que outrora igualmente menosprezaram a internet, *e-mail marketing*, blogs, redes sociais, *e-commerce, omnichannel*, big data, transformação digital e *e-sports*, tachando-os como temas da moda. Hoje somos testemunhas de como tudo isso mudou o mundo em que vivemos, e nem percebemos de tão rápido que foi. Ou era comum escrever um livro pelo celular? A obra *Brand Canvas*, de autoria de Felipe Morais, foi 90% escrito pelo celular, nas suas idas e vindas diárias de metrô entre casa-trabalho-casa.

Metaprofissões

Novos artistas, novos economistas, novos músicos, novos escritores. O Metaverso é novo e, com isso, traz um novo universo. É o que pensa Mauricio Conti, engenheiro de computação e influenciador digital nas áreas Web3, *blockchain* e *NFT*. Segundo este especialista, as metaprofissões estão em alta e ter domínio de tecnologia não faz de ninguém um metaprofissional. Ele explica que, por serem atividades ancoradas no virtual, o que realmente turbinará a carreira de um profissional na área será o conhecimento do candidato sobre esse universo ainda pouco conhecido. "Mesmo entre o pessoal que já está na área de tecnologia, tem muita gente que não entende dos temas relacionados a cripto, *blockchain*, metaverso… Então, é uma oportunidade para quem está de fora do meio de tecnologia entrar na área com o pé direito. Isto é, entrar em profissões que, na verdade, ninguém ainda sabe muito bem nem quais são nem seus requisitos necessários", explica.[59]

Interessados devem dar uma observada na lista *Empregos em alta em 2022*, do LinkedIn, onde foram mapeados os 25 cargos com alta demanda nos últimos cinco anos. É uma prova cabal, se é que alguém duvida, do aquecimento do setor da tecnologia, que inclui o Metaverso. O LinkedIn é um dos principais termômetros do mercado global. Milhões de pessoas buscam ali as vagas que outras milhares de empresas oferecem na plataforma. Em resumo, conecta quem oferece e quem busca emprego. Por isso seus dados de profissões são sempre relevantes e levados em conta pelos interessados em acompanhar o crescimento de uma determinada área. No caso da tecnologia, tem muitas vagas e poucos profissionais qualificados. E como ficará agora com o Metaverso? Vejamos o que o LinkedIn apontou sobre as profissões que mais cresceram de 2020 para cá:

- recrutador(a) especializado(a) em tecnologia;
- engenheiro(a) de confiabilidade de *sites* (ou *site reliability engineer* – SRE);
- engenheiro(a) de dados (*data engineer*);
- especialista em cibersegurança;
- representante de desenvolvimento de negócios (ou *business development representative*).

Na opinião de Maurício Conti, teremos uma onda dentro do Metaverso, com salários virtuais, não que eles não sejam reais, mas que serão pagos nos moldes do universo. Hoje poderíamos dizer em criptomoedas, terrenos e NFTs, mas nos próximos anos outras formas serão criadas. Não tenha a menor dúvida disso! Contudo, o profissional que aceitar receber em criptomoedas precisa estar a par de que não será possível ir à pizzaria na esquina de casa e pagar o jantar com criptomoeda – não tão cedo. Mas, se a mesma pizzaria estiver no Metaverso, ela poderá receber o pagamento no universo virtual e entregar o produto no mundo real, usando a estratégia *omnichannel*, que desde 2013 esperamos decolar no Brasil, como já aconteceu em outros países.

Por fim, uma frase de Conti vale ser reproduzida aqui, pois vai ao encontro do que estamos falando: "Mergulhe de cabeça, porque não é um negócio que vai acontecer. Já é algo que está acontecendo agora, nesse momento". Como já dissemos, não basta devorar um ou outro texto ou apenas um curso para que se tenha todo o conhecimento necessário do Metaverso. É preciso ir além disso. Entretanto, se já chegou até o nosso livro, já está no caminho certo.

Um ponto que, sem dúvida, vai mudar muito a forma como trabalhamos diz respeito às reuniões no Metaverso. Isso vai impactar profundamente o dia a dia das pessoas nos seus ambientes de trabalho, ainda mais agora que o *home office* é uma realidade. A empresa Marvin, fintech de meios de pagamento, já adotou essa prática junto aos seus times. Segundo a organização, seu escritório agora será no Metaverso Gather e 90% de seus colaboradores foram receptivos à novidade, que veio do time de tecnologia e contou com todo o apoio do RH. É algo que já demonstramos, que as iniciativas precisam ser abraçadas por todo o time da companhia (ou pelo menos pela grande maioria) e ter o apoio de sua alta cúpula diretiva. "Essa plataforma facilita as trocas no dia a dia, gerando mais conexão e informalidade, e também melhora a qualidade de vida, dando opção para o time trabalhar onde se sentir mais confortável e produtivo", afirmou Viviane Kuaye, *head* de Pessoas da Marvin.[60]

Hoje é a Marvin, amanhã é Nestlé, Coca-Cola, Montblanc, Apple... A Samsung, a marca de eletrônicos da Coreia do Sul, por exemplo, já está de olho no Metaverso há algum tempo. O seu vice-presidente, Han Jong-Hee, afirmou que esse rumo e a tecnologia robótica são os novos mecanismos que serão utilizados pela empresa para impulsionar seu crescimento. Portanto, se as grandes empresas estão de olho nesse mercado é porque ele tem um potencial muito maior do que podemos imaginar, afinal, elas não entram em um negócio sem a clareza do lucro ou destinar milhões em pesquisas sem que o Retorno sobre o Investimento (o famoso ROI) seja positivo.

Mas o Metaverso é para todos. A padaria da esquina da sua casa, o mecânico em frente ao seu trabalho ou aquela pequena loja de roupas que a sua mãe gosta de comprar na rua onde ela mora vai estar lá se quiser manter sua perenidade. O que queremos dizer com isso é que não precisa ser uma gigante para fazer essa travessia, até porque os megaconglomerados, com seus processos burocráticos e demorados, tendem a perder muito tempo se comparados a empresas nativas do digital, como a Marvin. São os mais ágeis que vão entrar e dominar o território antes mesmo da chegada dos colossos, que deverão fazer muito mais esforços para conquistar um território que já terá "dono".

Vimos isso no *e-commerce*. A maior varejista do Brasil, as Casas Bahia, demorou muito para entrar no segmento, perdendo mercado para o Submarino, um site que não tinha sequer loja física e ninguém conhecia. No entanto, ele foi pioneiro no país e se tornou hegemônico. Na década de 1990, comprávamos tênis na World Tennis, que tinha lojas em todos os shoppings e fazia enormes campanhas na TV. Esta perdeu espaço para a Netshoes, uma pequena loja de sapatos no centro de São Paulo que entendeu o mercado de internet (já contamos essa história). A pergunta que fazemos é: "Você quer ser o *case* de sucesso ou o *case* de empresa que parou no tempo e deixou a onda passar?". Essa onda é muito rápida e deve se sair melhor quem "pegá-la" primeiro. Mas não basta entrar, é preciso ter um time dedicado para fazer a coisa direito, do contrário você pode queimar a sua marca de uma forma ainda mais súbita que a onda que está agora passando na sua frente.

O *home office* não morrerá

A pandemia acelerou o processo de adoção do *home office* em todo o planeta. Era preciso fazer isso ou a economia entraria em um colapso nunca antes visto no mundo. Forçados a aderir ao sistema de trabalho remoto, as empresas entenderam que esse modelo fazia muito sentido para todos. As pessoas passaram a produzir mais, pois perdiam menos tempo no deslocamento, estavam mais felizes por estarem próximas da família, tinham mais tempo para descansar e fazer outras atividades. Pelo lado das empresas, os andares de 400 ou 500 metros na Faria Lima ou na Berrini foram reduzidos a algumas posições em um coworking, reduzindo drasticamente o custo das operações. E o melhor é que, graças às ferramentas de tecnologia, não perderam a qualidade. Aliás, algumas empresas relatam uma melhoria nas entregas dos projetos.

O Metaverso está crescendo no mesmo momento em que a pandemia da Covid-19 está arrefecendo, depois de tantas perdas de vida que ela provocou. Alguns casos, já relatados aqui, de empresas que já usam o ambiente virtual como espaço de trabalho serão constantes em um futuro muito próximo. Não temos o menor medo de afirmar isso, pois acompanhamos essa evolução desde a internet discada, quando era preciso ligar um cabo da linha telefônica ao computador por meio de um modem para usufruir de uma velocidade de conexão de 56,6 kbps. Então, de lá para cá, vimos muitas tendências se concretizarem e outras acabarem em meses. Mas não fazemos parte do time que acredita que o Metaverso seja um modismo passageiro, do contrário, não teríamos escrito este livro.

A nova geração de talentos será ainda mais conectada e faminta por inovação. Empresas que não se adaptarem à evolução tecnológica com certeza não serão opção para essa nova linhagem de profissionais. Quantas crianças desejam ser youtubers? Quantas crianças com nove ou dez anos já estão em escolas de programação, que têm uma emenda de aulas focada no ensino de tecnologia para essa idade? Quantos casos nós vemos de adolescentes que já estão criando projetos digitais antes mesmo de estarem na faculdade? Quantas *startups* estamos vendo comandadas por adolescentes antes dos 20 anos? Acha mesmo que essa nova geração vai trabalhar das 9h às 18h em um escritório, de terno e gravata, fazendo intermináveis reuniões que não levam a nada? O mundo mudou, e isso não pode ser apenas um clichê, mas sim um mantra dentro das empresas. E quando vemos alguns exigirem que seu colaborador cumpra o tradicional horário comercial sentado em sua mesa na sede da companhia, mesmo sabendo que, ainda que de bermuda e na piscina de casa, esse profissional faria o mesmo trabalho, entendemos que o mundo não mudou para todos.

"Nos novos modelos de trabalho híbrido ou em operações geograficamente distribuídas, o Metaverso será o caminho natural para engajamento, networking e gestão de pessoas, ampliando as funcionalidades de ferramentas colaborativas e permitindo, por exemplo, projetar gráficos e imagens em salas de reuniões virtuais, ou interagir com computadores e colaboradores à distância", afirma Paulo Asano, CEO da Populus.[61] Você duvida dessa afirmação de Asano? Na FM CONSULTORIA, nós atendemos de São Paulo clientes de Belo Horizonte, Fortaleza, Maringá, Itália, Japão e Canadá, além de gerenciar alguns projetos com times que, mesmo na capital paulista, estão fisicamente em outros bairros. Um dos nossos parceiros afirmou que, em 2021, sua operação mudou completamente e as pessoas só foram se conhecer na festa de final de ano. Ou seja, colaboradores que entraram na equipe em janeiro ou fevereiro trabalharam juntos por quase um ano e só foram se conhecer pessoalmente em dezembro. Isso só é possível por causa da tecnologia.

À distância, sim, mas não isolados. Asano acredita que as soluções adaptadas para o Metaverso farão com que essa barreira do distanciamento seja encurtada, abrindo múltiplas oportunidades de inclusão no meio colaborativo. "Em breve, todo esse fluxo de dados vai rodar em múltiplas nuvens, na Edge Computing, com a velocidade do 5G (mas o mercado já se movimenta em torno de uma banda ainda mais parruda, o 6G, que deve resolver problemas de alcance e latência ainda vistos nas conexões atuais), o que induz a novos desafios nas áreas de cibersegurança e *compliance*", complementa.[62] Acreditamos que já é o que está ocorrendo. A pandemia apenas potencializou uma realidade do mundo corporativo.

É nessa seara do trabalho a distância que aposta o Immersed, um espaço virtual de trabalho que oferece sala de conferência, casa à beira de um lago, estação orbital, auditório e nuvem. Há ainda a possibilidade de uso de múltiplos monitores virtuais (dois na versão gratuita e até cinco na versão paga) e de compartilhamento de ideias, textos, vídeos e conversas. A ideia básica é que, quanto mais telas, mais produtividade. E o Felipe Morais, que trabalha com dois *notebooks* e mais um monitor extra, concorda com esse princípio. O Immersed é um programa que as pessoas instalam e, ao entrar no mundo virtual, conseguem ver e compartilhar a tela do seu computador e criar novas telas, que só existem na realidade virtual. "Uma das vantagens da plataforma é que permite facilmente estabelecer um portal para o mundo físico – uma janela dentro da sala virtual que exibe o que se passa "lá fora". Isso é bom para saber quando vamos receber uma xícara de café ou para localizar um objeto real que precisamos acessar durante a jornada pelo metaverso", destacaram Pedro e Paulo Markun, que testaram a plataforma e descreveram suas impressões para o UOL.[63]

Metaverso e a nova sociedade

O desafio para empresas, governos e sociedade é navegar nesta próxima era tecnológica e inaugurar a fronteira da experiência humana. Para Nicola Bianzino, diretor global de Tecnologia da EY, *"a convergência do físico e do digital no Metaverso apresenta oportunidades interessantes, mas também desafios críticos"*. O filme *Jogador Número 1*, de 2018, é dirigido pelo consagrado diretor de Hollywood Steven Spielberg. O cenário é a plataforma Oasis, um Metaverso criado em 2044 por um programador de *games*, que, quando morre, deixa pistas para que as pessoas desse universo possam chegar a três chaves que renderão ao vencedor o total controle daquele mundo virtual. No filme, é retratado um futuro em que as pessoas não sabem mais o que é viver de forma física ou virtual, é uma mistura que confunde toda a sociedade a ponto de perdas no jogo acarretarem suicídios na vida real.

"Pessoas entram no Metaverso pelo que desejam ser, mas ficam pelo que se tornam", é a mensagem que aparece logo no começo de *Jogador Número 1*. Nele, há referências a outros clássicos. O protagonista, Wade Watts (Tye Sheridan), anda no famoso DeLorean, do filme *De volta para o futuro*. Outro grupo que ajuda o herói é formado pelas Tartarugas Ninjas. Em ambos os casos, as pessoas, na vida real, jamais seriam uma Tartaruga Ninja ou teriam um carro que pode viajar no tempo, mas no Metaverso isso é possível. Trata-se de uma ficção

162 Metaverso

científica, mas não podemos afirmar agora que seja algo muito próximo, ou distante, do que será a realidade daqui a duas décadas. Sobre isso dizemos apenas que no fim dos anos 1990 não era concebível afirmar que estaríamos no banco de um shopping assistindo ao jogo do time do coração pelo celular com transmissão ao vivo pelo YouTube e com um par de fones sem fio. Isso é a realidade comum de hoje, mas não a de 20 anos atrás, quando a internet engatinhava no Brasil.

Jogador Número 1 nem é o único filme a explorar a ideia de Metaverso. *Avatar*, um grande sucesso do cinema, de 2009, também o faz. Poucos associam o filme dirigido por James Cameron ao Metaverso, mas é impressionante a interface de realidade virtual e realidade aumentada presente na obra. Na história, transfere-se a consciência humana para corpos alienígenas por meio de máquinas, similar ao que o Metaverso promete, que é a transcendência das limitações físicas dos nossos corpos biológicos, que poderão estar onde normalmente não estariam. Já falamos também de *Space Jam*, principalmente o segundo filme, com o astro LeBron James (no primeiro, o astro é Michael Jordan), que aborda muito a integração entre os mundos *on-line* e *off-line*. Já se você é fã de animes, o tema também está presente no bem-sucedido *Sword Art Online* (que tem quatro temporadas disponíveis na Netflix) e, muito antes deste, em *Serial Experiments Lain*, de 1998.

Em seu livro *Marketing e comunicação na era pós-digital: as regras mudaram*, Walter Longo diz que não estamos mais percebendo o quanto a internet está inserida em nossa vida, e só nos damos conta quando ficamos sem ela. Esse livro é de 2014, mas a declaração do autor só está mais potencializada nos dias atuais. Quer ver alguém ficar totalmente perdido? Deixe-o em um local público com um celular sem bateria. Você verá o desespero dele, como se fosse morrer em poucos minutos, quando na verdade só está sem celular.

Em 2018, fomos ao show de um dos nossos artistas favoritos: Seal. Durante uma das músicas, ele desceu do palco para interagir com o público, que na hora sacou seus celulares para tirar fotos e filmar. O astro deu uma bronca nos fãs dizendo que eles estavam deixando de lado aquela experiência para apenas filmar e tirar fotos. Esse é um pequeno exemplo do que Walter Longo registrou no livro e algo visto no filme *Jogador Número 1*. Nesse momento, estamos no começo do Metaverso, mas já bem adaptados ao mundo da internet e da tecnologia. Diríamos até viciados nesse mundo e nos preparando para o que vem por aí.

Sebastien Borget, fundador do *Sandbox*, aponta que definitivamente o Metaverso vai mudar a forma com que as pessoas agem e interagem com tudo e todos. "Prevemos que, nos próximos dez anos, o Metaverso terá transformado profundamente a maneira como pensamos, trabalhamos, socializamos, jogamos e ganhamos com as oportunidades econômicas e de empregos que estarão sendo criadas", afirma.[64] Não podemos fechar os olhos para isso quando assistimos ao filme *Jogador Número 1*. Ficamos um pouco chocados com o que vimos. Já dissemos aqui ser muito difícil prever se o que o filme mostra será ou não uma realidade daqui a 20 anos. Mas podemos apontar que o mundo será totalmente diferente quando o Metaverso estiver presente na nossa vida, como fizeram a internet, as redes sociais e o smartphone.

Para Nicola Bianzino, diretor global de Tecnologia da EY, à medida que o Metaverso desponta no futuro como a principal interface tecnológica, é preciso debater sobre seu impacto na saúde mental. "Já existem preocupações nesses mesmos tópicos para a atual geração de tecnologias de mídia social e o Metaverso tornará essa experiência ainda mais envolvente e potencialmente mais perigosa", adverte o executivo. E ele não está errado. Há tempos que a internet já é uma preocupação do ponto de vista psicológico dos usuários. Em um dos episódios de *Black Mirror*, série de ficção científica da Netflix, que estreou em 2011, uma personagem acaba enlouquecendo por seu perfil não ter mais de quatro estrelas, em uma escala de 1 a 5. Esse episódio é uma crítica ao "culto do *like*", que estamos vendo hoje. Já existem clínicas especializadas no distúrbio.

Há histórias reais de pessoas que estão com sérios problemas mentais porque suas postagens têm pouca ou nenhuma curtida ou porque seus perfis estão com baixo número de seguidores. Há uma vontade desesperada de atenção, e assim vemos não apenas as *fake news* sendo espalhadas como também ataques de usuários com poucos seguidores a outros mais populares, na ânsia de serem notados e captar alguns *likes* para suas postagens ou aumentar o número daqueles que o seguem. Isso é um comportamento muito comum nas redes sociais, assim como meninas que mal saíram da infância postando fotos de biquíni em poses sensuais e com frases provocadoras.

A indústria do *like* já é um perigo na sociedade, e não é de hoje. Isso tende a piorar com o Metaverso, pois lá as pessoas vão querer ser aceitas, notadas, populares e terem muitos amigos, tal qual nas redes sociais. Recomendamos que busquem aprofundar mais sobre esses temas acompanhando conteúdos de psicólogos e psicólogas sérios, que já vêm fazendo esse alerta.

Relações humanas e casamento em tempo de Metaverso

O casamento é um símbolo da sociedade e o Metaverso vai impactá-lo também. As pessoas poderão se casar na vida real com uma pessoa e no Metaverso, se assim o quiserem, com outra. Não haverá leis que impeçam isso. Quem quiser, poderá fazê-lo. Veremos diversas histórias de amor dentro desse universo digital, das mais românticas às mais inusitadas. Mas não estamos aqui para julgar o que cada um faz da sua vida e como quer se relacionar, até porque no Metaverso também se poderá ter a identidade sexual que desejar.

Mas já temos pelo menos um caso de casamento no Metaverso. Trata-se dos brasileiros André Mertens e Rita Wu, que escolheram o universo digital da *Decentraland* para oficializar a decisão. A cerimônia aconteceu em uma igreja virtual e em parceria com uma loja do Outback Steakhouse. A plataforma Smart Contract foi a eleita para celebrar a união de forma oficial e dentro do que as leis brasileiras regem. Uma aliança digital também foi criada pelo casal, que transformou o item em um donut cravejado de diamantes. Embora seja digital, a peça possui o preço atrelado a um criptoativo, que segue a mesma cotação da pedra preciosa no mercado. Em suma, veremos no mundo digital todos os preparativos que os casamentos exigem no mundo real. É preciso entender que o Metaverso vem, sim, para mudar a forma de as pessoas se relacionarem com as marcas, mas também com outras pessoas.

Não é segredo que a Microsoft está trabalhando para criar seu próprio Metaverso que vai simular o nosso mundo de hoje. A ideia por trás é que vamos ficar cada vez mais dependentes desse universo paralelo. Nele, as pessoas poderão estudar, trabalhar, fazer reuniões, compras *on-line*, ouvir podcasts, ver suas séries favoritas no *streaming* que desejarem. Em um vídeo intitulado *Como o Metaverso vai destruir tudo.*[65], disponível no Youtube, a influencer e empresária Carol Capel defende que esse novo ambiente de interação virtual da empresa fundada por Bill Gates vai se tornar o maior entre os Metaversos, algo como o Oasis de *Jogador Número 1*, que aparentemente seria o único universo paralelo existente. Carol questiona ainda se vamos nos dar conta de que tudo será virtual em breve. "Nossa comida, relacionamentos, aprendizado, trabalhos e viagens. Tudo de forma virtual. Será que isso pode ocorrer mesmo? É algo para se pensar quando começamos a entender que o digital vai, novamente, mudar as relações entre as pessoas e, com isso, toda a nossa sociedade", diz.

No filme *Jogador Número 1*, a falta de clareza sobre a barreira que separava o real do virtual não parecia incomodar os personagens. Se pararmos para analisar, já no mundo de hoje, estamos tão *on-line* que quando perdemos essa conexão ficamos perdidos. As crianças, que nas décadas passadas brincavam nas ruas, atualmente preferem seus celulares e mal conversam. Nos restaurantes, o que mais vemos são pais conversando e filhos nos jogos; se os pais se levantarem da cadeira e irem embora, as crianças talvez demorem umas três horas para se darem conta (ou o tempo que a bateria do celular ou tablet acabar).

O Metaverso, como reiteradamente repetimos aqui, é o local onde as pessoas estarão para realizar seus sonhos. Portanto, não será nada incomum, se é que isso já não ocorre, vermos indivíduos na vida real infelizes com seus trabalhos e reclamando dos seus chefes, enquanto seus avatares passeiam por Nova York ou tomam sol nas Maldivas. Ou, se na vida real moram em um apartamento de 50 metros quadrados, no virtual seu avatar poderá desfrutar de uma cobertura dez vezes maior de frente para uma praia do Nordeste brasileiro, recriada digitalmente em uma das plataformas de Metaverso, que pode ser inclusive aquela da Microsoft.

Nesse momento, o que vemos é o Metaverso como uma onda gigante se formando no meio do oceano. Vai atingir a cidade, todos sabem, inclusive que será impossível lutar contra. Então, o ideal é que se prepare e, quando vier, surfe nela e a aproveite a seu favor. Esta não é uma onda pequena ou passageira que logo acaba na praia. Ela vai além, impondo-se e mudando o que está à sua frente. A nós, os sufistas, cabe equilíbrio, perícia, atenção, estratégia e rapidez na execução das manobras. Quem não tiver tudo isso, será engolido pela onda da mudança. Ainda temos tempo para planejar. E cases, como os da Nikeland, Boticário e tantos outros, podem nos servir de balizas. Porém, é preciso agilidade, pois em alguns meses já pode ser tarde. Enquanto você e sua empresa ficam para trás, a concorrência, que se preparou para esse grande evento, está na crista da onda.

De acordo com Mark Zuckerberg, quando colocamos nossos óculos de realidade virtual, item essencial para uma melhor experiência no Metaverso, nos teletransportamos para um novo mundo. Zuckerberg pode ter razão ao falar sobre esses *devices*, mas uma nova tecnologia pode deixar a experiência ainda melhor. Estamos falando do rastreamento ocular, que mapeia os olhos para detectar em qual ponto da imagem digital o usuário está prestando atenção. A ideia é simular como o nosso olho age. Nosso olho foca em um ponto, deixando tudo ao redor desfocado. Assim, para essa nova tecnologia, que muito em breve os consoles de *videogame* usarão, quando um avatar observar um objeto digital, o restante do quadro não precisará ser renderizado por completo e a qualidade na imagem ficará melhor.

Anand Srivatsa, diretora-executiva da Tobii, uma das maiores fabricantes de componentes para rastreamento ocular do mundo, afirma que essa tecnologia tem dois pontos fundamentais: "A primeira é conseguir enganar seus sentidos para pensar que aquilo é real; e a segunda é ter uma interação que seja semelhante à da vida real, permitindo a imersão sem que o usuário estranhe a experiência". Assim voltamos ao ponto de que o Metaverso vai trazer para as pessoas sensações mais reais de um mundo que de fato não existe. A nossa visão é peça-chave nesse complexo tabuleiro. Se acreditarmos no que estamos vendo, a sensação de acompanhar um show no *Fortnite*, por exemplo, será completamente diferente e "verdadeira". O rastreamento ocular poderá dar mais foco no cantor, cantora ou banda em detrimento do entorno, melhorando a experiência dos seres humanos por meio de seus avatares.

Um dos maiores varejistas do mundo, o Walmart, entendeu o potencial do Metaverso e conseguiu enxergar que as criptomoedas e as NFTs são um caminho sem volta. O gigante apresentou pedidos de marca registrada ao Patent and Trademark Office dos Estados Unidos: moedas digitais e NFT, *software* de gestão de tokens, ativos digitais e *blockchain*, o que mostra que não está para brincadeira. Já dissemos, o Metaverso é para todos. Mas, evidentemente, se o Walmart entrar para vender tudo o que vende em suas lojas, isso prova que, assim como no *e-commerce*, tudo também pode ser vendido por lá. Até mesmo os itens digitais, que, graças às impressoras 3D, podem ser impressos.

Em um vídeo no YouTube, Walter Longo convida Jaime Troiano e Luiz Felipe Pondé para um debate que vale a pena trazer aqui. No vídeo, de 50 minutos, chamado *Filosofia no Metaverso*,[66] os três debatem como a sociedade poderá ser moldada de acordo com o que o Metaverso traz. Indo na direção contrária, Pondé acredita que o Metaverso não vai trazer algo novo. "Ele será uma importante ferramenta para o mercado, marcas e publicidade para gerar negócios, mas ao mesmo tempo vai trazer o melhor e o pior das pessoas, assim como as redes sociais já fazem há tanto tempo". A fala do filósofo é coerente. De fato, as redes sociais "deram espaço para os idiotas", como Umberto Ecco tão bem disse certa vez. No que Walter Longo complementa: "O problema não é dar voz aos imbecis, mas sim ouvi-los". Com a quantidade de imbecis que estamos vendo se tornando famosos graças à internet, só temos que concordar com Pondé, Ecco e Longo.

No mesmo vídeo, Troiano traz uma importante reflexão para a sociedade. Para o engenheiro químico que enveredou pela sociologia e há algumas décadas vem trabalhando com a gestão de marcas, o ser humano sempre desejou sair de onde está para ser feliz em outro lugar. "Essa (a felicidade) é uma busca que ele faz há séculos. O Metaverso é uma tecnologia que vai tornar isso possível", diz. E, para Pondé, a culpa é do tédio que iminentemente acompanha o ser humano desde antes de ele ficar ereto. "O tédio está na vida das pessoas desde sempre. O Metaverso poderá trazer uma porta para que as pessoas saiam desse tédio e possam ser quem sonham em ser", filosofa. Mas se há algo que o trio concordou é que difícil não é ir para o Metaverso, mas sair dele. Ainda que ali se viva um sonho, no presente ou no futuro, todos ainda têm (e terão) suas necessidades para fazer no mundo real, como comer, dormir, estudar, trabalhar e tomar banho. É nesse momento de saída que nos daremos conta do que é a vida longe da fantasia. Isso já é fonte de preocupação para os estudiosos do comportamento humano, e certamente demandará muita atenção desses especialistas.

A Magalu sai na frente no Metaverso

De olho no crescimento do Metaverso há algum tempo, uma das lojas virtuais que mais inovam nos últimos anos, o Magalu já possui uma iniciativa para o Metaverso, que já conta com 5,8 milhões de seguidores no Instagram. Trata-se da Lu, a personagem que começou apenas como uma imagem no *site*, mas que ao longo do anos ganhou vida própria. Por mais que as preocupações de Walter Longo, Pondé e Troiano façam sentido, as marcas precisam apostar no crescimento das interações imersivas, e as que já estão fazendo isso fatalmente terão mais credibilidade no Metaverso em alguns anos do que aquelas que vão esperar "para ver no que vai dar". Mas esse é um caminho sem volta, que movimenta hoje mais de 1 bilhão de dólares e que, segundo a Bloomberg Intelligence, poderá atingir 800 bilhões até 2024.

Hoje, a Lu faz posts de até 90 mil reais e já foi capa da *Vogue*, uma das principais revistas de moda do mundo. A Lu se apresenta como influenciadora digital 3D e criadora de conteúdo do Magazine Luiza. Esse tipo de ação mostra que o Magalu saiu na frente, mas, muito em breve, a marca comandada por Maria Luiza Trajano não será a única. Quem sai na frente acaba tendo vantagem, já dissemos. Portanto, em se mantendo assim, por alguns anos, a empresa também terá no Metaverso um dos seus grandes canais de venda. Ela sai na frente no momento em que todas as marcas ainda estão pensando em como criar um avatar, como dar uma personalidade e uma vida para sua criação digital. A Lu já tem tudo isso, e faz tempo, a ponto de ter até um perfil no Tinder, a famosa rede de relacionamentos.

A Lu, acreditamos, em breve comercializará itens para os avatares dos usuários do Metaverso, como roupas e acessórios, além de continuar como a garota-propaganda dos milhares de itens que o Magalu vende. Esses itens digitais são o diferencial do Metaverso. Quem sabe um dia ela não estará apresentando um show no universo virtual reunindo outros avatares, como os dos integrantes do *Kiss*, por exemplo, e com criações alusivas à banda sendo vendidas pelo *site* do Magalu? Essa integração entre Metaverso e *e-commerce* tem um enorme potencial de sucesso, pois potencializa as compras físicas. Poder-se-ia tranquilamente adquirir uma camiseta do show que acabamos de mencionar e a mesma peça também estar disponível digitalmente para os avatares dos milhares de fãs que acompanharam a apresentação no Metaverso escolhido para o evento.

Vamos ver muito isso: itens e produtos navegando entre os dois mundos de uma forma muito natural e quase nativa. O Metaverso vai trazer essas facilidades para o mundo do varejo, em que, quanto mais integrado o *omnichannel*, mais as marcas terão sucesso.

Inovar é preciso

Retomando conceitos trabalhados em *Jogador Número 1*, no filme aparece uma frase bastante curiosa: "Itens fazem toda a diferença no Metaverso. Quanto mais, melhor. Pessoas estão sempre em busca de itens para melhorar seus Avatares, para que esses estejam sempre em evidência". Vê-se isso no longa-metragem o tempo todo e certamente a realidade que nos espera não será muito diferente daquilo que nos foi mostrado como ficção. Quem ama cerveja e está na plataforma do *Decentraland*, por exemplo, pode desfrutar virtualmente da Heineken Silver, uma cerveja que foge ao tradicional. Ela não é fabricada com malte, lúpulo ou outros ingredientes tradicionais, mas de pixels, totalmente livre de álcool e glúten. Esse é um daqueles itens que, para os amantes da marca, faz todo o sentido e mostra que é preciso trazer experiências para as pessoas dentro do universo da marca.

Fizemos essa referência para deixar clara a importância de estar sempre inovando e oferecendo itens para que as pessoas estejam sempre buscando a sua marca. Para a Nike, de quem falaremos a seguir, pode-se dizer que é fácil, a julgar pela sua história de sucesso, em que veio a se tornar a marca mais valiosa do mundo no setor de esportes. No DNA da empresa está a constante inovação. Aliás, se você ler o livro *A marca da vitória*, escrito pelo seu fundador, Phil Knight, entenderá que a marca nasceu como fruto da ousadia e para revolucionar.

A palavra "inovação" deve ser a base de qualquer time de marketing no mundo, independentemente do tamanho da empresa. O Google, por exemplo, nasceu dentro de um quarto de faculdade e hoje, a Alphabet, holding da qual o Google faz parte, é a segunda empresa mais valiosa do mundo, perdendo apenas para a poderosa maçã criada por Steve Jobs. Ao entrar no *site* da Alphabet Inc., você vai se deparar com uma frase de Larry Page, um dos criadores do Google, que diz "Google não é uma empresa convencional. Não pretendemos nos tornar uma". E foi inovando que eles saíram do quarto da universidade para se tornar uma empresa trilionária.

O Metaverso é inovação pura. Obviamente, criar um *case* de sucesso dentro dele é mais fácil para empresas poderosas como Nike, Coca-Cola, McDonald's, Mercedes-Benz, Adidas, Gucci, Zara e D&G. Estas possuem investimento e recursos para que as suas iniciativas sejam bem-sucedidas. Entretanto, gigantes não têm a mesma agilidade dos pequenos e estão mergulhados em processos altamente burocráticos para tomadas de decisões. É isso que abre brecha para aquela *startup* de cinco pessoas em um *coworking* entrar antes e dominar alguns segmentos. Ainda assim, as grandes, quando entram no jogo, ainda que com certo atraso, abocanham boa parte da fatia do mercado. Imagine o que acontece quando estão entre os pioneiros. Vimos o caso da D&G, que até março de 2022 já tinha faturado 6 milhões de dólares com o Metaverso. É pouco para o tamanho da marca, mas a aventura no mundo imersivo só está começando para ela.

Apenas como efeito de comparação, a NBA, outra marca bilionária, está surfando na onda dos NFTs e esportes, um casamento que se mostra muito interessante. A liga de basquete profissional, que reúne times dos Estados Unidos e Canadá, desenvolveu a plataforma Top Shots, onde os fãs podem comprar a propriedade de lances das partidas. Fazendo uma referência ao mundo físico, é quase como as figuras colecionáveis que eram comercializadas antigamente. A diferença está na escassez e na possibilidade de adquirir a propriedade daquele ativo, e não apenas sua cópia. Para termos uma ideia da dimensão desse negócio, a plataforma já rendeu mais de 3 bilhões de reais em novas receitas para a NBA. Um belo negócio! Como se sabe, o basquete é pura tradição nos Estados Unidos, mas a National Basketball Association dá mostras de que é possível conciliar tradição e inovação. E é por essas e outras ações que a NBA é atualmente uma das ligas de esporte mais inovadoras do mundo.

Case: Nikeland

"A Nike já havia anunciado o lançamento de seu próprio espaço virtual no Metaverso, a Nikeland, em uma parceria com a empresa de jogos *Roblox*." Foi essa frase em uma matéria publicada no *site InfoMoney*[67] que nos chamou a atenção para esse *case*. O motivo é simples: sempre que as grandes marcas investem um bom dinheiro e esforços em algo é porque algo de muito interessante está por vir. A criação de um Metaverso dentro do *Roblox* serve para apresentar a marca para um público mais jovem, que pode vir a consumir os produtos da Nike tanto dentro quanto fora do jogo. A existência de um provador virtual, que permite ao cliente experimentar a roupa virtualmente, ou a possibilidade de uma experiência imersiva, na qual a sensação de diversão possa ser replicada por jogos de realidade virtual, serão cada vez mais frequentes e necessárias para gerar interesse e presença de marca. E a Nike, com a iniciativa que relatamos a seguir, entendeu e trouxe isso para dentro do Metaverso.

Não tenha dúvida de que alguns milhares de dólares em pesquisas foram gastos antes de tomar essa decisão, porque cada vez mais o mundo do varejo e marketing está baseado em dados. A marca não tem o objetivo de vender única e simplesmente seus produtos, mas de transformar o esporte e a diversão em um estilo de vida, afinal, "trazer inspiração e inovação para cada atleta do mundo" é como a Nike define seu propósito. Com essa estratégia a marca vai cavando seu espaço no Metaverso, sendo uma das pioneiras no setor e, sem dúvida, se tornando nesse universo paralelo um grande *player*, assim como é no mundo real.

Engana-se, e muito, quem acha que a Nike está no Metaverso para vender seu vasto portfólio aos milhares de avatares ali presentes. Ao contrário, a Nike está a fim mesmo é de se relacionar com esses avatares muito antes de vender. Com esse objetivo, a marca americana criou um espaço imersivo para conectar os *Nike fans* com o mundo dos *games*, e dessa forma oferecer aos consumidores uma experiência diferente com a marca e sua linha de produtos. O espaço digital simula os prédios e campos da empresa no mundo real. Uma novidade no espaço são as arenas para que a comunidade possa testar suas habilidades em vários jogos. A marca deve apostar nos sensores acelerômetros dos dispositivos móveis para criar uma interação entre o jogo e a vida real. Se o usuário mover o corpo e o dispositivo fisicamente, por exemplo, serão realizados também movimentos *in-game*, isto é, o movimento que seu slogan propõe – *Just do It* – atrelado ao propósito acima mencionado. Isso mostra que a Nike não veio para ser mais uma. Ela está colocando seus atributos de marca junto ao que acredita que o Metaverso pode trazer de interação, e isso deve inspirar a todos. O Metaverso é uma "segunda vida das pessoas" e assim deve ser tratado.

Segundo a marca, a Nikeland é um mundo sob medida, tendo como pano de fundo sua sede mundial e dentro do espaço 3D do *Roblox*. A ideia é transformar o esporte e a diversão em um estilo de vida que a marca traz, onde as pessoas podem acessar a área Nikeland de forma gratuita para realizar atividades exclusivas, como simulações dentro do jogo enquanto grandes eventos esportivos, como a Copa do Mundo ou o Super Bowl, acontecem. Aqui, mais uma vez, o que vale é a experiência. É a mensagem que deve ficar para o varejo: o Metaverso não é um espaço de vendas e aqueles que se inserirem nele com esse pensamento estão fadados a perder espaço rapidamente nesse ambiente. De acordo com o *site* oficial da Nike, há cinco pontos fundamentais da estratégia da marca no Metaverso em parceria com o *Roblox*, e é o que reproduzimos a seguir.[68]

Primeiro ponto:

A Nikeland é um lugar onde a competição e a criatividade são abundantes para todos na comunidade *Roblox*, onde as pessoas podem testar suas habilidades competindo em vários minijogos, como "Pega-pega", "O chão é lava" e "Queimada com os amigos". A criatividade, no entanto, é ilimitada. Com o kit de ferramentas Nikeland, os criadores podem facilmente criar seus próprios minijogos a partir de materiais esportivos interativos. Sonhe. Faça. Jogue.

Segundo ponto:

A Nikeland é aprimorada pelo movimento da vida real, incentivando os visitantes a se tornarem mais ativos. Os visitantes da Nikeland podem aproveitar os acelerômetros em seus dispositivos móveis para transferir o movimento *off-line* para o jogo *on-line*. Por exemplo, os jogadores podem mover seu dispositivo e corpo *in real life* (IRL) para realizar movimentos legais no jogo, como saltos longos ou corridas de velocidade.

Terceiro ponto:

Um *showroom* digital permite que você equipe seu avatar Nikeland com produtos especiais da Nike. Os jogadores podem jogar futebol usando a chuteira Mercurial na coloração oficial do *Roblox*. Tudo pode ser encontrado no *showroom* digital, junto com uma série de outros itens de vestuário da Nike, como ACG e Nike Pacote tecnológico.

Quarto ponto:

A Nikeland é gratuita para qualquer pessoa visitar e experimentar no *Roblox*, quebrando uma das maiores barreiras do esporte – o acesso. Na Nikeland, a criatividade sem limites do indivíduo é apoiada e alimentada. Os jogadores são recompensados com fitas azuis e medalhas de ouro por competir em pátios, construir seu pátio e explorar todo o espaço do Metaverso.

Quinto ponto:

O compromisso da Nike de inspirar movimento e inovar para o futuro das experiências esportivas continua em dezembro, quando a marca dá vida ao mundo imersivo de *Roblox* e Nikeland na Casa da Inovação (House of Innovation ou HOI na sigla em inglês) de Nova York com uma lente Snapchat especial. Essa lente permite que as pessoas que visitam o andar das crianças vejam o espaço transformado em uma versão de realidade aumentada da Nikeland, incluindo seus avatares exclusivos e jogos divertidos para brincar.

4

As marcas e o Metaverso

Os segmentos que já estão no Metaverso

Como aqui já dissemos, qualquer segmento pode estar no Metaverso. Mas um setor que vai se beneficiar muito é o educacional, não apenas a educação formal, mas a corporativa também. O Metaverso é o melhor lugar para reunir todos os colaboradores da empresa. As farmacêuticas Pfizer, Novartis e Bristol Myers Squibb já se aproveitam dessa tecnologia para oferecer treinamentos com toda a segurança em laboratórios de realidade virtual. A educação corporativa é um mercado enorme no Brasil e ajuda no engajamento dos colaboradores com a marca, afinal, conhecimento é sempre interessante e bem-vindo. A capacitação deve estar dentro dos princípios norteadores das empresas, seja ela do tamanho que for, e não deve ser fomentada apenas pelo time de Recursos Humanos.

Tecnologia ajuda pessoas e empresas a crescerem. O Metaverso chega ao mundo corporativo também para ajudar a capacitar. Por isso, empresas já estão planejando espaços nas diversas plataformas onde, em breve, participantes e instrutores estarão interagindo virtualmente. Seus avatares poderão ser ou não os mesmos usados no dia a dia.

Utilizando-se de recursos de realidade virtual e portando smartphones ou tablets, criarão um ambiente imersivo onde todos terão acesso a simulações práticas de acordo com o curso em andamento. Somos constantemente chamados para dar treinamentos em diversos temas do marketing digital para agências e empresas e acompanhamos na prática como essa área cresce dia após dia.

Dessa forma, não será nenhum absurdo vermos o(a) colaborador(a) "viajar" pelo espaço da empresa (dentro do Metaverso) e aprender sobre produtos, fazer exercícios, interagir com os clientes, treinar abordagens diferentes, compartilhar os benefícios dos produtos, apresentar soluções e recursos adicionais sem custos de deslocamento, em ambiente seguro e de forma muito realista. E, para que tudo saia bem, as empresas devem se preocupar com os adequados mecanismos de segurança, e a tecnologia de *blockchain* pode ser a resposta a essa preocupação.

Educação pessoal

Estudar é algo que todo mundo precisa. Uns gostam mais; outros, menos. Mas todos concordam que é algo fundamental para a vida e para a construção de uma carreira bem-sucedida. A pandemia mostrou que as aulas *on-line* funcionam. No começo, tudo foi muito rápido e não teve um preparo. Um dia na escola e, no outro, com as restrições de contato social, professores e alunos tiveram de se encontrar em outra sala, a virtual, com cada um em suas respectivas casas e separados por uma tela de celular, tablet, laptop ou desktop. Certamente não foi perfeito, e talvez não fosse nem com a devida preparação. De um lado, os professores enfrentavam a desconexão dos alunos e a ausência da tão importante resposta não verbal; do outro, os alunos percebiam certa falta de motivação; e para ambos, muitas vezes, a carência de espaço e equipamentos adequados eram um desafio. Com o retorno à sala física, ficaram as lições.

Antes da pandemia, já dávamos aulas *on-line* em cursos livres ou MBAs, além de nós próprios usufruirmos dessa forma de aprendizado.

Sabemos que o preparo para a aula a distância é diferente da presencial, pois exige maior poder de interatividade para prender a atenção do aluno. Quando se está remoto, no quarto ou na sala de casa, é muito mais fácil se dispersar e, sem o olhar de censura do professor, encontrar uma fuga em uma rede social.

Na aula presencial presencial usamos basicamente da mesma metodologia de décadas: professor(a) falando ou anotando algumas coisas na lousa e alunos sentados prestando atenção. Estudos demostram que 30 minutos é o tempo máximo no qual um estudante presta atenção. Algumas táticas, como dar muito exercício em sala de aula, ajudam a manter a atenção, mas não é apenas isso. Passar vídeos é um recurso antigo e os materias com mais de dez minutos já são considerados longos. A interatividade é o segredo de uma boa aula. E isso o Metaverso oferece em abundância. Mas tem o fator humano. Não adianta o professor querer replicar ali o que faz tradicionalmente na sala de aula convencional sem sucesso. Assim, só estará migrando o problema do mundo físico para o virtual.

Segundo Daniel Castanho, especialista em empresas e gestão da CNN Brasil, o Metaverso entra no mundo da educação para abalar as estruturas das escolas como as conhecemos hoje. Isso para profissionais da educação e pais de alunos soa como fascinante. E será bem-vindo, pois há algo de errado na educação no Brasil e é preciso mudar o modelo arcaico sobre o qual ela está sustentada. Não será algo fácil e rápido, mas precisa começar a acontecer. "A escola deve ganhar relevância como espaço social, afinal, somos frutos de nossas experiências e o ensino baseado em experiências facilita o processo de aprendizado. Aprender deixará de ser sobre memorizar e passará a ser sobre viver experiências relacionadas ao assunto", afirma Castanho.[69]

Acreditamos muito na educação como poder de mudança do mundo, e estamos muito inseridos nesse universo, tanto na condição de professores quanto na de alunos. Entendemos que o Metaverso pode realmente ser usado em todo seu potencial para contribuir nesse processo de melhoria de que tanto precisamos. Por ser digital e imersivo, por si só, já prenderá a atenção dos alunos. O Metaverso será o que quisermos fazer dele. Partindo deste princípio, ele pode muito bem ser uma fonte de conhecimento atraente e divertida. Imaginem uma aula de história dentro de uma arena digital. Geografia? Ciências? Imagine o que você quiser, pois a fronteira do Metaverso é a imaginação de cada um.

Os docentes mais bem preparados para atuar nesse universo poderão explorar ainda mais seus recursos, criando salas imersivas por temas. No caso de um curso universitário, pode-se estabelecer salas para debater meios de pagamento para *e-commerce*, a depender da especialidade. apresentando casos de sucesso, entrevistas gravadas com CEOs sobre o tema, um bate-papo com o avatar de uma diretora de comércio eletrônico de uma famosa marca ao vivo ou uma animação mostrando como escolher o melhor meio de pagamento. Enfim, a criatividade é livre e será colocada à prova no Metaverso, que é o caminho que pode nos levar em definitivo para longe do presente arcaísmo, quando os assuntos são método de ensino e educação.

Marketing de influência

Não há dúvida de que esse mercado tem tudo para crescer dentro do Metaverso. Já vimos alguns *cases* de profissionais que estão trazendo todo o seu poder de influência para o dia a dia das pessoas dentro do Metaverso. Outros nem são de carne e osso, como a Lu, do Magalu, e Shudu Gram, a modelo de mídia social cuja paternidade e maternidade pertencem ao fotógrafo britânico Cameron-James Wilson, depois de aprender modelagem 3D sozinho, usando recursos *on-line* e vídeos do YouTube. Ambas estão prontas para o Metaverso, que, por sua vez, abre um leque de possibilidades infinitas para gerar relacionamento e consumo, com clientes reais no papel de avatares.

O marketing de influência movimenta milhões de reais diariamente na publicidade, e isso falando apenas do Brasil. Personalidades como Maísa, Larissa Manoela, Danilo Gentili, Tatá Werneck, Anitta estão entre as celebridades com o maior número de seguidores no Brasil. O que esse pessoal fala para milhões de pessoas se torna lei. Trocando em miúdos, se a Larissa Manoela, em seu Instagram, disser para seus mais de 44 milhões de seguidores que comer no Bob's é mais gostoso do que no McDonald's, por mais que a maioria saiba que ela está sendo paga para dizer isso, o Bob's verá um aumento de tráfego bem considerável em suas várias lojas espalhadas pelo Brasil.

Cristiano Ronaldo, um craque no campo e nas redes sociais, tem mais de 421 milhões de seguidores no Instagram e matérias afirmam que ele ganha mais dinheiro com *posts* do que com seu milionário salário de jogador de futebol. Em 2021, ele faturou 450 milhões de dólares só com seus *posts*, cobrando cerca de 1,6 milhão de dólares por cada uma de suas postagens, conforme o ranking Instagram Richlist, feito pela plataforma Hopper HQ, especializada na análise de mídia. Clear Men, xampu masculino da multinacional Unilever, é uma das marcas que exploram o Instagram do craque português, uma vez que ele é seu garoto-propaganda desde 2009. Além disso, CR7 tem um contrato vitalício com a Nike, assinado em 2016, que lhe garante mais 20 milhões de dólares anualmente.

Usamos os exemplos acima para mostrar o poder do marketing de influência. Hoje, muitas empresas e agências buscam de megainfluenciadores a microinfluenciadores para divulgar seus produtos. O mercado de moda começou, em 2010, a usar as blogueiras para isso. Estas cresceram para além dos blogs, passando a usar o YouTube e depois o Instagram para ampliar seus canais e gerar conteúdo, ampliando sua base de fiéis clientes. Agora, por uma questão de sobrevivência, chegou a vez de saltar de corpo e alma no Metaverso. E alguns já saíram na frente. É o caso de Lucas Rangel, influencer com mais de 10 milhões de inscritos no YouTube e aproximadamente 20 milhões no Instagram, que criou Luks (@eusouluks), sua personificação dentro do ambiente virtual. Segundo ele, foi preciso um investimento de 240 mil reais para dar vida ao seu avatar. Outra é a paulistana Nyvi Estephan – eleita a melhor apresentadora de *e-sports* da América Latina e a terceira melhor do mundo –, que também já tem sua alter-ego virtual, Nalla (@nalla.estephan).

O Metaverso proporciona uma experiência imersiva de conteúdo, que tem a capacidade de impactar muitas pessoas ao mesmo tempo, criando desejo de consumo *on-line* ou físico, vínculo emocional e, em alguns casos, sensações físicas. Os influenciadores deverão movimentar a vida das pessoas no real e no virtual, se tornando uma ponte segura entre os dois mundos, por onde transitarão consumidores e marcas. "O consumidor figital pede muito mais interação e determina como quer se relacionar com o produto. Para ele, o conteúdo é importante e quanto mais experiências imersivas viver, maior será o vínculo emocional com a marca e o interesse de compra. Sua busca por agilidade exige maior personalização nos canais de vendas", explica Vanessa Costa, gerente executiva de Marketing da NWB, a maior rede digital de esportes do Brasil. Segundo Vanessa, esse novo consumidor está em todos os lugares, em todas as redes sociais, e a marca precisa acompanhá-lo nesta rotina.[70] Abaixo reproduziremos as cinco tendências no marketing de influência que a revista digital *Consumidor Moderno* apresentou a seus leitores, em texto assinado por Miriam Bollini.[71]

1. A performance será analisada com uma lupa

Embora se saiba que muitas marcas têm um orçamento alocado para a ativação de influenciadores, veremos uma maior exigência em relação aos resultados individuais dos influenciadores, qualquer que seja o objetivo. "Algo que notamos com alguns de nossos clientes é que eles são cada vez mais críticos em relação às métricas e aos resultados entregues. Por isso esperamos que métricas, como o alcance potencial, tornem-se obsoletas e o foco se volte para o engajamento ou o alcance verdadeiro", conta Maricarmen Alcocer, gerente de Influencer Marketing na agência de comunicação Another.

2. Nano e microinfluenciadores ganharão mais relevância

Os perfis de nicho, como os microinfluenciadores, estão se tornando mais atraentes para as marcas devido às comunidades que eles influenciam, à criatividade de seu conteúdo e aos baixos custos de ativação. Além disso, os nanoinfluenciadores (perfis com mil a 10 mil seguidores) também têm chamado a atenção por seu conteúdo, que reflete experiências autênticas e reais, o que geralmente se traduz em seguidores que confiam em tudo o que esses influenciadores publicam. Segundo Isis Mendoza, gerente de Influencer Marketing na Another, além da autenticidade do conteúdo, certas atualizações, como o desaparecimento do "arrasta para cima" (substituído pela "figurinha de link"), deram a estes perfis ferramentas valiosas para conduzir o tráfego para outros *sites* fora da rede social.

3. Regras claras para todos

O setor caminha para a sua profissionalização. Já temos os casos da Federal Trade Commission (FTC), nos Estados Unidos, da Advertising Standards Authority (ASA), no Reino Unido, e da *Ley General de la Publicidad*, na Espanha. Quanto à América Latina, ainda tem muito a aprender e regular quando se trata de influenciadores. Embora nos últimos anos o uso de *hashtags* como #AD e #Publi tenha se tornado mais prevalente em alguns países, ainda não há regras claras para os influenciadores. A previsão é que estes profissionais serão muito mais transparentes e levarão a consumidores informados, muito provavelmente acompanhados por políticas ou leis ditadas por cada país.

4. *Lives* e *social commerce*

As *lives* estão se tornando rotina nas redes sociais. Existe uma demanda crescente por estas transmissões ao vivo, que seguirão com muito mais força e acompanhadas de características de *social commerce* para garantir as vendas dos produtos. O *live streaming e-commerce* é um recurso já incorporado em muitas redes sociais, como o TikTok e Instagram, que permite às marcas adicionarem links de compras em vídeos ao vivo para que o público possa comprar sem sair do aplicativo. Embora esta tendência, que é vista como a evolução dos infomerciais, esteja em uma etapa inicial na América Latina, sem dúvida o *live commerce* ou *live shopping* tende a se fortalecer, ajudando a impulsionar a decisão de compra.

5. NFTs, Metaverso e influenciadores digitais já não são ficção científica

Desde que a nova onda de realidade virtual foi revelada, termos como Metaverso e inteligência artificial têm atraído a atenção e se integrado em estratégias de influenciadores. Espera-se um grande número de campanhas neste mundo virtual e uma maior demanda e inovação entre os criadores, pois agora eles já não competem mais só entre si. Eles também terão de competir com os influenciadores virtuais, que, embora já estejam ativos em várias redes sociais, dominarão o futuro do Metaverso, de acordo com as tendências observadas.

Fonte: Consumidor Moderno.

Mercado imobiliário no Metaverso

Já vimos na entrevista de Gustavo Zanotto como esse mercado está crescendo, assim como em outros capítulos trouxemos *cases* de pessoas que já estão investindo em terrenos do Metaverso pensando até em grandes lucros no futuro. O Metaverso será um novo espaço de vendas e relacionamento das imobiliárias com seus clientes e com uma vantagem: uma pessoa de Tóquio poderá comprar um terreno em Belo Horizonte a partir de uma imobiliária da cidade mineira.

Investidores estão sempre de olho em grandes oportunidades e o mercado imobiliário sempre foi um investimento considerado bom pela expectativa de valorização do produto, segurança e estabilidade. Mais de 80% dos clientes da construtora paulistana Vitacon são investidores, que compram o imóvel e deixam para que a Housi, empresa da Vitacon, possa alugar por um dia, uma semana, um mês ou qualquer que seja o período que o inquilino desejar. Essa forma de negócio abre uma enorme concorrência para os hotéis, uma vez que uma pessoa de Salvador pode vir a São Paulo para um evento de dois dias e, em vez de ficar em um Ibis, alugar um apartamento da Housi. Usamos esse exemplo só para ilustrar como é o pensamento do investidor. Pessoas com esse perfil podem comprar um terreno mesmo que a quilômetros de distância, no plano físico ou no virtual. Um caso bem-sucedido foi a venda, em maio de 2022, de terrenos no Metaverso do *Bored Ape* (Macaco Entediado), que resultou na comercialização de 55 mil lotes virtuais no Otherside (extensão da franquia) e arrecação de 320 milhões de dólares. Segundo reportagem publicada no jornal *O Globo*, a procura foi tão grande que levou inclusive a um "mini crash" na plataforma de *blockchain* Ethereum, responsável por certificar as transações.[72]

Para a corretora financeira The Motley Fool, *Decentraland* e *Sandbox* estão abocanhando a maior parte dos investimentos em imóveis digitais no momento, deixando para trás outras concorrentes, como Crypto-Voxels e Somnium Space. Em cada uma delas, o território é limitado a um número predeterminado de lotes, que varia de acordo com cada plataforma. Essa delimitação é a peça-chave na atração dos investidores. Os mais atentos já estão chegando e reservando os melhores lugares. Se a demanda se mantiver, poderá haver um fenômeno inusitado para um mundo virtual, que seria a escassez de terrenos disponíveis. Quando isso acontecer, e pode acreditar que muitos estão apostando nisso, em função de uma lei básica da economia, os preços atingirão níveis surreais.

Os corretores de imóveis desses novos tempos precisam ter treinamento apropriado, inclusive domínio do uso de *blockchain*. Com a entrada de bancos no Metaverso, como já vimos aqui, até a possibilidade de financiamento será uma realidade, o que vai ampliar ainda mais o potencial do mercado imobiliário nesse universo. Há ainda a possibilidade de as construtoras criarem unidades de negócios apenas para atender à demanda de construções digitais, com arquitetos especialistas apenas nesse tipo de criação, algo que o Metaverso do *Minecraft* já traz há muito tempo e com grande sucesso. Serão os "arquitetos do Metaverso", que, provavelmente, terão de saber mais de programação do que os seus pares do mundo real.

Enquanto esse dia não chega, tokens (NFTs) já foram usados como garantia de crédito para a compra de imóveis no Brasil, o que vai dar agilidade ao mercado. A novidade cria um novo uso para os imóveis tokenizados ao gerar liquidez aos ativos, em um processo rápido e fácil. Além disso, adiciona a facilidade na avaliação, gestão e eventual liquidação do ativo, ao proporcionar benefícios significativos em relação a financiamentos imobiliários tradicionais. Um processo de aprovação de crédito ou venda, que hoje pode demorar dias, com essa iniciativa pode ser feito em minutos. A necessidade de desburocratização, transparência nas transações e busca por soluções inovadoras costuma se refletir nessa área antes de se propagar pelo restante da sociedade.

Nesse universo, é possível desenvolver desde peças publicitárias até *showrooms* de projetos imobiliários. Portanto decoradores de Metaverso também ganharão espaço com a consolidação do conceitos de mundos imersivos. Em breve, será criado no virtual o mercado de venda de casas, apartamentos, terrenos e qualquer outro imóvel dentro das diversas plataformas. Mas como esse universo vai ajudar a vender no mundo real? Afinal, as pessoas, por mais que estejam inseridas em um processo de virtualização da vida por quase 24 horas por dia, ainda assim precisarão de um lugar físico para morar, já que, a depender da atividade e do sucesso de projetos como o da Microsoft, o trabalho ficará 100% no Metaverso.

É cedo para afirmar que isso vai ocorrer, mas o que temos observado é que esse dia pode chegar. Costuma-se dizer que, às vezes, a vida imita a arte. No filme *Jogador Número 1*, que de fato mexeu muito com a nossa imaginação, essa ideia de que ficaremos em casa, com um óculos de realidade virtual o tempo todo, trabalhando, consumindo conteúdo, estudando, assistindo a vídeos e até nos relacionando, faz parte da rotina. Por enquanto, o que vimos até aqui foi os meios digitais sendo um terreno fértil para as relações humanas, como já ocorre desde a época das salas de bate-papo dos antigos portais e só se intensificou com as redes sociais.

E não podemos jamais esquecer que o impacto também se deu nas relações comerciais, e o segmento imobiliário soube aproveitar bem, desde que, em 1995, a Roque & Seabra se tornou a primeira imobiliária do Brasil na internet. Agora os tempos são outros. O Quinto Andar, uma das grandes empresas de venda e aluguel de imóveis pela Internet, já oferece visita 360° do imóvel há algum tempo. A Tecnisa dá a possibilidade de as pessoas terem uma ideia da vista do apartamento com o uso de drones, que tiram fotos das futuras janelas e cômodos de imóveis que ainda nem existem. Isso já é uma experiência imersiva. Dá para imaginar como no Metaverso isso poderá ser aperfeiçoado? As possibilidades são inúmeras. Se a cidade de São Paulo, por exemplo, tiver uma versão em uma plataforma de Metaverso já existente, ou outra que seja criada apenas para essa metrópole, é possível usar isso para vender o apartamento mostrando tudo o que se tem próximo a partir de visitas virtuais. Hoje o Google Maps ajuda muito. Mas a experiência imersiva do Metaverso é algo que está muito além.

Os compradores poderão também visitar estandes de vendas, imóveis e condomínios, com uma experiência realista, sem sair de casa. Corretores de imóveis, por exemplo, poderão atender seus clientes em salas especiais, com a presença virtual do comprador. Todos poderão usar seus smartphones não apenas para conversar, mas para fazer vídeos que podem ser reproduzidos no estande de vendas digital, que está dentro do Metaverso oferecendo imóveis para avatares. O detalhe é que esses cibercorpos são comandados por pessoas de verdade, lembra?

Outro avanço que o Metaverso trará para o setor imobiliário é a digitalização de imóveis reais para a tecnologia NFT com registro dentro da blockchain. Isso começa a virar realidade no Brasil. Iniciativas bem-sucedidas e já consolidadas em São Paulo e no Rio Grande do Sul demonstram que a tokenização do setor abrirá um vasto campo a ser explorado por investidores e incorporadoras. Tokenizar um imóvel significa transformar sua escritura em um código criptografado único e não fungível, emitido e gravado em arquivo digital praticamente inviolável: a *blockchain* ou tecnologia de cifragem progressiva. Esse movimento gera mais agilidade nos processos de compra e venda de criptoativos, trazendo mais segurança aos envolvidos e descentralizando o acesso.

Para Ariel Frankel, CEO da Vitacon, a tokenização dos imóveis vai permitir mais acesso, agilidade e transparência ao processo imobiliário. "É o futuro do setor e vemos isso como um caminho que ainda vai florescer bastante", aposta. Sua empresa também está aderindo à inovação com o edifício ON Jardins by Housi, em fase de lançamento neste momento em que concluímos o livro. No modelo da incorporadora, uma parcela dos apartamentos receberá tokens. Na quitação do imóvel, o comprador terá direito a usar o NFT para abrir uma carteira digital em que receberá um *cashback* proveniente do aluguel da loja localizada no térreo do prédio. O recurso será usado para abater parte do valor do empreendimento.

"Foi uma forma de atrair os investidores para algo ainda novo. Mais do que surfar na onda de tokenização, queremos contribuir para educar o mercado sobre esse tipo de negócio", explica Frankel.[73] Já Hugo Pierre, CEO da Growth Tech, *startup* focada em soluções para o mercado imobiliário, aponta a liquidez dos criptoativos como o primeiro grande benefício da tokenização. "A população de ofertantes passa a ser muito maior, interagindo mais com o imóvel virtualmente", avalia. A segunda vantagem seria, na opinião de Pierre, a facilidade de fracionar os ativos. "Do ponto de vista burocrático, é bem mais complexo você vender um imóvel para diversos proprietários no ambiente real do que no digital. Com alguns cliques, isso é resolvido", afirma.[74]

Construindo marcas fortes nessa nova realidade

Um ensinamento trazido pela internet é que, quando se trata de tecnologia, ficar sentado esperando ver o que vai ocorrer com o mercado pode significar uma grande armadilha. Marcas morrem durante esse processo de espera. Falar de Kodak, Nokia, Blackberry, Yahoo!, Motorola, Blockbuster, Xerox aqui seria uma perda de tempo. Talvez você nem se lembre delas e terá de ir ao Google para pesquisar. Mas dizer a alguém na década de 1990 que esses ícones de uma era seriam engolidos pela concorrência e perderiam os holofotes soaria como loucura. Hoje, elas até tentam voltar a ser o que um dia foram, mas dificilmente vão conseguir.

O Mappin, uma das maiores marcas do Brasil na década de 1980, por problemas de gestão, morreu. Recentemente, via *e-commerce*, tentou-se ressuscitar a marca. A loja virtual está *on-line*, mas, sinceramente, não conhecemos nenhuma pessoa que tenha comprado ali. O Mappin tinha um nome gigante, mas se perdeu no tempo, deixou a Internet de lado e não soube aproveitar o momento. Ao menos esse é o nosso entendimento. Encerrou suas operações em 1999, coincidentemente, mesmo ano que nasceu o Submarino, uma das pioneiras do comércio eletrônico no Brasil. Agora tentam resgatar a loja de departamentos no meio digital. Será quase impossível ela desbancar outras que nasceram 100% com esse DNA, e abocanharam a fatia de mercado que o antigo símbolo do glamour paulistano deixou. História similar é a da Mesbla, fundada em 1912 como filial de uma empresa francesa, mas que igualmente não conseguiu chegar ao século XXI. Sua falência foi decretada no mesmo fatídico ano de 1999. Entretanto, em maio de 2022, foi anunciado seu retorno como marketplace e com vendas *on-line*, portanto sem lojas físicas.[75]

No livro *Planejamento de marcas no ambiente digital*, Felipe Morais traça uma metodologia usada com muito sucesso pela FM CONSULTORIA em empresas como Chiesi Farmacêutica, Vitacon, Officer Distribuidora, Global Data Bank, Apostal, Kstack, Amíssima Modas, entre outras. É baseada nos 5Ps de Branding, que têm como objetivo construir, posicionar e fortalecer as marcas no ambiente digital. Trazemos esses princípios também para esta obra para que você entenda como construir uma marca de sucesso nesse novo universo paralelo. Os 5Ps dizem respeito aos seguintes pilares: Propósito, Promessa, Percepção, Posicionamento e Público. Não tem a menor pretensão de ser algo similar aos 4Ps de Kotler. Trata-se apenas de uma coincidência, já que o americano fala de Praça, Produto, Preço e Promoção. Isso estando claro, partiremos para a metodologia.

Existem quatro passos para chegar à metodologia, que denominamos de:

Razão da marca: imersão feita dentro da empresa, do C-Level ao estagiário, conversando com todos os departamentos, pessoas e áreas possíveis, sem pensar muito em nível de hierarquia. Com os altos executivos usamos um *brief* diferente, mais detalhado; para os demais níveis e áreas, fazemos uma lista de perguntas, de oito a 12, dependendo de uma série de fatores, para basicamente achar a essência da empresa.

Voz das ruas: imersão com perfis de clientes, seja de forma presencial (em uma loja, por exemplo), seja por entrevista virtual (via Meet, Teams,

Zoom) ou mesmo por canais digitais. Normalmente, o *e-mail* é o canal que mais gera resultados, mas não descartamos enquetes em redes sociais ou banner nos *sites* que levem para um formulário *on-line*. Normalmente usamos o Google Formulário. Pesquisamos basicamente seis tipos de perfis de público:

- Consumidores: consomem com frequência
- Consumidores esporádicos: consomem de vez enquanto.
- Amantes: apaixonados pela marca.
- Ex-consumidores: por algum motivo deixaram de ser consumidores.
- Detestam: a marca, produto ou serviço, que não consomem de jeito nenhum.
- Potenciais: isso é mais para empresas B2B. São aqueles perfis que estão com o contrato na mão e por algum motivo não assinaram.

A essa altura, já avaliamos diversos pontos. Ao todo, a metodologia analisa 60 posições da marca para chegar aos 5Ps de Branding, que veremos a seguir. Entretanto essas fases 1 e 2 servem para determinar os caminhos a seguir com mais precisão. Elas geram os melhores *insights* para o time de pesquisa da **FM CONSULTORIA**, uma vez que, em alguns casos, contratamos pessoas para nos ajudar.

Tendo em mãos os *insights*, e depois de ter validado com o cliente ambas as fases, partimos para a 3ª fase, que vai dar o direcionamento da marca no ambiente digital. Aqui nessas fases, já descobrimos quatro dos 5Ps. É onde cavamos o Propósito, entendemos qual a Percepção das pessoas, definimos com clareza qual a Promessa de marca e – estudando de dentro para fora e pesquisando diversos perfis – entendemos quem é o Público. A soma de tudo isso nos ajuda a chegar no quinto P:

Posicionamento: nesse momento vamos não apenas criar uma frase para ser usada como slogan, mas também criar um pensamento que vai direcionar toda a comunicação da marca: um conceito, um resumo da empresa ou uma forma de as pessoas enxergarem a marca da mesma forma que a marca quer ser enxergada. Jeff Bezos diz que "marcas são aquilo que as pessoas falam da sua empresa quando você sai da sala". É uma frase brilhante, adaptada de um velho conceito de *branding* que diz: "Marcas não são o que as empresas dizem, mas o que os consumidores acham que são". Se um consumidor considera a Montblanc apenas uma caneta cara, de nada adianta vir com todo o glamour da marca. Ela será tão somente uma caneta cara, mesmo que a pessoa em questão tenha ciência de que aquele é um item de luxo.

Com isso em mãos e aprovado pelo cliente, está na hora de colocar em prática, ou seja, como é que as campanhas – seja *on-line* ou *off-line*, seja no Instagram ou no Metaverso – vão se comportar a partir desse momento. Chegamos ao 4º passo da metodologia, quando a campanha é criada, e que denominamos como:

Construção da mensagem: passo a passo como será a comunicação da marca, com mais foco no ambiente digital, que é a expertise da FM CONSULTORIA. Mas os caminhos aqui definidos podem ser usados em um comercial de TV, um anúncio de revista ou mesmo um panfleto a ser distribuído em uma feira da qual a empresa vai participar.

Nesse ponto, é onde a metodologia se alinha com um importante conceito do *branding*: *storytelling*. Toda marca está contando uma história. Se não estiver, ela está fazendo algo muito errado. Por isso esse recurso é tão valioso para uma marca ter sucesso. Interrompa por cinco minutos esta leitura, pegue um papel e caneta, anote cinco marcas que vêm à sua cabeça, qualquer uma, pouco importa o tamanho, origem ou o que vende. Agora acesse as redes sociais e o *site* delas. Perceba se elas estão contando uma história ou estão apenas implorando para que você compre seus produtos ou serviços. Um fato você vai reparar: das marcas que você elegeu, as mais valiosas estão contando uma história.

Em abril de 2022, um evento chamado Gramado Summit, na cidade gaúcha de Gramado, trouxe à tona o debate de *storytelling* no Metaverso. Em uma palestra, Luiz Telles, diretor nacional de Storytelling e

Inovação da Artplan e cofundador do A-LAB, começou o evento revelando que "marcas como Nike, Adidas, Renner, Itaú, Ralph Lauren e Stella Artois já cravaram experimentações e têm levado outras empresas de diferentes segmentos a se movimentarem". Fica aqui mais uma chamada para que você se movimente rápido. Não apenas porque nos leu, mas porque este livro fez sentido para você e a ajudou a ampliar o seu conhecimento. E conhecimento não compartilhado, que fica apenas dentro do nosso cérebro, não adianta para nada. Em razão disso decidimos escrever este livro.

No evento de Gramado, Telles apontou cinco pontos que precisam ser analisados por criadores de conteúdo que desejam propor experiências narrativas dentro do conceito de Metaverso. Esse material foi compilado pelo *site* Metrópoles,[76] que cobriu o evento, e o reproduzimos abaixo:

1) Metaverso não tem borda

Ao contrário de plataformas como TV, cinema, smartphones ou computadores, que possuem *frames* e áreas delimitadas e controladas de atuação, no Metaverso as narrativas devem ser pensadas para todo o ambiente. Não é possível saber onde começa e termina uma interação, pois as pessoas podem caminhar e olhar para diferentes locais.

2) O Metaverso não é linear

As histórias se sobrepõem em tempo e espaço. Ao contrário do cinema, por exemplo, em que os roteiros conseguem controlar as histórias de forma linear, no Metaverso as narrativas não devem ser contínuas – com início, meio e fim –, pois podem se desenrolar em diferentes lugares, independentemente do momento, muito parecido com o que ocorre nos *games*.

3) Metaverso é interativo

As histórias só são possíveis de serem vivenciadas com a participação das pessoas. Tudo deve ser pensado para estimular a ação de quem experimenta os ambientes.

4) Metaverso traz liberdade

Neste novo ambiente, são as pessoas que decidem qual caminho a ser trilhado. Em razão disso, o som passa a ser um recurso narrativo crítico, com importante função nas histórias.

5) Metaverso é um mundo de histórias

Mais do que criar uma história, é importante criar um mundo de histórias. Neste novo ambiente, o conceito de *Storyworld*, que impacta a audiência com um universo de coisas que acontecem repletas de significados, ganha ainda mais força.

Fonte: Luiz Telles em Metrópoles.

Contar histórias é algo que, por anos, as marcas farão. É um recurso que cria um elo importante entre elas e o consumidor, uma conexão emocional que é o que sempre buscam. Por esse motivo trouxemos esses pontos de Telles, para inspirar você a construir a sua marca no ambiente digital, tendo o *storytelling*, termo que qualquer estrategista precisa estudar muito, como base para isso.

Como chegar aos 5Ps?

Abaixo você vai ver uma figura que usamos nas apresentações para os nossos clientes, em que colocamos em círculos cada um dos pontos

Figura 4.1 – Composição dos 5Ps de branding

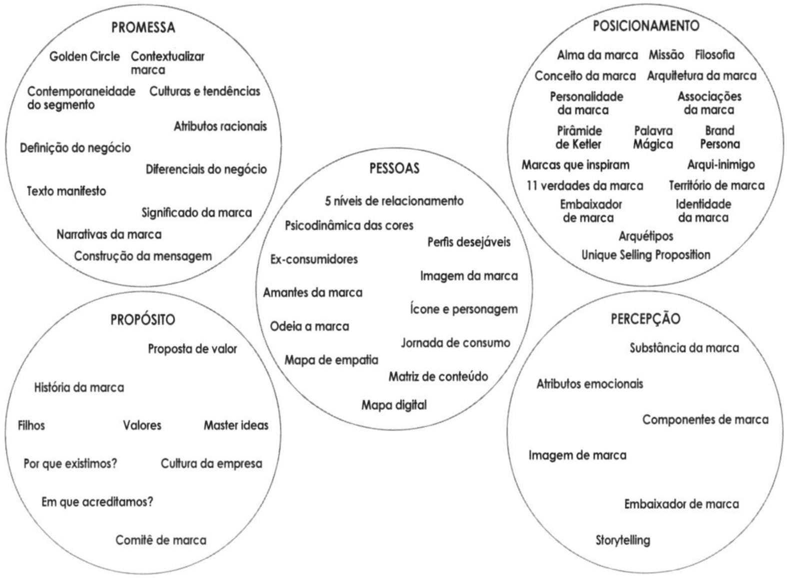

Fonte: ???

avaliados. Isso significa que, para construir cada um dos 5Ps, avaliamos pontos, que se somados, passam de 60, para trazer com exatidão o que a marca deverá ser a partir desse momento.

Percebam que, por exemplo, para definirmos uma frase que será a Promessa de marca, criamos o *Golden Circle* dela, definimos o negócio da empresa, pensamos no texto manifesto (esse feito na etapa de Construção da Mensagem) e entendemos o que a marca significa, seus atributos racionais, a cultura e o contexto da organização. Quando vamos para as pesquisas – e não apenas Razão da Marca e Voz das Ruas, mas pesquisas de concorrência, tendência e mercado –, entendemos a fundo todo o ecossistema da empresa para propor uma frase de Promessa que faça sentido para a marca e essa possa criar a conexão emocional com as pessoas. Afinal, todos sabemos que promessa é dívida e cria uma conexão emocional. Portanto, a Promessa precisa ser algo que foge ao básico. A Mercedes-Benz, por exemplo, promete ao consumidor luxo e sofisticação. Para isso, pagam-se 250 mil reais em um carro da marca alemã. Luxo e sofisticação é o mínimo que se espera neste caso, não podendo ser a Promessa. Quando a Promessa é simples e básica, a conexão com as pessoas não ocorre e perde-se todo o encanto. Em função disso, a Mercedes-Benz deve prometer algo que surpreenda o consumidor como marca.

De uma forma resumida, apresentamos aqui o conceito dos 5Ps de Branding. Para aprofundar neste assunto, aconselhamos a leitura do livro *Planejamento de marcas no ambiente digital*, de Felipe Morais. Essa metodologia não é a única focada em *branding*, mas certamente pode te ajudar a construir uma marca forte no Metaverso.

Ser uma marca forte em um ambiente não necessariamente o fará ser em outro. As Casas Bahia há décadas são a loja de varejo *off-line* que mais vende no Brasil. Mas ela também é uma daquelas empresas que esperou muito tempo para entrar no *e-commerce*. Com isso, perdeu rapidamente mercado para Magalu, Submarino, Ponto Frio, Extra e Americanas. As Casas Bahia deveriam ser a loja *on-line* com maior faturamento, todavia perdeu tempo e muitos bilhões de reais para as concorrentes. O Mercado

Livre nunca teve uma loja física, mas é a plataforma que mais vende produtos no Brasil, superando todas as citadas acima. Portanto, entenda que entrar no Metaverso é também um trabalho de reposicionar e fortalecer a marca dentro desse novo universo, que está começando quase do zero, pois no Metaverso o jogo é outro.

Use os 5Ps, por mais que a sua marca esteja consolidada. Um dos conceitos-chave de *branding* é que as marcas estão em construção desde o seu primeiro dia e esse processo só é interrompido quando morrem. Coca-Cola, Mercedes, IBM, nomes centenários, estão nesse exato momento construindo a sua história; o Orkut, em 2013, parou de fazê-lo. Posicionar a marca é outro ponto que precisa ser diário. "Just do It" não é uma frase que foi criada e colada na parede. A todo momento, as campanhas da Nike reforçam o que o mercado avalia como o mais brilhante posicionamento de marca da história da propaganda mundial. Ele não só posiciona como desafia as pessoas a fazerem algo a mais na vida delas.

Portanto, os 5Ps podem, sim, ser usados para posicionar e fortalecer a sua marca no Metaverso. Sempre que estivermos diante de um projeto para o Metaverso, fatalmente começaremos pelos 5Ps. Esse é o nosso suporte, aquilo que vem antes que qualquer ideia possa ser colocada em prática. Devemos sempre começar entendendo a empresa, pois não se constrói nada grande sem saber exatamente o que a organização é ou representa para seus clientes. Então, para construir uma marca forte, a dica é começar por entender a empresa como um todo. Não estamos falando de apenas analisar por uma hora o *site* e as redes sociais e achar que já se sabe tudo. É preciso aprofundar a pesquisa, como apresentamos em Razão da Marca, e depois, em Voz das Ruas. Feito isso, tem alguns passos a serem dados para a construção da marca no Metaverso, mas ela ainda não está pronta.

O posicionamento da marca no Metaverso é fundamental para o sucesso. É claro que é preciso seguir a linha da marca nos outros canais, mas é também necessário criar algo focado nesse universo paralelo. Parece confuso, mas não é. Quando a Nike vem com o "Apenas faça" (tradução literal de "Just do It") ela quer que as pessoas se movimentem, façam exercícios e tenham uma vida mais saudável. Mas como fazer tudo isso em um ambiente em que as pessoas não se movimentam fisicamente? O desafio está aí, em trazer um posicionamento para a Nike que não fuja daquilo que diz seu clássico slogan, mas que tenha relação com a plataforma.

Quando a Mercedes-Benz promove seu "The best or nothing" (o melhor ou nada), ela precisa que seus carros e itens no Metaverso sejam os melhores. Ela promove isso em seu posicionamento de marca, não? Então, para o Metaverso, o desafio da marca é trazer esse conceito para tudo o que ela oferece como experiência nas plataformas. A CLA 180 no Metaverso, por exemplo, tem de ser tão boa, ou até melhor, que o mesmo carro na vida real. Assim é que precisa ser para que o posicionamento da marca no Metaverso não seja diferente do seu posicionamento no mundo real.

Feito tudo isso, é preciso começar. A sua marca, seja ela qual for, não será construída de forma coerente e que fortaleça a sua empresa sem que ações sejam feitas. É preciso estar sempre de olho em como as pessoas estão no Metaverso. Ao longo do livro, reforçamos muito como as marcas precisam se posicionar. Itens, como já destacamos, são essenciais para que gerem um relacionamento e uma experiência que façam com que as pessoas se interessem pela marca e se sintam estimuladas a voltar ao espaço.

Construir uma marca forte no Metaverso passa pela empresa entender o momento. A Dolce & Gabbana, por exemplo, vendeu em outubro de 2021 cerca de 6 milhões de reais em itens da Collezione Genesi no Metaverso. Foram nove peças de NFTs, que foram comercializadas em um leilão. Ainda assim, lembramos que os itens, que hoje são essenciais, podem não ser amanhã. E o que será? Não temos essa resposta, mas estaremos sempre de olho para tê-las. É isso que as marcas mais fortes em qualquer ambiente fazem: estão sempre de olho nos movimentos e mudando seus rumos para engajar e conquistar cada vez mais fãs. Isso será menos difícil, uma vez que o Metaverso é um bom lugar para pesquisas e coleta de dados, tão ou mais forte do que as redes sociais. Basta que as empresas usem essas informações a seu favor, algo em que o big data pode ajudar. Para isso é preciso que as informações não sejam apenas recolhidas, mas tratadas e, principalmente, monetizadas. Significa dizer que tudo o que for coletado no Metaverso deve ser revertido em benefícios para a marca. Quando falamos de benefícios estamos falando de engajamento, relacionamento, negócios, compartilhamento, indicação e vendas. Foque nisso, pois marketing não é apenas vendas!

A publicidade com um novo olhar

A TV ainda é a rainha da propaganda. É o aparelho que mais atinge a massa, que está presente em quase todas as casas. É onde a Rede Globo ainda domina, e isso não deve mudar tão cedo. Mas é preciso se reinventar, e urgentemente. Segundo estudos do Google, a comunicação 360° é a que funciona melhor, isto é, o uso da Internet, rádio, TV, jornal, mídia exterior, revistas e até panfletos. O consumidor está em diversos locais e momentos e, por mais que o brasileiro seja apaixonado pela internet e passe muito tempo na rede, ele não está apenas lá. Na hora da sua novela, do seu futebol ou do *reality show* é a TV que ele procura, apesar de outro estudo do Google mostrar que a TV deixou de ser a primeira tela há algum tempo.

A fragmentação da mídia, algo que a internet trouxe, fez com que a atenção das pessoas ficasse da mesma forma. Atualmente, somos bombardeados por mais de 5 mil mensagens publicitárias por dia. Como prestar atenção em todas? Impossível! As marcas precisam ter mais apelo emocional e criar mais essas conexões com os consumidores. Só assim para que eles prestem mais atenção nelas. Mas, apenas reforçando, a cada dia está mais complicado.

Nas décadas de 1970 e 1980, chamadas de "décadas de ouro da propaganda", era a criatividade que mandava. Foi nessa época que as peças mais memoráveis da história da publicidade brasileira nasceram, por exemplo, Carlinhos Moreno representando o Garoto Bombril ou a atriz Patrícia Lucchesi, aos 11 anos, ganhando fama nacional ao protagonizar a garota que ganhava o primeiro sutiã, da marca Valisere. A ideia era o mais importante, pois veículos para divulgar essa ideia eram poucos. Sem TV a cabo, eram quase dez emissoras de TV e não passava de 100 veículos entre jornais, revistas e emissoras de rádio, que tinham grandes audiências.

Então surgiu a internet, e com ela as rádios 100% *on-line*, *sites* e blogs aos montes, influenciadores em redes sociais, aplicativos, podcast, videocast, vlogs e YouTube. O que antes se escolhia entre 100 veículos se transformou em milhões de possibilidades. Inventários de áudio serão transacionados de forma programática, pressionando a necessidade de medição de qualidade e desempenho das marcas. E isso se deve à explosão dos podcasts, que voltaram com força total, graças ao sucesso do *Flow*. Infelizmente, este que é um dos pioneiros no formato podcast teve uma grande queda de audiência depois que um ex-integrante proferiu diversas bobagens, entre elas que a lei brasileira deveria permitir a criação de um partido nazista no nosso país. Depois da polêmica declaração, ele acabou saindo do programa, porém isso teve sérios impactos, inclusive com perda de patrocinadores. Fica aqui a dica para se tomar muito cuidado, seja no mundo real ou no Metaverso, com quem vai divulgar a sua marca, pois este pode ajudar a construí-la ou destruí--la, basta uma frase para isso.

O podcast *Ticaracaticast*, criado e apresentado pelo humorista Carioca e pelo radialista Bola, ambos ex-*Pânico*, tem mais de 1 milhão de inscritos no canal e uma média de 400 mil views por episódio. Desde 2002, o *Pânico* já fazia o que, anos mais tarde, o *Flow* potencializou, que era o rádio com entrevistas e bate-papo descontraído transmitido ao vivo no YouTube e com o áudio em outra plataforma. No caso do *Pânico*, a rádio Jovem Pan, uma das principais do país; no *Flow*, e nos outros podcasts que vieram a seguir, como *PodPah*, *Vênus*, *Mano a Mano* ou *Por*

Delas, o áudio é disponibilizado em plataformas como Spotify, Apple Podcasts, Podtail, Amazon Music, Deezer, Tunein ou Podbean. Ampliar o número de ouvintes significa ampliar o interesse das marcas, que perceberam que podem explorar outras mídias. E esse deve ser o pensamento dos gestores quando o Metaverso se tornar a realidade que todos esperamos. E reforçamos, isso não vai demorar muito tempo.

Se transformarmos em pontos de Ibope a audiência do *Ticaracaticast*, por exemplo, podemos afirmar que o programa teria uma média de 5,3 pontos de Ibope, já que a Kantar Ibope, em atualização de 2022, indicou que cada ponto de sua métrica representa aproximadamente 75 mil domicílios acompanhando o programa. Isso colocaria o podcast dos ex-*Pânico* como mais assistido que toda a programação da TV a cabo, Rede Gazeta, TV Cultura e a maioria dos programas da Bandeirantes e RedeTV!; e ainda alguns do SBT e Rede Record.

Diante desse número, você avalia que é preciso ou não mudar a forma de se fazer propaganda? Então vamos colocar mais gasolina na fogueira. Portais como UOL, Terra, IG e até mesmo Globo.com, recebem mais de 10 milhões de visitas únicas por dia, mais audiência do que todas as emissoras, exceto a poderosa Globo. O YouTube, com 18 milhões de visitas únicas em sua *home*, diariamente, está quase superando a Globo em audiência. Esses dados dizem algo, não? Por isso trouxemos este capítulo para o livro, pois hoje a propaganda precisa ser reinventada. Imagine então quando o Metaverso estiver dominando a internet brasileira. E isso não vai demorar muito!

Em uma entrevista para o UOL, Washington Olivetto, o mais famoso e premiado publicitário do Brasil, um dos profissionais que revolucionaram a propaganda nacional – inclusive os comerciais acima mencionados da Bombril e Valisere saíram da sua genial mente e visão inovadora –, criticou veemente a falta de criatividade da propaganda brasileira. Fazemos coro a Olivetto, destacando que hoje as agências estão pensando mais no canal do que na mensagem, mais na lacração do que em negócios, mais na mensagem de oportunidade com o meme do que nos atributos da marca. Diante disso, a criatividade tem ficado cada dia mais de lado. Uma pena, pois o Brasil sempre esteve entre os mais premiados em festivais de publicidade, como Cannes, o mais importante do mundo.

À medida que o comportamento do consumidor muda, as estratégias de publicidade também mudam, ou ao menos deveriam. Isso deveria se dar a partir das agências, mas, como Olivetto disse, elas estão mais preocupadas com o meio do que com a mensagem. Os vetores são invertidos. Inovar nem sempre é mudar a essência. Aliás, o marketing já mostrou isso, pois sua essência – revelada desde 1971 com a publicação do livro *Administração em marketing*, de Philip Kotler – não muda, mas os canais, sim.

Reiteramos: o Metaverso será mais um, e não o único canal de divulgação. Assim como muitos professores já disseram que uma mídia jamais matará a outra, o Metaverso vem para se somar aos canais de mídia já existentes. No entanto, como está mais do que claro aqui, esse novo mundo não pode ser reduzido a "somente mais um canal de divulgação". Isso foi o que as agências fizeram com as redes sociais, uma vez que hoje o termo mandatório dentro delas e para seus clientes é performance. Não está errado, mas nem só disso vive o marketing digital.

Houve aumento do consumo de áudios e jogos, o que adicionou outras mídias ao mix de publicidade digital. A interação das marcas junto aos públicos por meio de *games* não pode ser reduzida simplesmente a performance e vendas. O marketing, na sua essência, gera o desejo; e é o desejo que nos move a fazer tudo o que fazemos diariamente. E o Metaverso nos desafia a considerar a interconectividade entre todas as plataformas, por meio das quais as pessoas vão consumir conteúdo, realizar negócios e, principalmente, se relacionar com as marcas que compram e/ou admiram.

A execução programática de compras de mídia e de áudio digital está crescendo, mas ainda representa uma porcentagem comparativamente pequena daquilo que as marcas investem. É tudo muito novo, mas é uma epopeia sem ponto de retorno. O Metaverso vai potencializar isso, afinal, o conceito de programático é apresentar uma mídia por relevância de perfil de consumo, e não por meio de relevância por assunto. Não é todo homem que gosta de futebol e nem toda mulher que adora novela. Portanto o pensamento de anunciar um produto para mulher apenas em canais de moda ou novelas é ultrapassado, uma vez que muitas integrantes do grupo feminino são grandes executivas e podem se interessar muito mais por canais de negócio. Estamos acompanhando também o crescimento do número de mulheres que não apenas amam, como comentam e criam canais esportivos. Por outro lado, há sempre os homens que amam BBB e novelas. A programática busca comportamentos.

Como a propaganda poderá ser usada no Metaverso?

Os avatares inevitavelmente terão contato nos espaços que mais frequentam com conteúdos persuasivos, que visarão a influenciar para um determinado fim a pessoa que está no mundo físico. Dois avatares poderão estar lado a lado e verem propagandas totalmente diferentes ao mesmo tempo? Sem a menor dúvida, pois, por meio do IP, um banner da Mercedes pode aparecer para um ao passo que o banner do Light Blue, da Dolce & Gabbana, ou o Armani Codi, da Giorgio Armani, aparece para o outro, mesmo ambos estando lado a lado e no mesmo ambiente do Metaverso. Esse novo formato de publicidade ainda não está totalmente desenhado, mas conhecendo a essência desses universos paralelos e da programática, não é nenhum absurdo prever isso.

No caso dos *games*, não é de hoje que essas plataformas são muito buscadas pelas empresas para divulgarem seus produtos, serviços ou mesmo usar como reforço de marca. A Nike tem grandes *cases* em jogos de futebol, principalmente os chamados MMO (Massively Multiplayer Online), um dos gêneros mais populares. Nesses ambientes, avatares podem customizar chuteiras, ou mesmo usar as que grandes craques patrocinados pela marca usam, para terem certos diferenciais nas competições, como um chute mais potente ou um efeito na bola que só aquela chuteira permite. Esse tipo de estratégia ajuda no sentido de fazer com que as pessoas entendam mais como podem aproveitar todo o potencial, incluindo o uso de itens, algo fundamental para o Metaverso. Os *games* podem ser a porta de entrada das marcas hoje, para que elas entendam hoje como ser relevantes no Metaverso amanhã.

Os anunciantes sabem que há uma grande oportunidade para se apresentarem ao público de jogos. Mas os *games* são um ecossistema complexo e fragmentado. Os usuários escolhem seus ambientes preferidos, e os profissionais de marketing vão querer entender como medir campanhas nesses espaços. Isso é algo que ocorre em qualquer tipo de mídia e vai ocorrer no Metaverso também, já que hoje temos diversas plataformas, como *Fortnite, Minecraft, Roblox, Microsoft Mesh, Nvidia Omniverse, Meta, Decentraland,* entre outras. É preciso saber como estar em cada uma delas, pois, assim como as redes sociais têm o seu DNA próprio – o que dá certo no Instagram não necessariamente dará certo no Facebook ou Twitter –, cada uma das plataformas aqui citadas também tem o seu. Portanto as marcas que decidirem usar o Metaverso como canal de relacionamento com pessoas deverão antes entender as particularidades de cada uma das plataforma e "dançar conforme a música" que estiver tocando.

As redes sociais já estão se mexendo. Anúncios tridimensionais passarão a ser veiculados com mais facilidade no Facebook e Instagram, aproveitando-se de uma tecnologia da VNTANA, empresa de tecnologia de comércio eletrônico, que fechou parceria com a Meta. Isso em breve estará disponível ao mercado e, segundo a presidente executiva da VNTANA, Ashley Crowder, será uma das formas de se anunciar no Metaverso. A aposta no potencial desse universo paralelo tem sido cada vez mais alta, mais precisamente desde 28 de outubro de 2021, quando Mark Zuckerberg anunciou que sua empresa passaria a se chamar Meta e que investirá 50 milhões de dólares (uma ninharia para o padrão de faturamento da holding) para criar seu próprio Metaverso.

Isso bastou para causar um furor no mercado de tecnologia e varejo digital, e fazer os mais desatentos abrir os olhos para o que está por vir. Com a parceria VNTANA/Meta, usuários das redes sociais da empresa poderão ter acesso aos anúncios em 3D durante a navegação, seja pelo computador ou smartphone. Estes poderão ainda interagir com a imagem do produto, visualizando-o de todos os ângulos. É graças a esse tipo de interação das pessoas nas redes que o Metaverso tem um enorme potencial de sucesso.

Interações "realistas" no mundo virtual

Explorar as possibilidades que o Metaverso traz para a produção de conteúdo será um dos objetivos da CNN Brasil. A emissora jornalística criou webséries de conteúdo de áudio no universo digital, que ficarão sob o pilar CNN Soft, área lançada em 2021 para abarcar os assuntos de variedades, entretenimento e outros temas que não estejam relacionados ao *hard news*, o *core business* do veículo. A iniciativa da CNN Brasil na área será liderada por Rita Wu, apresentadora e especialista em tecnologia do canal, que inclusive protagonizou o primeiro casamento no Metaverso, que abordamos no capítulo anterior.

A equipe digital da CNN Brasil acompanhou de perto todos os preparativos para a cerimônia e a festa do casamento entre Rita e André Mertens, e os detalhes de bastidores resultarão em um websérie, a ser lançada pela CNN Soft. Mas a emissora pensa em ir além, tendo previsão de lançar metacast e podcasts no Metaverso.[77] Como se percebe, alguns veículos já estão se projetando para o Metaverso. Não basta apenas cobrarmos de agências e anunciantes, todo o ecossistema deverá estar lá, como é o caso da agência Lew'Lara\TBWA, que lançou a sua sede no Metaverso. O objetivo, segundo a empresa, é fazer com que sua equipe e clientes possam vivenciar na prática as rotinas corporativas dentro do universo virtual.

A operação da agência contará com um ambiente com recepção, salas de reunião, possibilidade de auditório para eventos, além de todas as experiências do espaço aberto da plataforma. Isso vai promover a aquisição de conhecimento e gerar uma experiência diferenciada, que fará com que essa agência saia na frente na corrida para o Metaverso no disputado mercado da publicidade do Brasil. E qualquer vantagem é bem-vinda, ainda mais quando do outro lado existem concorrentes e profissionais excelentes, que também estão na batalha para fazer a diferença. Ao criar um espaço *on-line*, a Lew'Lara\TBWA se propõe a incentivar a produtividade, colaboração e convívio realistas – trabalho, relacionamentos, interação –, só que de forma imersiva. "Queremos aprender, sobretudo, o que o Metaverso pode oferecer para as nossas marcas e a melhor forma possível é vivenciarmos tudo o que a plataforma oferece, abrindo um espaço de convivência para isso. Estamos também aprendendo a vivenciar novas formas de interação no mundo virtual", explicou Marcia Esteves[78], CEO e sócia da agência.

Moda e o Metaverso

Já falamos de moda em diversas passagens, mas aqui vamos trazer dois *cases* que servirão para destacar ainda mais as oportunidades que estão surgindo neste segmento. Comecemos então com algo que é um consenso: os avatares terão que se vestir. As plataformas trazem as roupas básicas, mas acreditamos que é a moda que vai dar todo o glamour a esse universo paralelo. Há uma frase sem autoria conhecida que diz simplesmente que "a moda permite dar materialidade à nossa essência". E esta pista de quem somos de verdade é um elemento significativo em um universo em que, a depender do ambiente, fugiremos de quem somos de verdade e nos materializaremos em uma fantasia daquilo que desejamos ser.

Recorremos de novo a Walter Longo e sua palestra realizada no final de 2021, que já citamos anteriormente aqui. Na opinião dele, o Metaverso representa "uma mudança significativa no comportamento humano porque estamos saindo do 'be all you can be' e entrando na era do 'be all you wanna be'". Mais uma vez ele foi preciso. Nesta "terra prometida" ecoam mensagens do tipo: "seja tudo o que você puder ser" ou "seja tudo que você quiser ser". O Metaverso é o sonho se fazendo realidade por meio da tecnologia imersiva que as diversas plataformas oferecem. Para o filósofo Luiz Felipe Pondé, o *"wanna be"* é o que, no Metaverso, vai trazer muito dinheiro, afinal, é lá que "as pessoas sairão das suas realidades de pagar boleto e ter de bater ponto *às* 8h na empresa para o sonho de serem e terem tudo aquilo que sempre desejaram".

Gostamos da forma como a Zepeto – a rede social em que se pode criar um avatar para interagir com os demais usuários da plataforma – faz sua apresentação: *"Another me in another universe"*. Em bom português, "Outro eu em outro universo". É aqui que nossa conversa sobre moda começa de verdade. A moda sempre carregou o encanto da possibilidade de nos expressarmos e transformarmos por meio dos códigos de apresentação (roupas, acessórios, maquiagem, cortes de cabelo). Comunicamos sem precisar usar uma palavra sequer. E esse poder que a moda tem de nos fascinar não será perdido no mundo de lá. Os NFTs vestíveis, que englobam roupas, calçados e acessórios digitais e podem ser utilizados em avatares ou mesmo em realidade aumentada, estão aí para comprovar o que estamos dizendo. Já citamos aqui que a moda está entre os mais promissores mercados dentro do Metaverso, como é na vida real. Nossos cibercorpos não terão apenas uma camiseta ou uma calça, mas um armário repleto de peças digitais para que, a cada dia, possam vestir uma nova.

Desde sempre utilizamos a moda como uma ferramenta de expressão, diferenciação e pertencimento. Até que começamos a viver o *"Fake it till you make it"*, algo como: "Finja até conseguir". Apesar de ser uma expressão relativamente nova, poderia ser aplicada desde os tempos em que a moda começou a ser reproduzida pelos burgueses para que estes se parecessem com os nobres.

Quando nossa identidade digital começou a ser compreendida como uma extensão da nossa identidade física, mergulhamos em um universo de possibilidades que o palpável nos restringia. As redes sociais já traziam essa extensão da nossa identidade, como vimos logo no começo. Agora é a vez do Metaverso mostrar uma extensão ainda mais poderosa, com possibilidades ainda não imaginadas.

Da primeira fotografia publicada na ainda jovenzinha World Wide Web, em 18 de julho de 1992, à avalanche de postagens nas redes sociais, o ser humano reconstruiu sua própria imagem. Ficou para trás a sociedade de privacidade e intimidade para que dos seus escombros nascesse a sociedade narcisista, amante do espetáculo e na qual todos necessitam da aprovação de conhecidos e desconhecidos.

Alguns podem duvidar, mas houve um tempo em que o status do MSN era o auge da forma de expressão digital. Mas de lá para cá houve muitas mudanças tecnológicas e de construção da imagem digital. Muitas vezes esta não tem nada a ver com a imagem física. Seja por intervenções de filtros que nos transformam em pessoas visualmente diferentes do que somos, seja por comportamentos que adotamos nesse ambiente, nos sentindo mais empoderados, mais interessantes, mais extrovertidos. E tudo isso, não tenha dúvida, vai ser exposto no Metaverso de uma maneira mais imersiva, como a plataforma pede. A imagem que temos nem sempre é a que desejamos. Mas no Metaverso isso não será um problema, pois seremos exatamente como queremos. Como resistir a essa promessa?

Ali não há compromisso com a identidade física. Também pode-se vestir o que quiser, experimentar estilos, romper barreiras e limitações físicas. O avatar pode ter a forma que quisermos dar a ele. Se algo fisicamente nos incomoda, podemos nos libertar disso criando um avatar como gostaríamos de ser. Ninguém precisa estar em uma cadeira de rodas se não quiser e degraus não são mais obstáculos. Poderemos vivenciar a inclusão de fato.

Esse é um processo de transformação e mudança de comportamento que dura anos, décadas. Mas, de década em década, assistimos aos *Jetsons* nos anos 1960; *Blade* Runner, nos 1980 e tantos outros filmes que nos davam sinais de como poderia ser o futuro. Até *De volta para o futuro*, com suas roupas que se adaptam ao tamanho das pessoas e secam rapidamente, mostra uma visão peculiar de futuro. Ainda não chegamos lá, mas a grife Aramis, como destacamos lá atrás, lançou uma jaqueta no

Metaverso que, quando chegar na versão física, terá controle de temperatura e tecnologia impermeabilizante. Verdade seja dita: a tecnologia sempre esteve ao lado da moda. Até camiseta que identifica se uma pessoa está infartando na vida real já existe. Parece só uma curiosidade, mas mostra que ao longo do tempo a moda vem ganhando novos papéis e o Metaverso vai ser uma enorme plataforma de inspiração para contribuir com essa contínua evolução que é a essência da moda.

A Reserva, *case* de NFTs que já mostramos aqui, é uma das dezenas de companhias que têm investido em lojas, produtos e experiências envolvendo o Metaverso e as tecnologias *blockchain*. A Renner, por exemplo, desenvolveu um mapa dentro do jogo *Fortnite* que emula uma loja física. Lembra do Zepeto, que mencionamos logo atrás? A Ralph Lauren fez uma parceria com essa rede social sul-coreana para criar uma coleção de moda virtual em que o usuários poderão vestir seus avatares com produtos exclusivos ou skins que alteram a aparência.

Em termos de moda, a estética futurista sempre remeteu a tecnologia, tecidos metalizados, vinil, plástico. Mas imaginá-la é um exercício difícil demais. Talvez por isso o futuro da moda tenha sempre um pé no passado. Na prática, imaginar a estética de um futuro qualquer implica conhecer as tendências, pois as tendências ditam a moda, que, por sua vez, cria linguagens e muda comportamentos. Que comportamentos serão esses em tempo de Metaverso? Ainda não sabemos ao certo, mas, como mostramos até aqui, já dá para perceber.

Imaginamos esse movimento de apropriação da ousadia digital de forma muito construtiva, sendo que essa liberdade e experimentação de estilos poderá migrar para o físico. As *laces*, perucas feitas sob uma tela que imita o couro cabeludo, têm um aspecto extremamente natural. Estas foram e ainda são muito exploradas pela família Kardashian, principalmente Kim, Khloe e Kylie, um time que, na vida real, já dita a moda. Imagine como será no Metaverso quando elas entrarem com tudo, pois não duvide que, em breve, esse será o caminho delas para se relacionarem com os milhares de fãs. Convidá-las para lançar uma coleção de uma marca focada apenas no universo paralelo será um *case* de sucesso, como o show da Ariana Grande foi no *Fortnite*.

Durante os anos do *reality Keep up with the Kardashians*, pudemos ver as possibilidades de adotar cabelos de acordo com nosso look, estado de humor ou evento. Poder ver tão de perto a construção da imagem de cada uma delas nos deixou um legado. Com tudo isso acontecendo, o digital apenas reflete o que estávamos vivendo, oferecendo mil possibilidades e se fazendo cada vez mais ao alcance de todos.

A publicidade de moda no Metaverso

Como a publicidade pode estar inserida nessa realidade de que estamos falando, uma vez que os antigos formatos não fazem mais sentido? Aquela interrupção no seu entretenimento para que a marca mostre o que ela quiser, do jeito que quiser, não faz mais sentido nenhum. Por que alguém criaria uma réplica virtual de uma loja da The North Face, por exemplo, quando no Metaverso poderíamos criar uma Iditarod Trail Sled Dog Race, a famosa corrida de trenós puxados por cães e disputada por equipes? Ao longo do seu percurso virtual, o usuário poderia obter informações sobre determinado produto dentro do contexto que está vivenciando, entendendo seu desempenho e diferenciais técnicos. Ao comprar o produto dentro dessa experiência, receberia o produto em casa. Quem sabe até uma agência de viagens poderia vender o pacote todo para viver na prática uma aventura como essa.

Estar presente em eventos relevantes para o público antes poderia ser visto como ação de *branding* e relacionamento, mas agora vemos uma mudança, em que o *branding* é também a performance. O que vai ditar a venda de um produto será a capacidade de ele estar inserido no contexto de forma relevante. Dessa forma, adeus marketing de interrupção. Precisamos exercitar nossa capacidade de se comunicar pelo entretenimento, passando pela relevância, utilidade e capacidade de problemas. Isso está ficando cada vez mais evidente para os usuários e precisa estar bem claro para as marcas, senão estaremos fadados a ouvir que ações no Metaverso não dão certo, quando na verdade será uma falha das marcas ao tentar levar antigos modelos de publicidade para um público que responde de forma totalmente diferente.

Metaeconomia e um novo modelo de negócio: D2A (Direct to Avatar)

Em entrevista dada para a revista *Exame* no final de 2021, Carlos Ferreirinha fala sobre a relação entre mercado de moda de luxo, digital e comunicação com gerações mais jovens.[79] A questão levantada por ele foi como essas marcas, com pilares tão sólidos, mantêm crescimento, expansão, faturamento e lucratividade se mantendo exclusivas, já que exclusividade é um código inegociável do segmento de luxo. Ferreirinha cita a collab – parcerias entre empresas – feita entre a Louis Vuitton e a Supreme. Uma marca de luxo centenária se unindo a uma marca descolada que vende volume. A solução encontrada foi vender a coleção em apenas sete pontos de venda no mundo, sendo que a Louis Vuitton tem quase 700 pontos distribuídos em todo o planeta. Dessa forma, a marca conseguiu comunicar modernidade sem abalar o pilar da exclusividade. Os fundamentos da exclusividade e escassez podem ser preservados graças ao controle da distribuição, ao preço diferenciado e à criação de edições limitadas.

A metaeconomia – e não estamos falando aqui do conceito elaborado por Ernst Friedrich Schumacher, mas da economia em torno das transações oriundas do Metaverso – está dando abertura para um mundo novo, uma forma nova de consumir, com novos produtos, novos canais e novas formas de distribuição. A marca inglesa Selfridges se uniu à *designer* Charli Cohen para desenvolver uma experiência de compra figital (junção do físico com o digital), em comemoração aos 25 anos do *Pokémon*. O lançamento aconteceu no Electric/City, um mundo virtual que convidava usuários a criar avatares, provar roupas digitais com ajuda de um filtro do Snapchat e comprar itens usando a tecnologia de *blockchain*.

Com a possibilidade de as empresas criarem produtos que serão usados por avatares, surge um novo modelo de negócio, o D2A (Direct to Avatar ou comércio direto para avatar), que deve movimentar 400 bilhões de dólares até 2025 segundo a WGSN, líder global em tendências de consumo, *lifestyle* e *design* de produtos. O D2A é inspirado no modelo usado pelos *games*, onde há tempos já é possível comprar diversos recursos, inclusive "skins" para armas. O crescimento desse modelo de negócio está ligado diretamente ao avanço da tecnologia nas diferentes plataformas. No entendimento da WGSN, esse é um modelo de varejo emergente e que abrirá novas oportunidade para as marcas que entrarem no Metaverso. Na venda desses itens, que não existem na vida real, diretamente para avatares, as empresas simplesmente evitam as cadeias globais de suprimentos, se abrindo para novos fluxos de receitas.[80]

Ainda temos um problema: não conseguimos usar um único avatar em diferentes plataformas. O que, do ponto de vista fashion, é extremamente frustrante. Já existem *startups*, como a Crucible, focadas em tecnologias, que possibilitam usar o mesmo avatar em diferentes universos virtuais, mas ainda é bem limitado. Por enquanto, as marcas têm de escolher uma onde estarão presentes.

A venda de itens digitais vem movimentando grandes quantias no mundo real. A RTFKT (que agora pertence à Nike) vendeu 600 pares de tênis digitais em menos de dez minutos, totalizando um ganho de 3,1 milhões de dólares. Uma bolsa virtual da Gucci foi revendida por 4.115 dólares dentro do jogo *Roblox*, valor quase 800 dólares acima do cobrado pelo mesmo modelo de bolsa na versão física. Esse *case* mexeu demais com o mercado, pois, se a Gucci pode fazer esse tipo de operação, por que outras gigantescas da moda não poderiam?

Do ponto de vista sustentável, o mercado Direct-to-Consumer (D2C) pode trazer muitos ganhos. Essa tendência cresce muito no mercado de *e-commerce*. E o que seria isso? A Adidas, por exemplo, vende por intermédio de lojas multimarcas, como Bayard, Centauro e Dafiti Sports, tanto nas unidades físicas quanto *on-line*. Entretanto, ela também tem um *e-commerce* para vender diretamente para seu consumidor. Como o mercado de esporte tem o preço tabelado, vender pelo seu *e-commerce* é vantagem, já que a margem de lucro é maior. O Metaverso, como já mencionamos aqui, será um campo fértil para essa prática, onde as marcas criarão seus espaços, como é o caso da Nikeland, e lá oferecerão diversas experiências imersivas para os avatares. A venda de produtos customizados ou exclusivos em um ambiente digital hiper-interativo e criativo será apenas uma das ideias que essas lojas poderão ter.

Neles poderão ser testados produtos antes do lançamento oficial, entendidas as demandas antes da produção e otimizados os processos de distribuição. Em contrapartida, a indústria da moda, que está entre as que mais empregam no Brasil, pode sofrer um desequilíbrio, uma vez que postos de trabalho podem ser perdidos por conta da possibilidade de acertar os processos de produção sob demanda.

Shoppings no metaverso

Nos próximos anos, o varejo virtual interativo e imersivo se tornará muito mais próximo de nós do que muitos imaginam. Conforme o Metaverso amadurece, varejistas que buscam ampliar sua presença no virtual terão acesso a novos pontos de venda. Já existem lojas em diversos Metaversos. No *Decentraland*, a Metajuku é um distrito comercial inspirado no bairro de Harajuku, em Tóquio (conhecido como centro da moda de rua japonesa). Na data do lançamento, o local já contava com uma série de lojas, com marcas de moda digital, como a Tribute Brand e DressX. Os usuários podem entrar nessas lojas e conhecer seus produtos e, ao escolher um item, é direcionado ao *e- commerce* da marca.

A RFOX VALT também é uma experiência de entretenimento e varejo totalmente imersiva e baseada em realidade virtual, combinando elementos de jogos, reunindo o melhor da categoria em criptografia por meio de NFTs e aplicativos de comércio eletrônico. Já possui mais de 120 lojas e formatos comerciais de *outdoors*.

Grande parte da nossa rejeição ao Metaverso tem a ver com a tecnologia. Isso aconteceu quando surgiu o *Second Life*, em 2003. Esse ambiente virtual e tridimensional, que simula a vida real e social do ser humano a partir da interação entre avatares, era uma grande promessa. Mas a tecnologia não supria as necessidades da época. Agora temos mais tecnologia e mais velocidade na internet, mas algumas coisas ainda precisam melhorar. Na moda, quando tentamos reproduzir alguma coisa do físico para o digital, a possibilidade de gerar uma experiência frustrante é muito grande, pois, pensando nos modelos físicos, podemos trabalhar muito bem todos os sentidos. Essa ruptura já acontece quando levamos a marca para o *e-commerce*. Mas quando o destino é o Metaverso o risco é maior, pois estamos falando de interatividade. Não é só criar o produto digital, mas como vou me relacionar com ele.

Indiferente a esse tipo de preocupação, o mercado só cresce. E um símbolo desses novos tempos e conceitos foi a primeira "Metaverse Fashion Week", que aconteceu em março de 2022 no *Decentraland*. O evento chamou a atenção e dividiu opiniões. Alguns acharam tudo muito legal e novo e outros acharam que beirava o bizarro. Compreensíveis as reações mais exacerbadas: o medo do novo quase sempre assusta, pois ele geralmente força a uma saída da zona de conforto. Diante desse tipo de situação, tem aqueles que aderem mais rápido, enquanto outros seguem em passo de espera para depois, a depender, seguirem atrás.

O sociólogo Everett Rogers, que propôs o que chamou de Lei da Difusão da Inovação e de quem já falamos brevemente no início do capítulo 3, defende que apenas 2,5% das pessoas são realmente inovadoras. Estas são as primeiras a terem acesso a produtos, testam, se empolgam com as novidades, fazem reviews, artigos e vídeos e assim influenciam outras pessoas. Em contrapartida, o grosso da população em geral compreende o que Rogers classificou de maioria tardia: 34%. Estes esperam meses para aderir a uma inovação que, muitas vezes, já foi até abandonada por aqueles 2,5%, que já acolheram outras novidades. O Metaverso será assim, e dependerá do perfil dos gestores da marca para fazer a opção entre abraçar rapidamente ou ficar esperando. A moda é fundamental nesse processo. Então, como diz as gírias das redes sociais, #ficaadica.

No caso da Metaverse Fashion Week, parte das grifes participantes expôs suas criações em galerias na "Luxury Fashion District", que é inspirada na Avenue Montaigne, de Paris. No local encontravam-se lojas da Dolce & Gabbana, Elie Saab, Imitation of Christ, Guo Pei e Jacob & Co. Cada uma delas apresentou seus produtos de forma diferente. Elie Saab, por exemplo, organizou seu espaço como um museu, apresentando a versão virtual da sua coleção de alta-costura do verão de 2022. Já a Dolce & Gabbana realizou um desfile de 20 looks feitos digitalmente para serem leiloados como NFT. Enquanto a Tommy Hilfiger levou para a passarela virtual peças que quem quisesse poderia comprar, tanto no formato token quanto o modelo físico, que seria entregue em casa. Todas as vendas resultantes do evento eram pagas com Ethereum, a criptomoeda que é aceita na *Decentraland*. No todo, o evento reuniu 108 mil pessoas virtualmente e, mais do que gerar negócios, apontou inclusive caminhos para o mercado de *wearables*. E é só o começo.

Rita Wu, que é justamente *designer* e pesquisadora de *wearables*, compareceu ao evento com uma skin de um vestido de Fernanda Yamamoto. Ela, que entende a moda no Metaverso como uma ferramenta identitária, se encantou com a diversidade das apresentações e do público que prestigiou a Semana de Moda virtual. "Quando você se coloca como avatar, tem a possibilidade de ser qualquer coisa. É muito louco como as pessoas escolhem se apresentar", declarou.[81] Rita diz acreditar que as tendências do Metaverso, que hoje mimetizam a vida real, podem se aperfeiçoar com a forma de se vestir de cada um, gerando movimentos segmentados em cada plataforma desse universo digital.

Outros mundos, outros corpos, mesmas necessidades?

É menos sobre tecnologia e mais sobre nós. Enquanto não houver pessoas no Metaverso, não haverá sentido estar lá. E para estar lá, além das pessoas, tem de haver um objetivo maior. Não faz parte da experiência só estar na Semana de Moda, por exemplo, para assistir a um desfile. É preciso consumir, conversar com conhecidos e desconhecidos, ver um *designer* e interagir com ele ou estar ao lado de alguém que admiramos.

Por outro lado, a arena democrática que é a internet, em que tudo parece estar disponível para todos a qualquer hora, pode ser convertida em um espaço mais exclusivo. De acordo com Robert Triefus, vice-presidente executivo da Gucci, há cada vez mais segundos mundos onde cada um pode se expressar. "Provavelmente há uma subestimação do valor atribuído a indivíduos que desejam se expressar em um mundo virtual com um produto virtual, [a partir] de uma persona virtual. A ideia de que tudo tem que ser físico está sendo rapidamente refutada", afirma Triefus, destacando ainda que a marca teve 19 milhões de visitantes no Gucci Garden dentro do Metaverso do *Roblox*.

O executivo disse ainda que os objetivos da Gucci dentro do Metaverso podem ser variados, incluindo *branding*, participação nos lucros ou uma combinação dos dois. "O que posso dizer é que provamos a nós mesmos, por meio dessas colaborações, que o mundo virtual pode criar um novo fluxo de receita muito significativo", disse. E a grife italiana já deu o passo seguinte, ao começar a aceitar pagamentos em criptomoedas em determinadas lojas dos Estados Unidos, com plano de expansão para todas as unidades da grife na América do Norte. Entre as criptomoedas que serão aceitas estão Bitcoin, Bitcoin Cash, Ethereum, Litecoin, Dogecoin, Shiba Inu, Wrapped Bitcoin e cinco *stablecoins* lastreadas ao dólar.[82] É por iniciativas como essa que um relatório do Morgan Stanley aponta Gucci e Balenciaga (ambas do Grupo Kering) como as grifes de moda que estão em melhor posição para lucrar com colaborações digitais no Metaverso.

Curiosamente, nessa realidade virtual, o avatar pode ter as mesmas necessidades que temos como humanos, como mostrar diferenciação e pertencimento. Isso abre um leque gigante de oportunidades para diversos mercados. O corpo digital precisará de roupas e acessórios, bem como construir sua imagem e criar a possibilidade de se tornar uma referência/influencer no Metaverso. A construção da identidade neste meio intangível criou o que está sendo chamado por algumas pessoas de "luxo virtual": itens de luxo para uso exclusivo no Metaverso. Historicamente, as tradicionalíssimas marcas de luxo aderem tardiamente a iniciativas digitais. No entanto, essa cautela não se observa no que diz respeito ao Metaverso, em que as marcas de luxo têm dado mostras de pioneirismo, firmando parcerias e criando produtos não tangíveis.

A moda no Metaverso possibilita desenvolver infinitos produtos, sem que recursos físicos e financeiros sejam congelados em estoques que se deterioram rapidamente. Além disso, não há necessidade de espaço físico para armazenamento desses bens e elimina-se o problema de gestão de estoque e todos aqueles relacionados à distribuição. Segundo Kerry Murphy, fundador e CEO da Zepeto, muito em breve teremos uma variedade enorme de peças para usar nos mundos digitais, enquanto as básicas estarão em nosso *closet* físico. Mas não é só por causa disso que o Metaverso é tão interessante e amigável para a indústria da moda. Quando aberto, este leque de benefícios é bem amplo, pois ele permite, como listamos abaixo:

- fazer parcerias infinitas e parcerias com artistas e estilistas digitais;
- misturar o passado e o futuro em uma estética livre e fantasiosa, afinal, é para a versão *"Be all you wanna be"* ("Seja tudo que você quiser ser");
- desenvolver produtos junto com os clientes;
- testar modelos, cores, e tudo mais que for possível.

E não para por aí. Pode-se criar um fluxo de receita contínuo com investimento mínimo. Isso porque a maioria das marcas de luxo tem décadas de *designs* que podem ser convertidos em ativos virtuais. Além disso, será gerada receita na revenda, uma vez que muitos dos certificados inteligentes ou NFTs para itens virtuais incluem taxas de *royalties* ou compartilhamentos de receita em transações futuras, quando o item mudar de mãos. Isso significa receita contínua para o *designer* original, o que hoje não é possível no mercado *second hand*. Outro caminho é criar uma marca de moda digital, eliminando os custos altíssimos de criação de uma marca e coleção de moda tradicionais.

As marcas, independentemente do segmento, devem buscar interação com os nativos digitais em seus próprios espaços. Em 2030, as gerações Alpha e Z serão mais de 50% da população mundial. Elas possuem formas diferentes de comprar. Portanto, as marcas que dedicarem tempo para conhecer esses espaços digitais imersivos terão uma visão mais clara das necessidades, vocabulário e desejos desse público. Esse conhecimento ajudará as empresas a se comunicar de forma eficiente e criar uma estratégia realmente autêntica, que, por ser baseada na imersão e observação, será de fato valiosa.

Case 1: Primeira Metaverse Fashion Week

A primeira Metaverse Fashion Week (MVFW) aconteceu entre os dias 24 e 27 de março de 2022. Já haviam acontecido outras iniciativas, como a Cyber Fashion Week (maio de 2020), a Crypto Fashion Week (CFW) e a Digital Fashion Week (DFW), mas a MVFW atraiu uma quantidade muito grande de marcas já relevantes no cenário mundial. A Semana foi pensada para democratizar a moda digital; isso porque o evento aconteceu na plataforma *Decentraland*, que pode ser acessada a partir de qualquer dispositivo, e foi gratuito. Esse foi um dos pontos discutidos pelos participantes. O universo da moda envolve e encanta com a escassez e exclusividade. Portanto, qualquer um poder participar de qualquer ação deixou uma interrogação ou estranhamento, como se algo estivesse fora do lugar. Ali foram recebidos aqueles que portavam ou não carteira criptográfica (apesar de oferecer mais oportunidades quando uma carteira está conectada). O evento atraiu marcas de moda digital e tradicionais, apesar de, estranhamente, os precursores da moda no Metaverso (Gucci e Balenciaga) não terem participado dele.

Na plataforma *Decentraland* foi utilizada a mesma mentalidade do que existe no mundo físico, com a criação de bairros e distritos. A MVFW aconteceu no Fashion District. Dentro desse espaço, era possível navegar por bairros como o Luxury Fashion District (inspirado na Avenue Montaigne de Paris) e a Rarible Street, qué abriga a Fresh Drip Zone. Esta foi inspirada na cidade de Nova York e serviu de palco para *pop-ups* da Puma e Perry Ellis. Por sua vez, a Forever 21 alugou um espaço equivalente a 41,8 metros quadrados, onde avatares ofereciam roupas para os clientes (avatares) usarem ou colecionarem. Outro que marcou presença foi o designer Philipp Plein, que apresentou sua primeira coleção completa de wearables em um desfile que aconteceu na MVFW no espaço que ele comprou no *Decentraland*. Ali o item mais caro que conseguiu vender foi uma jaqueta digital dourada, que atingiu a marca de 17.610 dólares. "Minha missão é tornar o Metaverso acessível a pessoas normais", disse. E continuou: "O Metaverso se tornará um verdadeiro sucesso quando minha mãe for lá".[83] Plein é um dos que está entendendo o poder que emana do Metaverso e tem faturado muito com isso. Da sua mente inquieta e criativa nasceu o Plein Plaza, que deve abrigar um museu NFT, hotéis e lojas.

A MVFM foi o palco em que as marcas puderam experimentar diversos formatos de entretenimento, como shows e lojas virtuais, lançar NFTs e, dessa forma, avaliar o interesse dos usuários. Tudo isso faz parte de um propósito maior, que é entender o comportamento dos usuários, se tornar relevante para eles. Eventos desse tipo servem ainda para plantar uma semente em mentes e corações, já que, em termos de visibilidade e de faturamento, podemos dizer que os resultados ainda são pouco expressivos. Mas, no momento, não é sobre faturamento que estamos falando. É sobre entender um novo comportamento e indicar um caminho para que marcas e pessoas sejam precursoras e relevante nesse universo.

O legal da MVFW foi permitir que os consumidores participassem de desfiles (experiência até então exclusiva de ricos e famosos), independentemente de quem fossem. Está certo que esse mesmo processo de democratização gerou estranheza, mas estamos todos aprendendo ainda. Os modelos das passarelas não eram humanos e os usuários podiam ir de um evento para o outro com bastante facilidade. Outro fato legal: nada de filas ou cabeças na nossa frente. Todos puderam experimentar assistir aos desfiles como se estivessem nas desejadas primeiras filas. No total, a MVFW apresentou 500 looks de *designers* como Etro e Dolce & Gabbana, e atraiu a atenção, como dissemos anteriormente, de 108 mil pessoas ao todo.

Pontos importantes

Algumas publicações qualificaram a primeira Metaverse Fashion Week como um fracasso, um fiasco ou deprimente. Mas o que fica de lição é que, em tempos de velocidade tão rápida, um MVP é muito bem-vindo. MVP é a sigla para minimum viable product ou produto mínimo viável. Significa construir a versão mais simples e enxuta de um produto, empregando o mínimo possível de recursos para entregar a principal proposta de valor da ideia. Assim, é possível validar o produto antes de seu lançamento. Isso significa que a Semana de Moda do Metaverso não vai (por enquanto) substituir os eventos tradicionais, mas deixou uma trilha por onde devemos seguir. A premissa do evento era derrubar a dinâmica em que a exclusividade reina e só a elite tem acesso, criando, na opinião da WGSN, uma experiência mais democrática.

Partindo dessa premissa, a MVFW atingiu seu objetivo, ainda que as pessoas tenham relatado problemas com superaquecimento dos computadores ou com a qualidade das imagens. Outra coisa que pudemos aprender com essa primeira edição foi que o público ainda precisa ser educado em relação ao Metaverso. Alguns usuários relataram dificuldades em acessar ou localizar os espaços das marcas. A executiva Ana Andjelic questionou: "Por que transmitem seus filmes e vídeos de DJ no metaverso? Existe o YouTube para isso, e funciona muito melhor". As marcas não devem entrar no Metaverso por causa disso. Na verdade,

218 Metaverso

devem construir estratégias ponderadas e garantir que suas ações tenham propósito. Não devem, portanto, esquecer de considerar o impacto ambiental invisível de suas ações digitais. É isso que orienta A WGSN, uma das maiores consultorias de tendência do mundo.

Já o especialista em Metaverso, inovação digital e criptografia Justin Banon recomenda trabalhar de forma colaborativa com os usuários antigos das plataformas e capacitação de equipes. Segundo ele, isso pode fazer a diferença entre o sucesso e o fiasco total. "Nos próximos 12 ou 18 meses, as marcas experimentarão e farão *pilotos no* Metaverso. Algumas podem falhar. Se você é diretor de Marketing ou Inovação de uma marca e não tiver uma estratégia nesse ambiente, você *provavelmente não terá um emprego daqui para frente"*, ressalta Banon, que é CEO e cofundador do Boson Protocol, rede descentralizada que permite a qualquer pessoa vender produtos físicos no Metaverso como NFT. O alerta está dado!

Case 2: Forever 21 Shop City no *Roblox* – gestão da própria loja no Metaverso

A *fast fashion* Forever 21 lançou uma parceria exclusiva para criar experiências no *Roblox*, permitindo que os usuários construam e gerenciem sua própria loja de moda na *Forever 21 Shop City*. Os donos do negócio podem comprar e vender mercadorias da grife americana, incluindo roupas e acessórios, contratar personagens não jogadores como funcionários e personalizar todos os espaços da sua loja. *Forever 21 Shop City* é o primeiro jogo lançado em colaboração com criadores de conteúdo e influenciadores do *Roblox*. Além disso, contará com lojas projetadas pessoalmente por influenciadores, como os *youtuber gamers* Krystin Plays e Sopo Squad e o *gamer* Shaylo.

A *Forever 21 Shop City* permite que os jogadores construam e gerenciem todos os aspectos de jogabilidade, incentivando-os a expressar sua individualidade enquanto constroem sua loja com opções de personalização. Os principais recursos:

- Localização da loja : os construtores da loja poderão escolher e trocar suas localizações em qualquer lugar do jogo.
- Tarefas : Os usuários administram sua loja com funcionalidades da vida real, incluindo controle de estoque, assistência aos clientes, operação de caixa, contratação de funcionários e decoração das vitrines da loja.
- Personalização de interiores: os usuários poderão comprar, colocar, misturar e combinar itens em sua loja, desde móveis e acessórios até arte, iluminação e música que se adaptem ao seu estilo.
- Curadoria de mercadorias do físico para o virtual e vice-versa: à medida que a Forever 21 lança novas coleções em suas lojas físicas e *e-commerce*, a *Forever 21 Shop City* oferecerá simultaneamente a capacidade de adicionar os mesmos produtos a cada loja ou comprá-lo para seu avatar *Roblox*.
- Atualizações de construção e estilos de loja exclusivos: todos os usuários começam com uma loja de vidro pronta para ser personalizada. À medida que obtêm sucesso, ganham pontos para expandir, não apenas adicionando andares, mas também personalizando o exterior.

A *Forever 21 Shop City* apresenta também quatro distritos temáticos, incluindo entretenimento, pista de obstáculos, praça de alimentação e tapete amarelo, onde os usuários podem dramatizar, encontrar amigos, descobrir itens raros escondidos e construir sua comunidade. Os principais locais incluem:

- Zona de Tapete Amarelo: todo usuário entra na *Forever 21 Shop City* com uma aparição no tapete amarelo, com música forte e *paparazzi* frenéticos gritando para tirar uma foto de cada avatar. Os usuários podem fazer uma pose e compartilhar seus estilos com amigos nas mídias sociais usando um dos seis estilos de moldura exclusivos.

- Forever 21 Flagship Store: localizada no centro da *Forever 21 Shop City*, os usuários recebem novas mercadorias para si e para reabastecerem suas lojas, socializam com outras pessoas e conferem novos elementos de *design* para usar em suas lojas.

Segundo Katrina Glusac, diretora de Merchandising da Forever 21, há uma empolgação em torno da iniciativa e o objetivo é expandir a forma como a marca se relaciona com os clientes. "(Estamos) ampliando nossa presença e produtos de novas maneiras e empolgados em fornecer um novo espaço no *Roblox*, onde nossos fãs podem se conectar com sua comunidade e dar vida à sua própria visão do Forever 21", disse.[84]

Por fim, moda e Metaverso são uma combinação que tem tudo a ver e é bem provável que ambos estabeleçam uma relação mutualista, em que um favorecerá o outro. Ainda que pareça para muitos um futuro utópico, as novas arenas digitais interativas e imersivas representam uma evolução natural do ponto em que nos encontramos. Aguardamos dar esse próximo passo que nos levará diretamente para dentro do Metaverso. Entraremos nele com estilo, e nisso a moda nos ajudará.

5

Você e o metaverso

Quais oportunidades o Metaverso traz?

O que vimos até aqui é que não importa o tamanho ou o segmento da sua empresa, há espaço para todos. O Metaverso está no começo e preferimos olhar pelo prisma de que tem muito espaço para crescer. Não foi fácil achar *cases* de marcas brasileiras para o livro, mas sabemos que daqui um ou dois anos teremos vários. Acreditamos em gestores altamente antenados que, enquanto escrevíamos este livro, já estavam com seus times preparando operações para o Metaverso. Existe a tendência de empresas de tecnologia maiores entrarem primeiro; outra possibilidade é que empresas de outros setores, com altas verbas de marketing, também sigam o mesmo caminho e só depois as pequenas e médias. Mas em toda plataforma de tecnologia há sempre aquela companhia média que se destaca em relação às gigantes. Algumas vezes pela velocidade, outras pela criatividade ou simplesmente por ser uma empresa que entendeu o conceito da tecnologia e soube usá-la de uma forma única.

Como já destacado, os setores de entretenimento, moda e construção civil tendem a ser os pioneiros no Metaverso. Mas será que há espaço apenas para eles ali? Entretenimento é uma palavra de sentido muito amplo, que abrange arte, cultura e até mesmo esporte. Vimos *cases* de músicas no Metaverso com show e lançamentos de NFTs. Aliás, essa é uma oportunidade muito interessante que está crescendo no mundo todo e no Metaverso terá um espaço gigantesco para avançar ainda mais. Quanto à moda, é um campo que começou muito bem na arena virtual, ainda mais com as grandes marcas, como Dolce & Gabbana, Gucci e Burberry se adiantando às demais. Mas o Metaverso não é só para elas. É também para aquela loja de bairro, para a pequena rede que tem duas lojas de shopping no interior e também para grifes já consolidadas. Todas não só podem, devem. Há "avatares" já ávidos por fazer um *update* no visual e aqueles que estão por trás destes ciber-corpos muito predispostos a consumir nesses mundos, até para tornar completa a experiência. Entretanto, lançar um item digital com o mes-mo preço da roupa física pode ser um grande tiro no pé.

Construção civil é outro tema sobre o qual falamos bastante, trazendo inclusive uma entrevista com o especialista Gustavo Zanotto. É uma área óbvia de crescimento, pois será preciso comprar terrenos no Metaverso e construir casas para os avatares morarem. Isso é uma das estratégias que o mercado poderá usar e haverá inclusive a criação de empregos de pro-fissionais especializados em construção civil, mas dentro do Metaverso.

As possibilidades são muitas. Com certeza, em breve, veremos outros mercados se destacando nas plataformas de realidade virtual, como os setores de cinema, *streaming*, *games*, automóveis, colecionáveis, contábil, publicidade, alimentos, entre outros. Com certeza, eles vão fazer um enorme sucesso, desde que tais empresas tenham não apenas vontade, mas também determinação e que façam a diferença. O Metaverso está aí, tanto que, em função dele, tentamos criar aqui um guia para que você tenha *insights* para construir a sua verdade sobre ele. Não trazemos uma verdade absoluta do que as marcas podem fazer nesse universo. Mostramos o caminho que nos trouxe até aqui, como as redes sociais e os *games* impulsionam o Metaverso e como o 5G, juntamente com inteligência artificial, *machine learning*, big data, *omnichannel*, poderá fazer a diferença. Enfim, este *Metaverso –O que é, como entrar e por que explorar um universo que já fatura bilhões* não é uma obra definitiva, longe disso, uma vez que ainda só enxergamos a ponto do *iceberg*. Mas é certamente um farol que pode iluminar seu caminho nesta jornada inicial rumo a estes novos mundos. Não lhe demos o peixe, mas o ensinamos a pescar.

Possíveis desafios (e como contorná-los)

O primeiro grande desafio que as empresas vão ter de encarar é mudar a cabeça dos gestores. Coincidentemente, esse aviso já foi dado no livro *Transformação digital: como a inovação digital pode ajudar no seu negócio para os próximos anos*, de autoria de Felipe Morais. A publicação é de 2019, mas segue atual, pois quase nada mudou no Brasil sobre o tema de lá para cá. A julgar por isso, a chance é de que o mesmo ocorra com relação ao Metaverso. Triste para quem não se mexer a tempo; bom para quem já está se preparando.

Muitas empresas criaram cargos de transformação digital em suas estruturas de marketing e tecnologia. Na prática, até o momento não vimos muita coisa de mudança, apenas um cargo legal para colocar na assinatura de *e-mail*. Entretanto é preciso que algo seja feito, para que nós, como profissionais e empresa, abandonemos esta constante do atraso. Quando o C-Level está antenado com o que está acontecendo e a ordem vem de cima, as mudanças tendem a se processar mais rapidamente. Mas nem sempre esse líder tem tempo de analisar tendências, já que ele tem diversas outras situações para resolver. Alguns CEOs, por exemplo, elegem um time de inovação para trazer novidades para dentro de casa; outros esperam que o mundo teste primeiro as inovações para depois adotá-las. Duvida? Tem empresa que na segunda década do século XXI ainda não tem rede social. Outras até já criaram a sua conta, mas o último post é "Feliz 2014". Pasmem, mas é verdade!

O que as altas lideranças de uma organização mais levam em conta são dados e números. Se você chegar a qualquer uma que compõe o quadro de C-Level da sua empresa – até mesmo o CMO, que, por ser do marketing, deveria ter uma cabeça mais aberta – com uma ideia, eles vão elogiar e, quando você sair da sala, vão questionar por que pagam seu salário. E, se você levar contigo uma agência, a capacidade dela também será questionada. Portanto, leve números. Nada alegra mais os olhos do C-Level do que números positivos.

Prever o resultado faz parte do trabalho do estrategista. Estamos sempre olhando o hoje e pensando no amanhã. Quando se faz um planejamento de uma campanha, por exemplo, mesmo que seja uma pequena verba de Google e de mídia em redes sociais, basta fazer uma previsão de gastos versus o retorno que a ação gerará para que o C-Level aprove. Nenhuma empresa rasga dinheiro. Algumas se permitem não mensurar o retorno no detalhe, pensando em *branding*, entretanto tudo é sempre milimetricamente mensurável. Por isso alguns profissionais acham que o digital ainda não decolou como deveria no Brasil, pois como justificar ao CEO que uma campanha teve 2 milhões de impressões e apenas 40 vendas? De qualquer forma, qualquer campanha trabalha com previsão, isto é, quanto se vai investir versus o retorno. Este é o famoso Retorno sobre Investimento, ou simplesmente ROI, como usamos no dia a dia. Se uma empresa investe 100 e o retorno da mídia é de 50, o C-Level questionará por que investir, certo? Mas se os mesmos 100 tiverem a previsão de retornar 300, as chances do aval positivo do C-Level são bem maiores.

Números são, para a aprovação, mais importantes do que a própria ideia, por isso, se a sua agência vai ajudar a montar a apresentação, entregue a liderança para o profissional de planejamento. No entanto se certifique de que este seja "planejamento raiz", ou seja, a pessoa que vai buscar números para justificar tudo. Só depois passará essas informações para que o time criativo venha com as ideias e a equipe de mídia possa pensar em uma campanha e ROI. Estou falando de números de

226 Metaverso

mercado: o faturamento das empresas no Metaverso no Brasil, número de pessoas que estão aderindo, dados muito profundos de comportamento das pessoas nas plataformas, *cases* de sucesso no Brasil e, principalmente, quem, dentro do mercado que o cliente atua, já está lá. O "planejamento raiz" também vai trazer *insights* e conclusões que podem deixar o C-Level mais tranquilo para a tomada de decisão. Contudo é importante enfatizar que é preciso ter a ideia matadora, trabalho para o pessoal de Criação e Conteúdo. Por fim, os times de mídia e redes sociais devem trazer o desenho da campanha de como impactarão as pessoas para que estas conheçam a iniciativa da empresa no Metaverso.

Tudo o que descrevemos acima foi de uma forma bem simplificada, e parece simples, mas não é. Uma apresentação precisa ter um *storytelling* que tenha conexão com a marca e faça sentido. Ideia pela ideia não vende mais. O que vende ao C-Level é resultado. Por isso aconselhamos sempre: "Pare de agradar o CMO e comece a agradar o CFO". Ao pensar assim, justificar números faz mais sentido, não é?

Com o projeto aprovado, chega-se a outro desafio: como construir o Metaverso? A ideia é que, quando o projeto for apresentado, você já tenha os parceiros, custos e conhecimento de como isso poderá ser implementado. Não deixe para ver isso depois, porque imprevistos acontecem e o projeto pode ficar mais caro. Se isso acontecer e você for apresentar ao C-Level um custo diferente, a pergunta que novamente virá à mente dele será: "Por que pagamos essa pessoa?". Então esteja certo de todos os custos e, se algum sofrer variação, por exemplo, por ser pago em dólar, isso precisa ficar bem claro para todos.

Quando o projeto está sendo desenvolvido, ainda há muitas melhorias a seres feitas, e não seja ingênuo de achar que sairá exatamente como foi planejado, porque não vai. Atrasos vão ocorrer, pessoas serão mudadas durante a implementação do projeto, o fornecedor vai atrasar e depois dar todo tipo de desculpa. No momento do teste, muita coisa vai dar errado. E pior, pode ter certeza que, mesmo com tudo testado, no dia da apresentação ao C-Level vai acontecer alguma coisa fora do

Você e o metaverso **227**

padrão e inesperada. Isso é inevitável! Mas é preciso que desde o começo fique tudo claro. A sugestão é fazer uma reunião semanal de status com todos os envolvidos para que, diante de qualquer problema, todos não só estejam a par como também se reúnam para ver o que pode ser feito para mudar rapidamente a rota. "Erre rápido, corrija rápido" é o mantra da gestão moderna, algo que as startups trouxeram para o nosso dia a dia.

O ideal é ter uma pessoa destinada para isso, alguém que tenha uma visão de gestão de projeto. Quanto mais sênior for a pessoa, mais assertivo o projeto será e menos relações serão feitas. Mas nem mesmo o(a) melhor gestor(a) de projetos do mundo poderá chegar à conclusão de tudo sem que muitas mudanças sejam feitas no meio do caminho. Vá por essa linha de pensamento que é menos frustrante e pode ajudar a resolver os problemas que chegam durante o desenvolvimento da ideia, pois, quando se preveem erros, já se começa a pensar em soluções.

Um outro ponto importante. Sentar em uma mesa para apontar de quem é o erro é uma perda de tempo enorme que não leva a lugar algum. A não ser que seja para identificar de onde vem o erro para ajudar a equipe a corrigi-lo. Perder horas como "ah, mas você disse isso", "ah, mas você disse aquilo" não levará a lugar algum. Problemas ocorrem e, como Roberto Shinyashiki tão bem retrata em seu livro *Problemas? Oba!*, as grandes empresas contratam os grandes executivos para resolver os grandes problemas. Portanto, gaste energia para rapidamente resolver problemas, pois pessoas que sentam na cadeira e apontam os dedos nada fazem. As empresas estão cheias delas. Resolva, simples assim! Junte os times, entenda o problema, lidere a solução. Muitas vezes, em reuniões com os times, temos de deixar por cinco minutos que as acusações sejam feitas, para depois pedir a palavra e usar toda a energia da sala para juntos solucionar os problemas.

Mesmo quando o seu projeto de Metaverso estiver no ar, vários problemas ainda vão ocorrer. Esse capítulo é para falar disso, certo? Então, prepare-se para uma enxurrada de problemas e para, pelo menos três vezes ao dia, pensar em largar tudo imediatamente. Com o Metaverso no ar, as pessoas virão ao seu espaço para tudo, desde comprar e pesquisar a até mesmo reclamar da marca ou de algum atendimento ruim em um ponto físico. Todos os dias problemas virão. Ora um item estará com bug, ora uma pessoa não estará disponível para fazer o atendimento ou mesmo essa pessoa poderá não estar fazendo o atendimento correto. Será preciso uma pessoa para gerenciar o Metaverso, um espaço no qual, assim como nas redes sociais, as pessoas vão interagir com a marca 24 horas por dia, sete dias por semana. É preciso que haja, assim como em qualquer serviço de atendimento ao cliente, regras claras para que as pessoas não se frustrem. Quando você, por exemplo, tem dúvidas no C6 Bank, ao entrar no chat, um aviso diz que o serviço só funciona em determinado horário. Pode ser frustrante, mas, por outro lado, é uma regra do banco bem clara. E regras existem para serem cumpridas.

No fim, pode ter certeza, de que tudo dá certo. Quando um problema ocorre é preciso que uma pessoa tome as rédeas do problema para resolver de forma rápida. Alguns são rápidos, outros demoram mais. O importante é que todos tomem conhecimento do problema, do C-Level aos consumidores; e saibam também que o time está trabalhando na solução, que acontecerá o mais rápido possível. As pessoas entendem que as empresas erram, isso não as irrita. O que as irrita é o erro persistir e nunca ser solucionado. A experiência de marca vai por água abaixo no momento em que um problema do cliente não é resolvido rapidamente. Experimente, no McDonald's, dizer que a sua Coca-Cola está sem gelo para ver como rapidamente eles trocam o copo sem questionar. Isso pode parecer algo simples, mas não é. Faz parte da experiência McDonald's. Mas ao menos isso (um refrigerante sem gelo) não será problema para o McDonald's no Metaverso, pois ainda não sentimos as coisas no Metaverso. Dissemos "ainda", pois, como já mostramos, há tecnologias em desenvolvimento que podem deixar o Metaverso mais realista. Mas, enfim, essa experiência do McDonald's no mundo físico vai precisar estar presente no mundo digital, como destacamos no capítulo anterior, sobre posicionamento de marca.

Apresentamos aqui as fases dos problemas que você poderá enfrentar. E é bom que tenha consciência disso. Mas saiba que o Metaverso é algo novo e que há muito a ser desenvolvido. Entenda que as tecnologias mudam e, principalmente, tenha cuidado com os "especialistas sem *cases* de sucesso". Já vimos no mercado de *e-commerce* a quantidade de auto-denominados especialistas em Magento (plataforma para construção de loja virtual) que, por ler três ou quatro PDFs e ver alguns vídeos no YouTube, se autointitulavam como tal, mas nunca tinham feito uma loja na plataforma. Isso prejudicou a imagem perante o mercado da própria Magento, que é muito boa. Cuidado com esses charlatães, que estão sempre de plantão. Uma teoria na propaganda diz que "o barato sai caro". No mundo digital isso é lei. Cuidado!

Como planejar a entrada da sua marca nesse universo?

Talvez você entenda que esse não deveria ser o último capítulo, e sim o primeiro. Mas explicamos por que o incluímos aqui, neste encerramento de conversa. Nada do que é feito no universo do marketing dá certo sem planejamento. Acreditamos que planejar não é certeza do sucesso. Mas não planejar é certeza do fracasso. A experiência nos mostra o quanto isso é uma grande verdade. Nosso foco foi garantir a todos os nossos leitores o conhecimento preliminar do Metaverso, com definições, *cases*, como trabalhar, perfil de público e o que fazer lá. Para essa pesquisa recorremos a diversas fontes nacionais e internacionais, o que resultou em um conjunto de informações que realmente garante o aprofundamento sobre este universo apaixonante que é o Metaverso. E é exatamente essa palavra – pesquisa – que justifica o capítulo sobre planejamento estar em último. Explicamos.

O processo de planejamento começa com muita pesquisa. Antes de você colocar qualquer ideia da apresentação em PowerPoint ou Keynote, é preciso garimpar informações e entender a fundo do assunto do qual está tratando. Portanto, como falamos anteriormente, antes de qualquer estratégia ou ação, é preciso muita pesquisa, imersão, conversas, estudos, análises e, claro, pegar o que foi investigado e agregar sua visão, opinião e *insights*.

Nesse longo processo, nos preocupamos em ler cada uma das fontes, entender, selecionar o que era relevante, dar o devido crédito àqueles que foram citados nesta obra e, por fim, fazer a análise conforme nossa experiência profissional e de vida. Demos alguns caminhos de como é possível fortalecer a sua marca nesse ambiente. Nessa rota, apresentamos a metodologia 5Ps de Branding e reforçamos que esta não é a única nem a verdade sobre *branding*, mas que é a metodologia que usamos na FM CONSULTORIA, com bastante sucesso. Falamos do geral e agora vamos para o específico quando o assunto é planejamento. Esse passeio introdutório ao Metaverso não poderia terminar sem que falássemos disso, que faz bem em qualquer lugar, tanto aqui no mundo físico quanto nas ainda inexploradas terras dos universos virtuais.

Passo a passo do planejamento

Pesquisas feitas, é hora de usar todo o conhecimento adquirido para produzir um *case* de sucesso no Metaverso. Uma regra básica do planejamento é saber que criar o material que vai dar o direcionamento para a marca no ambiente é 30% do trabalho e os outros 70% é quando o projeto está no ar. Vamos explicar isso melhor.

Outra regra é que planejamento não é apenas fazer um material bonito. O Keynote ou o PowerPoint aceitam tudo. O problema é que o que está ali planejado, uma vez aprovado, precisa ser executado. O mínimo que se espera é que as metas estipuladas sejam alcançadas. Enfatizamos isso porque o sucesso do planejamento não é cumprir com o que foi pensado, mas extrapolar o que foi planejado. Em resumo, cumprir é obrigação, é como você tomar água: o mínimo que esperamos quando nos hidratamos é que isso mate a nossa sede.

Uma terceira regra é que o planejamento é um documento que tem muito embasamento. Os profissionais de "planejamento raiz", como já chamamos aqui, são aqueles que detalham suas pesquisas na apresentação visual.

Pode até incluir uma seleção com números mais interessantes para que a apresentação não fique poluída e para que quem a está acompanhando não se perca na hora e compreenda com clareza a mensagem. Alguns clientes nem vão ler, mas só de ver que você colocou na mesa um documento de 80 páginas, por exemplo, com diversos textos, gráficos e imagens, e que nesse material tem muitas observações e *insights*, já passa uma enorme credibilidade. E isso é muito importante para que o projeto seja aceito.

Por fim, seja o mais objetivo e direto possível. Luiz Buono, sócio da Agência Fábrica, em um evento do Proxxima (sessão de palestras promovido pelo jornal *Meio&Mensagem*, dono do portal Proxxima), disse que, "se você não consegue apresentar seu planejamento em duas linhas, ele talvez não seja bom". É uma estratégia a ser considerada. Apresentações não devem durar mais do que uma hora e precisam estar bem completas. Abaixo passaremos o que acreditamos ser a estrutura ideal do planejamento. Reiteramos ainda que, se você é uma agência, consultoria ou mesmo trabalha no cliente, no fim do dia todos têm o mesmo cliente: o C-Level da empresa, seja ela do tamanho que for.

Passo 1: Defina o objetivo

"Um passo por vez! Um soco por vez! Um *round* por vez!" Isso é o que diz o personagem Rocky Balboa (interpretado por Sylvester Stallone) no filme *Creed*, enquanto ele treina Adonis Creed para a luta. É uma frase que resume muito bem como as empresas devem trabalhar para atingir seus objetivos. Portanto, não tenha vários e difusos propósitos, ou se perderá em meio a eles. Quando você vai para a praia, qual o seu objetivo? Pegar o carro, pegar uma das diversas estradas e estar na praia depois de algum tempo. Só aqui são três objetivos, mas todos seguem uma sequência para que, no final, atinja-se o verdadeiro objetivo, que é chegar à praia o mais rápido possível. O horário que você vai sair, a estrada que vai pegar, os caminhos que vai usar são as estratégias da viagem.

Mas lembre-se que o objetivo é igual piada: se tiver que explicar muito, ele não é bom. O que queremos dizer com essa analogia? Simples: objetivos são curtos, diretos e de fácil entendimento. É a missão que o cliente tem de fazer para o sucesso da marca. Por isso ele é sempre uma ordem: "Faça isso", "Veja aquilo", "Se cadastre nisso". Quando colocamos números, como "aumentar em 20% a penetração no mercado A" ou "elevar em 32% as vendas do produto X", isso é meta, outra coisa, mas totalmente alinhada com o objetivo da marca.

O objetivo é um dos mais importantes e difíceis pontos a serem concluídos. Pode parecer fácil, pois para muitos é apenas colocar uma frase que mostre que a empresa vai crescer. Mas não é isso. Araken Leão, um experiente profissional de planejamento e que hoje atua como *coach*, costumava dizer: "Se você coloca um objetivo no slide e, com ele, coloca a marca da TAM, e ele serve; coloca a marca da Saraiva, e ele serve; coloca a marca do Sebrae, e ele serve, esse objetivo não é bom! Bons objetivos não são genéricos, mas são identificados apenas com a marca a que realmente se destina". Baseado nessa frase é que apontamos como é muito importante que você defina bem o objetivo. Este tem de estar atrelado com o momento da empresa e com uma meta que seja alcançável. Não adianta a empresa querer crescer 45% se o mercado cresce 2%. O C-Level sempre vai querer o maior crescimento, isso é fato, mas é preciso algo que seja factível de ocorrer.

O seu objetivo precisa estar dentro do que o Metaverso propõe. Um objetivo que fuja muito do que o Metaverso oferece não será fácil de concluir. Logo, será uma enorme frustração. Assim como aquele que não explorar os mínimos recursos desse universo paralelo poderá fazer com que a empresa seja prejudicada diante da concorrência. O equilíbrio é fundamental para projetos de sucesso e você precisa ter isso claro quando for traçar o objetivo. Além de ter a frase de Balboa em mente, faça aos poucos. Não se faz mais planejamentos de longo prazo, pois a tecnologia muda tanto que não faz mais sentido. Portanto, faça um plano macro de marca e pequenos planejamentos com objetivos bem definidos, curtos, diretos e que façam sentido.

Passo 2: pesquisando o mercado

Pesquisar o mercado é entender tudo o que acontece nele, desde os números até as tendências. Aqui no livro, por exemplo, usamos números com parcimônia, pois estes ficam defasados rapidamente. Mas na sua pesquisa para apresentação de um projeto, quando normalmente você tem no máximo uma semana entre a criação e a demonstração ao cliente, isso é essencial. Nesse caso, quanto mais números e inteligência você trouxer, mais chances de o projeto ser aprovado.

Separe dados que sejam interessantes para a sua defesa. Quando pesquisamos, muitas informações surgem durante o trabalho investigativo. Na análise dos materiais colhidos, haverá divergência entre eles. Isso é normal de acontecer, pois cada empresa tem uma metodologia, especialistas têm opiniões diferentes sobre o mesmo assunto e assim vai. Nesses casos, eleja uma que você avalie ter mais credibilidade e siga com ela. Nada impede você de usar outras fontes, e é até bom que o faça. Mas cuidado para que uma fonte simplesmente não repita o mesmo dado que outra.

Apresente os dados de forma macro, mas crie o documento, como mencionamos acima, para deixar na mesa do C-Level. Evite ao máximo apresentações com muito e também com pouco texto: equilíbrio é tudo. Se vai usar imagens, selecione as que têm a ver com a empresa, segmento ou Metaverso e que, principalmente, estejam de acordo com o texto/mensagem que está sendo apresentado. Isso ajuda a fixar.

Passo 3: Concorrência

O Metaverso está apenas no começo, logo, é mais fácil avaliar a concorrência, uma vez que, por ora, em muitos mercados não terá nenhuma empresa do segmento. Por um lado é bom, a sua empresa pode dominar o terreno. Mas não ache que isso vai durar muito tempo. Pense que neste exato momento algumas dezenas de gestores estão em reunião com equipes, conversando com fornecedores, lendo diversos estudos sobre o Metaverso e já estão se mexendo para estarem lá.

Analisar a concorrência, portanto, por enquanto pode ser mais simples. Mas em breve não será. O primeiro passo é mapear em quais plataformas de Metaverso as marcas do seu segmento se encontram. Criar uma planilha *on-line*, ou mesmo um dashboard, caso seu time de tecnologia possa desenvolver, facilita, para que se tenha em um só lugar todas as informações coletadas nesses estudos. Um segundo passo é, como se fosse um avatar normal, entrar no Metaverso com os olhos de uma criança curiosa na Disney. Sem preconceito algum, sem soberba, se transforme em uma criança de seis anos no mais famoso parque do mundo. Seja aquela que pergunta tudo, que quer saber, ver e experimentar tudo. Olhe cada detalhe, assine *newsletters* se tiver, assista aos vídeos, compre itens e interaja como se você fosse um avatar qualquer, e não uma pessoa do time de marketing da principal concorrente.

Por fim, faça relatórios diários. Algumas empresas avaliam a concorrência diariamente, criando dados em uma planilha que, às vezes, para nada servem ou, às vezes, ajudam na tomada de decisões. Certas empresas preferem avaliar mensalmente os rumos da concorrência. Isso pode ser ruim, pois, se a concorrência se mexe rápido e você não, ela rouba seus clientes e você nem percebe.

Passo 4: Perfil de público

Fundamental para o sucesso da sua iniciativa é saber com quem você vai falar, afinal, nada no marketing é mais importante do que conhecer comportamentos. Crie a sua persona e a apresente para o C-Level.

As personas são criadas a partir de muita pesquisa. Quando lhe apresentamos a "Voz das Ruas" (no capítulo anterior, lembra?) já mostramos como entendemos ser uma pesquisa. A pesquisa *on-line* não requer grandes investimentos, basta fazer um Google Formulários com as perguntas que você deseja saber, não tem um script pronto, vai de marca para marca. Dispare para a sua base de *e-mail*, que tem a tendência dar mais retorno. Se você tiver 25% de respostas da base, isto é, se a cada 100 pessoas 25 responderam, a pesquisa foi um sucesso. Jamais prometa algum brinde, ou as pessoas vão responder pelo brinde, e isso em nada ajudará a sua marca. Se quiser, o Google Formulário poderá ser postado nas redes sociais e em banner no *site*, para ter mais pessoas respondendo.

Faça pesquisas presenciais. Uma tarde na loja física conversando com vendedores, gerentes e consumidores dará um ganho gigante de *insights* para a sua comunicação. Sente, converse, faça um bate-papo informal, como se você e a pessoa a ser entrevistada estivessem sentados em uma mesa de bar, tomando um suco e falando da vida. Quanto mais relaxada a pessoa estiver, mais chances você tem de extrair tudo o que é preciso dela.

Como criamos as personas?

Abaixo vamos apresentar a nossa metodologia. Novamente, ela não é a única, mas é a que nós aplicamos no nosso dia a dia e estamos passando aqui para vocês.

Importante: você está construindo uma persona, ou seja, uma pessoa. Todos nós temos um nome, idade, cidade onde moramos, profissão e status de relacionamento. O Pedro não tem entre 35 e 40 anos, ele tem 38. Pessoas têm uma idade, um sexo, moram em uma cidade, podem até ter mais do que uma profissão, mas relacionamento, geralmente, apenas um.

A seguir, para criar cada item, você precisa responder às perguntas. Mas esses questionamentos devem vir de pesquisas, e não de achismos. Em caixa-alta colocamos qual o ponto a definir e logo abaixo as perguntas levantadas nas pesquisas, que precisam ser respondidas.

PERFIL PESSOAL
- Onde e com o que trabalha?

- Faixa salarial
- Classe Social
- Desejos e anseios
- Filhos?
- Valores pessoais
- Preocupações
- Habilidades pessoais
- Atividades diárias

MOTIVAÇÕES
- O que te motiva a comprar?
- O que ensina?
- O que gosta?
- O que lê?
- O que consome?
- Quais suas necessidades?
- Quais suas expectativas de vida?

SONHOS
- O que busca?
- O que sonha?
- Como a marca traduz o sonho?

OBJETIVO
- Vida
- Profissão
- Relacionamento
- Aposentadoria

MARCAS
- Qual mais consome?
- Qual deseja?
- Qual te inspira?
- Qual não gosta?

MÍDIA
- O que lê?
- O que ouve?
- O que vê?
- Como a internet está na sua vida?
- Como usa smartphone?
- Adepto a apps?

NECESSIDADE
- O que você precisa?
- Por que necessita?
- Qual a expectativa de consumo?

PROBLEMAS
- Quais problemas você enfrenta e o que espera que a marca/produto/serviço resolva

A cada resposta dada, pontos são levantados. A sua próxima missão é pegar esses pontos e formar uma redação, igual se fazia na escola, mas com os dados da pesquisa. Está pronta a sua persona. A dica é: quanto mais detalhes, melhor. Não estamos colocando um exemplo nosso, pois não podemos expor nossos clientes. Mas comece a sua redação na mesma sequência das perguntas acima.

> *Pedro tem 38 anos, mora em São Paulo, é advogado e casado com Carla, que tem 37 anos e também é advogada. Juntos eles ganham 14 mil reais por mês, moram em um apartamento no bairro de Higienópolis. São casados há 12 anos e namoram há 18. Se conheceram na faculdade, estudavam na mesma sala e engataram um namoro no 2º ano. Pedro tem um Jeep Renegade enquanto Carla tem um Honda CRV. Pedro gosta de gosta de assistir aos jogos do seu time do coração, o São Paulo. Ele e Carla decidiram não ter filhos, mas têm dois cachorros, machos, da raça Yorkshire, que têm sete anos cada.*

Inventamos trecho acima para que você entenda como é a construção da sua persona. Investigue, pesquise todos os perfis: consumidores,

consumidores esporádicos, amantes, ex-consumidores e quem detesta. Se a sua empresa for B2B, os potenciais consumidores entram na lista, tudo o que explicamos em capítulos anteriores. Assim, desenhada a sua persona, você terá mais clareza de quem vai falar. No caso acima, Pedro é a persona, mas Carla é parte fundamental na vida dele, por isso ela tem peso na descrição.

Passo 5: Estratégia

Ao longo do livro, apresentamos diversas estratégias para que a sua marca pudesse entrar com tudo no Metaverso. Aqui, reunimos muita pesquisa para trazer o melhor conteúdo e, com isso, motivá-lo a entrar no Metaverso o quanto antes. Principalmente quando apresentamos os 5Ps de Branding, para ajudá-lo a ter uma visão mais clara do que a sua marca é e para onde vai.

Revelaremos mais uma metodologia aqui. De novo, essa não uma a regra única nem a única forma de criar um pensamento estratégico para a sua marca, mas é a que usamos. Dentro de uma linha de raciocínio, comece traçando o que a sua marca é e então comece na linha, mapeando o Propósito da marca, um dos 5Ps, como vimos acima. Na sequência, entenda o DNA da marca, o que a marca tem de diferente. Na mesma metodologia dos 5Ps você vai conseguir entender e, na sequência, pensar no posicionamento da marca e qual a inovação ela traz.

Essa sequência pode dar uma ideia de como você fará com que a sua marca saia do ponto A para o ponto B. Lembra-se de que no capítulo de objetivo falamos sobre como usar a estrada para atingir seus objetivos? Aqui é que vemos como isso é feito. A estratégia é essa estrada que liga o ponto A ao B de uma forma única.

Segundo Tommy Hilfiger, fundador da marca que leva seu nome, uma marca precisa trazer para as pessoas três elementos básicos:

- Ter compromisso em criar experiências.

- Ter definição clara do que inspira.
- Ter uma conexão clara com a cultura pop.

Quando se vai projetar uma marca, seja no ambiente que for, é preciso seguir esses pontos levantados. A estratégia de marca é algo mais "romântico", que se faz para conquistar o coração das pessoas. Sendo assim, a experiência é muito importante, e no Metaverso será ainda mais. Isso não é algo a se fazer, é uma lei!

Existem três pilares que constroem uma boa estratégia: *branding*, posicionamento, inovação. E o Metaverso traz um terreno altamente fértil para isso. De *branding* e posicionamento falamos no capítulo dos 5Ps. Já inovação nem precisa de muito, afinal, é o substantivo que melhor serve como sinônimo de Metaverso. Logo, o que mais falamos foi sobre inovação.

Pronto, o planejamento está concluído! Seguindo esses passos ele está pronto. Ou não? Na verdade, sim. A partir daí vem a parte tática, que nada mais é do que transformar esse romantismo do pensamento estratégico em algo palpável, que todos possam ver, sentir, usar: o Metaverso.

Passo 6: Plano tático

Nesse ponto é que você vai criar tudo o que é possível e imaginável dentro do Metaverso: comprar seu terreno, construir a sede da sua empresa, criar uma versão digital do seu carro ou tênis, criar os avatares dos colaboradores da sua empresa... enfim, o céu é o limite. Nesse momento, todos do time devem colaborar, na verdade, em todos os pontos. O *brainstorm* pega fogo! É importante que você converse bastante com todas as pessoas do seu time sobre o projeto do Metaverso. Pegue ideias antes e depois do plano estar pronto. Algumas vão se manter; outras vão sair; e algumas novas surgirão. O certo é que, em um mercado com tantas novidades, ideias é o que não vai faltar para o seu time.

Conclusão

Chegamos enfim ao epílogo de um agradável mergulho neste mundo fascinante que é o Metaverso. Ainda estamos em um momento em que suas estruturas estão sendo construídas, portanto, é o momento em que muitas marcas mais antenadas vão entrar, criar *cases* e se destacar. Essa é a dica primordial que damos para você, leitor: entre também!

Vimos alguns dizendo que o Metaverso não passa de uma onda; respeitamos, mas discordamos. Cansamos de ir a palestras em que profissionais de fora do país, com cachês altíssimos, diziam que o *e-mail* ia morrer, e ainda hoje vemos que 30% do faturamento dos *e-commerces* vem de *e-mail marketing*. Ouvimos que as redes sociais não seriam nada além de plataformas para conversas e hoje vemos a importância que elas têm para a geração de negócios. Lemos de pessoas no LinkedIn que o *omnichannel* era coisa de palestrante, mas ao mesmo tempo víamos os milhões de dólares que os Estados Unidos estavam faturando com essa estratégia. Teóricos existem aos montes por aí. Falar, como se diz na gíria, "até papagaio fala", então, não ligue para quem, na ânsia de aparecer e de ganhar *likes*, quer polemizar o que está escancarado. Até professor jogando no lixo o livro *Administração de marketing*, de Philip

Kotler, considerado o melhor e mais completo livro de marketing do mundo, já vimos.

Sabemos que operações gigantes, como no caso de multinacionais, precisam de muitas aprovações para que algo saia do lugar. Em contrapartida, operações menores, não. Até 2021, mal se ouvia sobre o Metaverso. De lá para cá, todos os dias somos bombardeados com dezenas de matérias sobre o tema. Isso é um indicador de que o mercado está se movimentando. E a sua empresa, está?

O Metaverso é novo e, dependendo da sua visão, isso pode ser bom ou ruim. Pode ser ruim, porque tudo que é novo dá medo. Colocar um bom dinheiro, energia e esforço em um projeto e não dar em nada é o que ninguém quer. Com o *Second Life* muitas empresas tiveram esse problema. Mas até essa indecisão do mercado pode ser algo bom, pois, com menos concorrência, há mais chances de quem começar agora crescer e dominar o território com menos necessidade de investimento. O mercado de apostas *on-line*, por exemplo, mostrou em 2020 que tinha potencial; em 2021, se consolidou; e, em 2022, tem muitas empresas correndo atrás do tempo perdido com a necessidade de investir mais dinheiro para se destacar no segmento. Com as lojas *on-line* se deu o mesmo fenômeno. As empresas que mais investiram no fortalecimento da sua marca saíram na frente, ao passo que as outras precisaram de mais recursos e investimento para chegar no mesmo patamar.

Sempre que nos perguntam se algo é para empresas grandes, a nossa resposta é não, afinal, nenhuma empresa nasceu grande. A Apple nasceu em uma garagem e o Google, em um quarto de faculdade. Talvez a sua empresa tenha nascido maior do que eles e você não está arriscando para ficar ainda maior. Isso é comum! Há muito gestor que ainda acha que o mundo é como na década de 1980, quando para achar o contato de determinada empresa era preciso recorrer a uma lista telefônica.

Vá em frente! Antes de começar o seu projeto para o Metaverso, ainda no campo das pesquisas, obviamente você fará um *brainstorm* com o seu time. Mas nem todas as ideias ali poderão ser usadas, uma vez que ainda será preciso dar uma série de passos preliminares. Que passos são esses? Basicamente todo este livro é o passo a passo da sua iniciativa dentro do Metaverso. Com ele, esperamos ter atiçado sua curiosidade e estimulado a se abrir para uma revolução inevitável e em curso.

Nos dois últimos capítulos, apenas demos um norte de como esse universo pode sair do campo etéreo das ideias para o campo da estratégia e da prática. Agora você está pronto para colocar em curso seu projeto. Você não se tornou um especialista por ter chegado até aqui, mas está à frente de muita gente. Desejamos muito sucesso a você nesse novo desafio da sua carreira e que nosso trabalho seja sempre lembrado como aquele que lhe deu um pequeno empurrão para que se jogasse de vez neste incrível e promissor mundo imersivo. O Metaverso é genuinamente surreal, mas é para onde todos caminhamos para construir uma nova realidade. Nos encontramos lá!

Um grande abraço,

FELIPE MORAIS & MAYA MATTIAZZO

#Tagverso

5G: Quinta geração da rede de internet móvel, sucessora do 3G e do 4G. Representa mais velocidade de conexão à internet do celular, favorecendo *downloads* e *uploads*, oferecendo cobertura mais ampla, maior estabilidade de sinal e conexões de objetos inteligentes a cidades inteligentes.

Avatar: representação personificada do usuário dentro do ambiente virtual.

Benchmarking: representa a estratégia de **detectar** empresas que se destacam em determinada competência e que, por isso e de acordo com as circunstâncias, podem servir de referência.

Big data: maior variedade e complexidade de dados, que chegam em volumes crescentes e com velocidade cada vez maior. Esses conjuntos de dados são tão grandes que o *software* tradicional de processamento não consegue gerenciá-los. No entanto, a gestão adequada dessas informações permite que sejam usadas para resolver problemas de negócios que antes não era possíveis.

Blockchain: na prática, é um livro-razão compartilhado e imutável, que facilita o processo de registro de transações e o rastreamento de ativos em uma rede empresarial. Praticamente qualquer item de valor pode ser rastreado e negociado em uma rede de *blockchain*, o que reduz os riscos e os custos para todos os envolvidos. Com ela, pode-se acompanhar pedidos, pagamentos, contas, produção, entre outros, e ver todos os detalhes de uma transação de ponta a ponta, o que oferece maior confiança, eficiência e novas oportunidades.

Brand persona: é uma estratégia baseada na criação de personagens com os valores da sua marca, com o objetivo de aproximar o relacionamento com o público consumidor. Exemplos famosos são a Lu (do Magalu) e o Tony (o tigre da Kellog's).

Branding (ou brand management): gestão das estratégias de marca de uma empresa, visando a torná-la mais desejada. Envolvem ações que trabalham posicionamento, propósito, identidade e valores, que, alinhadas e em conjunto, buscam despertar sensações e criar conexões voltadas a fazer da marca a melhor opção do cliente na hora da compra de um produto ou serviço.

C-Level: é um termo usado para designar coletivamente os executivos mais altos de uma companhia. A letra "C" vem de "chief" ou "chefe". Os C-level são aqueles que estão no topo hierárquico e, portanto, são mais influentes, como o CEO (*chief executive officer*), CFO (*chief financial officer*), CIO (*chief information officer*), COO (*chief operating officer*), CMO (*chief marketing officer*) e CTO (*chief technology officer*).

Chatbot: é um *software* que é capaz de manter uma conversa com um usuário humano em linguagem natural em diversas plataformas digitais, como *sites*, aplicativos de mensagens, por intermédio de aplicativos de mensagens, *sites* e outras plataformas digitais. Também chamados simplesmente de bots, aplicações conversacionais ou *business chat*, usam uma interface conversacional para entregar um produto, serviço ou experiência.

Criptoativo: é um ativo virtual ou representação de valores que só existem em registros digitais. Esse tipo de bem é protegido por criptografia e armazenado exclusivamente em uma rede de computadores.

A transação com criptoativos é feita entre indivíduos ou empresas, sem a intermediação de uma instituição financeira. As mais de 5 mil criptomoedas existentes no mundo, como Litecoin e Peercoin, e os NFTs são criptoativos.

Criptomoeda: é uma moeda digital ou virtual protegida por criptografia, o que torna quase impossível falsificar ou gastar duas vezes. Muitas são redes descentralizadas baseadas na tecnologia *blockchain*. A maioria delas não é emitida por nenhuma autoridade central, tornando-as teoricamente imunes à interferência ou manipulação do governo. No entanto, os bancos centrais das Bahamas, da União Monetária do Caribe Oriental e da Nigéria já se tornaram pioneiros na criação de moeda digital dos bancos centrais (CBDC, na sigla em inglês). O Brasil também planeja lançar sua própria criptomoeda no segundo semestre de 2022, enquanto o Federal Reserve (Fed), dos Estados Unidos, e o Bank of England mantêm a cautela.

Descentralização e distribuição de propriedade: representa a ideia de que o Metaverso não será regulado ou administrado por uma única corporação ou indivíduo.

Espaços *liminares*: uma nova geração de locais de encontro e de eventos que incorporam elementos físicos e virtuais.

Gêmeos digitais: trata-se de qualquer cópia virtual de algo que existe no mundo físico, de peça a equipamentos e, inclusive, ambientes urbanos. Esses clones digitais têm múltiplas funções e ajudam a assegurar familiaridade e eficiência na realização de processos. Na indústria 4.0, onde têm ampla aplicação, são classificados em gêmeos de produtos, gêmeos de processos e gêmeos de otimização.

Golden Circle: o círculo dourado é uma metodologia criada pelo inglês Simon Sinek para ajudar empresas e líderes a encontrarem seu propósito e gerarem impacto, a partir de três perguntas: "por que?", "como?" e "o quê?".

Internet das Coisas (IoT): vem de *Internet of Things*, expressão criada em 1999 pelo pesquisador britânico Kevin Ashton, do Instituto de Tecnologia de Massachusetts (MIT). É uma referência à conexão de diversos itens – de uma televisão a um automóvel – à internet, permitindo a coleta e transmissão de dados a partir da nuvem. São exemplos de aplicação dessa tecnologia as smart TVs, fechaduras inteligentes, *wearables* variados, marcapassos cardíacos com dispositivo IoT, entre outros.

Interoperabilidade: a capacidade de experiências, posses e identidades virtuais viajarem de forma inalterada entre plataformas.

NFTs: os tokens não fungíveis são certificados digitais de autenticidade que formam a base da propriedade digital. Esse identificador digital exclusivo não pode ser copiado, substituído ou subdividido. É registrado em uma *blockchain* e usado para certificar a autenticidade e a propriedade de um ativo digital específico e direitos específicos relacionados a ele. O contrário de um bem não fungível (ou seja, fungível) é algo que é tangível ou que é possível de ser tocado fisicamente, como é o caso de uma casa, um carro, terras e dinheiro em espécie.

Omnichannel: abordagem multicanal de vendas, que integra todos os canais disponíveis. Visa a oferecer uma experiência completa e perfeita de compra, esteja o consumidor utilizando uma plataforma *on-line*, telefone, loja física ou qualquer outro canal habilitado pela empresa. Diante desta pluralidade, o *omnichannel* se interconecta também com o Metaverso, já que ambos fazem uso do melhor dos dois mundos.

Organizações autônomas descentralizadas: conhecidas também como DAOs (na sigla em inglês), são grupos de pessoas que têm um objetivo comum e que se encontram organizadas sem uma liderança central, usando a rede *blockchain* para tomada de decisões. As DAOs podem apresentar múltiplos modelos quanto à organização e à tomada de decisão participativa. Seu sistema de NFTs pode atuar como identificador digital (cada membro um voto), com tokens de decisão (quanto maior o número de tokens, maior o peso) ou com um balanceamento entre poder econômico e identidade.

Persistência: conceito aplicado aos ambientes virtuais, que representa a continua*ção da vida digital* e do estado dos objetos ali presentes independentemente de as pessoas estarem *on-line* ou *off-line*.

POAPs: Proof of Attendance Protocol (POAP, na sigla em inglês, ou Protocolo de Prova de Comparecimento ou Participação) é uma nova maneira de manter um registro confiável das suas experiências de vida. Criado em 2019, é um certificado digital no formato NFT que serve para comprovar a participação em eventos, simpósios, congressos e outros do mundo físico ou virtual. Esse token fica salvo na carteira do usuário e pode ser acessado por meio de um aplicativo no celular ou pelo navegador favorito.

Realidade aumentada (AR; ou RA, na sigla em inglês): é uma tecnologia que permite sobrepor elementos virtuais à nossa visão da realidade. **O conceito foi criado em 1992 por Thomas P. Caudell, cientista e pesquisador** da Boeing, enquanto trabalhava no desenvolvimento do modelo 747. Mas sua popularização e viabilidade veio com o jogo *Pokémon Go*, lançado em 2016.

Realidade estendida (XR na sigla em inglês): termo abrangente que engloba realidades aumentadas, virtuais e mistas.

Realidade mista: tecnologia que mistura realidade virtual com realidade aumentada, usando parte do ambiente real e parte do espaço virtual, tornando a experiência ainda mais interativa e imersiva.

Realidade virtual (RV; ou VR, na sigla em inglês): tecnologia que induz efeitos visuais e sonoros, permitindo a imersão em uma ambiente virtualmente simulado, no qual o usuário se insere como se realmente estivesse ali. O termo foi criado por Jaron Lanier, fundador da VPL Research, no início dos anos 1980.

Second Life: experiência pioneira de simulação da vida em realidade virtual. É um misto de jogo, simulador, rede social e comércio virtual, cujo conceito primordial é que os usuários tenham ali uma vida paralela à real. Em um ambiente tridimensional, o avatar pode trabalhar, estudar, fazer compras, construir casas, participar de festas, casar e mais. Criado em 2003 pela empresa Liden Lab, foi popular até 2008, quando caiu no ostracismo. Mas a plataforma continua em operação.

Stablecoins: como o nome sugere, é um tipo de moeda digital estável, cujo valor de mercado deriva de alguma referência externa, como uma moeda nacional, metais preciosos, petróleo, obras de arte e até mesmo o índice S&P500. Muitas *stablecoins* são pareadas a uma moeda do mundo físico, como é o caso da BRZ, a principal vinculada ao real brasileiro e a maior do mundo não atrelada ao dólar. Outros exemplos são a Tether (USDT), pareada ao dólar americano (1 USDT valerá sempre US$ 1), Dai, Binance USD, TrueUSD e USD Coin.

Teletransporte virtual: nova abordagem para a geração de realidade virtual, que usa renderizações multissenssoriais e fotorrealistas, permitindo a criação de experiências virtuais que são muito mais realistas e envolventes do que qualquer coisa já conseguida antes. Um usuário dos dispositivos pode se sentir como se estivesse fisicamente na mesma sala com alguém que pode estar em qualquer lugar do planeta.

Unique selling proposition: a definição mais resumida do que realmente torna sua empresa única para seu público-alvo.

Wearable: basicamente é qualquer dispositivo tecnológico que pode ser usado como acessório ou que se pode vestir, como *smartwatches*, *smartbands* e peças como óculos, jaquetas e tênis, que ajudam em determinados tipos de monitoramento e respondem a comandos.

Web 3.0: uma internet imersiva, que traz como conceito principal a descentralização e maior atuação do usuário. Baseada em *blockchain*, permitirá uma fusão perfeita das experiências físicas e virtuais.

Notas

1. RAVACHE, Guilherme. O futuro do metaverso e por que ele será bem diferente de como você imagina. *MIT Technology Review*, 22 out. 2021. Disponível em: https://bit.ly/3JQPtRR. Acesso em: 17 abr. 2022.
2. MONTEIRO, João. Como o 5G vai impactar a vida do brasileiro. *Notícias Concursos*, 14 fev. 2022. Disponível em: https://bit.ly/3EncUAP. Acesso em: 17 abr. 2022.
3. BRANDÃO, Marcelo. Experiência: diferenciação da Accenture para um mundo pós-digital. *Consumidor Moderno*, 21 mar. 2022. Disponível em: https://bit.ly/3EDYHQg. Acesso em: 22 abr. 2022.
4. SCHNAIDER, Amanda. Sarah Bond, do Xbox, aborda o poder transformador dos games. *Meio&Mensagem*, 2022. Disponível em: https://bit.ly/3vy3kqW. Acesso em: 22 abr. 2022.
5. PGB 2021 revela perfil dos gamers brasileiros. *Promoview*, 2021. Disponível em: https://bit.ly/3k2WHYf. Acesso em: 22 abr. 2022.
6. *Mindfulness* (ou atenção plena) é um exercício intencional com o qual se busca estar no momento presente de maneira mais consciente possível, focando a atenção em cada movimento, situação e respiração.
7. SCHNAIDER, Amanda. Sarah Bond, do Xbox, aborda o poder transformador dos games. *Meio&Mensagem*, 2022. Disponível em: https://bit.ly/3vy3kqW. Acesso em: 22 abr. 2022.
8. JOBIM, Caio. 8 jogos do metaverso para jogar e ganhar dinheiro no PC ou mobile. *Cointelegraph*, 2021. Disponível em: https://bit.ly/3rKU0Pc. Acesso em: 22 abr. 2022.
9. METAVERSO será caminho sem volta para quem não quer ser engolido pela concorrência. *Economia SC*, 2022. Disponível em: https://bit.ly/37ylgdb. Acesso em: 23 abr. 2022.
10. NIKE compra startup de NFTs para vender tênis virtuais no Metaverso. *Infomoney*, 2021. Disponível em: https://bit.ly/3Ki1uzM. Acesso em: 25 abr. 2022.
11. METAVERSO: o que é a economia do mundo paralelo e como ela pode ser explorada nos próximos anos. *G1*, 2021. Disponível em: http://glo.bo/3LgGjj0. Acesso em: 25 abr. 2022.

12. O tema realidade mista é abordado com mais profundidade na obra *Transformação digital*: como a inovação digital pode ajudar seu negócio nos próximos anos, de autoria de Felipe Morais e publicado pela SaraivaUni em 2019.

13. NICOCELI, Artur. Entenda por que grandes empresas estão apostando tanto no metaverso. *CNN*, 2022. Disponível em: https://bit.ly/3sdNyAT. Acesso em: 26 abr. 2022.

14. OLIVEIRA, Eulina. XP e Rico lançam fundo focado em empresas que trabalham no Metaverso. *Valor Econômico*, 24 jan. 2022. Disponível em: http://glo.bo/3OA5tv1. Acesso em: 26 abr. 2022.

15. Esse assunto é mais profundamente abordado na obra *Planejamento de marcas no ambiente digital*, de autoria de Felipe Morais, publicado em 2020 pela DVS.

16. SILVA, Adriele. Metaverso: como a nova realidade pode impactar a experiência do cliente? *Consumidor Moderno*, 15 dez. 2021. Disponível em: https://bit.ly/3MvsZHv. Acesso em: 26 abr. 2022.

17. SILVA, Adriele. Metaverso: como a nova realidade pode impactar a experiência do cliente? *Consumidor Moderno*, 15 dez. 2021. Disponível em: https://bit.ly/3MvsZHv. Acesso em: 26 abr. 2022.

18. MORALES, Débora. Metaverso: "Big bang" digital. *Negócio & Franquia*, 25 fev. 2022. Disponível em: https://bit.ly/3OFgLxT. Acesso em: 26 abr. 2022.

19. MORALES, Débora. Metaverso: "Big bang" digital. *EnfoqueMS*, 27 fev. 2022. Disponível em: https://bit.ly/3OSI7B0. Acesso em: 27 abr. 2022.

20. HORNOS, Ana Paulo. Metaverso: decifre-o ou seja devorado por ele. *Estadão*, 28 fev. 2022. Disponível em: https://bit.ly/39pbVow. Acesso em: 28 abr. 2022.

21. HORNOS, Ana Paulo. Metaverso: decifre-o ou seja devorado por ele. *Estadão*, 28 fev. 2022. Disponível em: https://bit.ly/39pbVow. Acesso em: 28 abr. 2022.

22. MEDEIROS, Amanda. Como o seu negócio pode se beneficiar com o metaverso? *Consumidor Moderno*, 23 mar. 2022. Disponível em: https://bit.ly/3MBZ7cz. Acesso em: 28 abr. 2022.

23. A íntegra da reportagem da *Consumidor Moderno*, de autoria de Amanda Medeiros, está disponível em: https://bit.ly/3Ksqtk7.

24. MARTINS, Fabrício Vendichetis. Como planejar a entrada da sua empresa no metaverso. *It Forum*, 10 dez. 2021. Disponível em: https://bit.ly/3kmra3T. Acesso em: 29 abr. 2022.

25. BENETTON revoluciona a experiência do Metaverso. *ShoppingEspirit News*, 22 fev. 2022. Disponível em: https://bit.ly/3vUig2X. Acesso em: 30 abr. 2022.

26. Ibidem.

27. QUEIROZ, Otávio. Os metaversos mais interessantes em desenvolvimento. *Showmetech*, 29 mar. 2022. Disponível em: https://bit.ly/375svci. Acesso em: 30 abr. 2022.

28. Uma análise mais aprofundada a respeito das tendências digitais encontra-se no livro *Transformação digital*: como a inovação digital pode ajudar no seu negócio para os próximos anos (SaraivaUni, 2020), de autoria de Felipe Morais.

29. CONTADO, Valéria. Web 3.0: como as marcas podem aproveitar a nova internet? *Proxxima*, 11 mar. 2022. Disponível em: https://bit.ly/3rZAbUH. Acesso em: 1º mar. 2022.

30. Gavin Wood é a mesma pessoa que criou a criptomoeda Ethereum, que hoje é o segundo protocolo de *blockchain* mais usado do mundo e o principal do mercado de NFTs.

31. Em julho 2019, a Comissão Federal de Comércio dos Estados Unidos (FTC, na sigla em inglês) aprovou uma multa de 5 bilhões de dólares ao reincidente Facebook por violar as regras de privacidade de seus usuários no caso Cambridge Analytica. Em fevereiro de 2021, um juiz federal americano aprovou o pagamento de US$ 650 milhões ao mesmo Facebook para que fosse encerrado um conflito de privacidade com 1,6 milhão de usuários do estado de Illinois.

32. CRIPTOMOEDAS é a economia do metaverso, diz especialista. *Yahoo! Notícias*, 31 jan. 2022. Disponível em: https://bit.ly/3s4dvCu. Acesso em: 1º mar. 2022.

33. MARQUES, Gabriel. Ex-CEO da Disney investe no metaverso e ressalta poder de sua tecnologia. *Exame*, 14 mar. 2022. Disponível em: https://bit.ly/3KzWp67. Acesso em: 2 mar. 2022.

34. SCHNAIDER, Amanda. NFTs: infinitas possibilidades para marcas e veículos. *Meio& Mensagem*, 16 set. 2021. Disponível em: https://bit.ly/3kydZNb. Acesso em: 2 mai. 2022.

35. Ibidem.

36. KERCHER, Sophia. Reserva lança marca de roupa para o metaverso e esgota coleção de NFTs. *CNN Brasil*, 9 abr. 2022. Disponível em: https://bit.ly/39xWbj8. Acesso em: 2 mai. 2022.

37. DÉA, Rafael Poci. Com pandemia, Chevrolet Tracker é vendido online. *Motor Show*, 12 mai. 2020. Disponível em: https://bit.ly/3MKjzrW. Acesso em: 3 mai. 2022.

38. SORDILI, Aline. Metaverso e 5G vão impulsionar a indústria móvel para o futuro. *R7*, 3 mar. 2022. Disponível em: https://bit.ly/3LHxazX. Acesso em: 4 mai. 2022.

39. Ibidem.

40. COUTINHO, Dimítria. Metaverso já existe e movimenta bilhões: afinal, como vamos usá-lo? *IG*, 26 jan. 2022. Disponível em: https://bit.ly/3vFLuDD. Acesso em: 4 abr. 2022.

41. Ibidem.

42. ZAMARIOLLI, Júlia. Por que as marcas estão comprando terrenos no metaverso – e como fazem isso. *Adnews*, 30 mar. 2022. Disponível em: https://bit.ly/390CRLe. Acesso em: 5 mar. 2022.

43. ZAMARIOLLI, Júlia. Por que as marcas estão comprando terrenos no metaverso – e como fazem isso. *Adnews*, 30 mar. 2022. Disponível em: https://bit.ly/390CRLe. Acesso em: 5 mar. 2022.

44. COUTINHO, Dimítria. Metaverso já existe e movimenta bilhões: afinal, como vamos usá-lo? *IG*, 26 jan. 2022. Disponível em: https://bit.ly/3wa2v7U. Acesso em: 4 mai. 2022.

45. MATOS, Gino. Descentralização pode ser aliada da segurança no metaverso. *Bloomberg Línea*, 16 fev. 2022. Disponível em: https://bit.ly/37j2175. Acesso em: 5 mai. 2022.

46. SCHMIDT, Luiz. Pesquisa Game Brasil revela o perfil do gamer brasileiro. *Adrenaline*, 4 mai. 2022. Disponível em: https://bit.ly/3FkxnqE. Acesso em: 6 mai. 2022.

47. BRANDÃO, Marcelo. Experiência: diferenciação da Accenture para um mundo pós-digital. *Consumidor Moderno*, 21 mar. 2022. Disponível em: https://bit.ly/3wcPXwA. Acesso em: 22 abr. 2022.

48. KANTAR IBOPE Media lança relatório sobre o metaverso e oportunidades para a publicidade. *Kantar Ibope Media*, 29 nov. 2021. Disponível em: https://bit.ly/3vO33RY. Acesso em: 6 mai. 2022.

49. KANTAR IBOPE Media lança relatório sobre o metaverso e oportunidades para a publicidade. *Kantar Ibope Media*, 29 nov. 2021. Disponível em: https://bit.ly/3P5sarh. Acesso em: 6 mai. 2022.

50. QUAL É o perfil dos geeks e nerds brasileiros? *Meio & Mensagem*, 24 mar. 2022. Disponível em: https://bit.ly/3vNhqWO. Acesso em: 6 mai. 2022.

51. O material completo das três publicações encontra-se em: https://bit.ly/3LSXc3D (*IstoÉ Dinheiro*, com texto assinado por Bruno Pavan e publicado em 21 de fevereiro de 2022); https://bit.ly/3vTK5JC (*Consumidor Moderno*, texto assinado por Marcelo Brandão e publicado em 22 de fevereiro de 2022); e https://bit.ly/3kNizXV (*Observatório de Games*, texto de Alan Uemura, publicado em 10 de março de 2022).

52. PISSARA, Fatima. Metaverso, multiverso e o universo da Cultura Digital. *Meio&Mensagem*, 17 mar. 2022. Disponível em: https://bit.ly/3P4z8g3. Acesso em: 7 mai. 2022.

53. De acordo com o psicólogo americano Abraham Maslow, os seres humanos vivem para satisfazer as suas necessidades, com o objetivo de conquistar a tão sonhada autorrealização plena. Seu esquema piramidal é dividido em cinco níveis, sendo que a base compreende as necessidade fisiológicas (comer, beber, dormir), passando por segurança (do corpo, família, emprego), amor/relacionamento (família, amizades, relacionamentos amorosos), estima (autoestima, confiança, respeito) até alcançar a realização pessoal. Este é o topo da pirâmide, onde se alcança a satisfação por fazer aquilo que gosta e para o qual está capacitado.

54. PISSARA, Fatima. Op. cit.

55. LOUREIRO, Rodrigo. Na trilha sonora do mercado, Spotify quer também dançar ao som das NFTs. *Neofeed*, 17 mar. 2022. Disponível em: https://bit.ly/3kT57So. Acesso em: 8 mai. 2022.

56. METAVERSO vira plataforma de testes: produtos lançados no mundo virtual chegam depois à vida real. *O Globo*, 13 jan. 2022. Disponível em: http://glo.bo/3kR8jOE. Acesso em: 7 mai. 2022.

57. SILVA, Adriele. Metaverso nas lojas físicas: as vantagens e desafios trazidos pela nova tendência mundial. *Novarejo*, 23 fev. 2022. Disponível em: https://bit.ly/3LXbyjd. Acesso em: 7 mai. 2022.

58. PALUMBO, Jacqui. Escritório cria cidade no metaverso inspirada em micronação da vida real. *CNN Brasil*, 23 mar. 2022. Disponível em: https://bit.ly/3sk5BoG. Acesso em: 8 mai. 2022.

59. OCCHIPINTI, Gabriela Mackert. Metaprofissões: como funcionam os trabalhos do metaverso no mundo real. *Money Times*, 15 mar. 2022. Disponível em: https://bit.ly/3sg9HhR. Acesso em: 8 mai. 2022.

60. MARQUES, Gabriel. Fintech leva escritório, funcionários, reuniões e emails para o metaverso. *Exame*, 18 mar. 2022. Disponível em: https://bit.ly/386P8xC. Acesso em: 8 mai. 2022.

61. ASANO, Paulo. Metaverso e os impactos nos futuros modelos de trabalho. *InforChannel*, 21 mar. 2022. Disponível em: https://bit.ly/3kSQ1ws. Acesso em: 8 mai. 2022.

62. Ibidem.

63. MARKUN, Pedro; MARKUN, Paulo. Escritório, casa em lago, estação orbital: como é trabalhar no metaverso. *UOL*, 3 abr. 2022. Disponível em: https://bit.ly/3MYvuma. Acesso em: 8 mai. 2022.

64. 'METAVERSO nos permite explorar a imaginação', diz fundador do The Sandbox. *Exame*, 11 mar. 2022. Disponível em: https://bit.ly/3LXtytY. Acesso em: 8 mai. 2022.

65. CAPEL, Carol. Como o Metaverso vai destruir tudo o que nós conhecemos – O apocalipse digital. *YouTube*, 17 nov. 2021. Disponível em: https://www.youtube.com/watch?v=Ql_WhYU7g0s. Acesso em: 9 mai. 2022.

66. LONGO, Walter; PONDÉ, Luiz; TROIANO, Jaime. Filosofia no Metaverso. *YouTube*, 8 abr. 2022. Disponível em: https://www.youtube.com/watch?v=AV3P1PPgwt4. Acesso em: 9 mai. 2022.

67. NIKE compra startup de NFTs para vender tênis virtuais no metaverso. *InfoMoney*, 14 dez. 2021. Disponível em: https://bit.ly/3kTiMcd. Acesso em: 9 mai. 2022.

68. NIKE creates Nikeland on Roblox. *Nike News*, 18 nov. 2021. Disponível em: https://swoo.sh/391PqFV. Acesso em: 9 mai. 2022.

69. CASTANHO, Daniel. Com metaverso, aprendizagem acontecerá através de experiências. *YouTube*, 14 fev. 2022. Disponível em: https://www.youtube.com/watch?v=Vp9wvCnnmNs&t=90s. Acesso em: 9 mai. 2022.

70. BOLINI, Miriam. O metaverso e o marketing de influência: como nova realidade influenciará

setor em 2022. *Consumidor Moderno*, 15 fev. 2022. Disponível em: https://bit.ly/3w0DPQr. Acesso em: 10 mai. 2022.

71. Ibidem.

72. VENDA de terrenos no metaverso do Bored Ape levanta milhões e leva a 'crash' em Ethereum. *O Globo*, 2 mai. 2022. Disponível em: http://glo.bo/3vY6ntZ. Acesso em: 10 mai. 2022.

73. BLOCKCHAIN E NFT chegam com força ao mercado imobiliário. *Valor Econômico*, 18 mar. 2022. Disponível em: http://glo.bo/3kVYW00. Acesso em: 10 mai. 2022.

74. BLOCKCHAIN E NFT chegam com força ao mercado imobiliário. *Valor Econômico*, 18 mar. 2022. Disponível em: http://glo.bo/3kVYW00. Acesso em: 10 mai. 2022.

75. SÉRVIO, Gabriel. Mesbla anuncia retorno como loja virtual depois de 23 anos. *Olhar Digital*, 5 mai. 2022. Disponível em: https://bit.ly/3wbjNmp. Acesso em: 15 mai. 2022.

76. BRAGA, Fernando. Metaverso traz novos desafios para marcas que usam storytelling. *Metrópoles*, 9 abr. 2022. Disponível em: https://bit.ly/398JPO6. Acesso em: 10 mai. 2022.

77. SACCHITIELLO, Bárbara. Com casamento e podcasts, CNN Brasil estreia no metaverso. *Meio&Mensagem*, 17 jan. 2022. Disponível em: https://bit.ly/3ywjMuM. Acesso em: 11 mai. 2022.

78. SACCHITIELLO, Bárbara. O metaverso será a próxima fronteira das agências de publicidade? *Meio&Mensagem*, 30 mar. 2022. Disponível em: https://bit.ly/39IZTGA. Acesso em: 11 mai. 2022.

79. PADILLA, Ivan. Conheça as tendências do mercado de luxo – e também da economia real. *Exame*, 21 out. 2021. Disponível em: https://bit.ly/3yy6Q7L. Acesso em: 12 mai. 2022.

80. CONSUMER trends you need to know for 2022. *WGSN Insider*, 13 jan. 2022. Disponível em: https://bit.ly/3PhbZXF. Acesso em: 12 mai. 2022.

81. FUSARI, Gabriel. Saiba tudo que rolou na Metaverse Fashion Week. *Elle*, 29 mar. 2022. Disponível em: https://bit.ly/39dl0AG. Acesso em: 12 mai. 2022.

82. GUCCI passará a aceitar pagamentos em criptomoedas em lojas selecionadas. *Money Times*, 5 mai. 2022. Disponível em: https://bit.ly/3wlCfI4. Acesso em: 12 mai. 2022.

83. HIRSCHMILLER, Stephanie. Metaverse Fashion Week Designer is introducing a Web 3.0 Genius Bar, NFT museum in his new store. *Forbes*, 29 mar. 2022. Disponível em: https://bit.ly/3FJNDSo. Acesso em: 12 mai. 2022.

84. BUILD and Operate Your Own Custom Fashion Store in Forever 21 Shop City on Roblox. *Business Wire*, 16 dez. 2021. Disponível em: https://bwnews.pr/3FGYjB4. Acesso em: 12 mai. 2022.

Referências

ASANO, Paulo. Metaverso e os impactos nos futuros modelos de trabalho. *InforChannel*, 21 mar. 2022. Disponível em: https://bit.ly/3kSQ1ws. Acesso em: 8 mai. 2022.

BENETTON revoluciona a experiência do Metaverso. *ShoppingEspirit News*, 22 fev. 2022. Disponível em: https://bit.ly/3vUig2X. Acesso em: 30 abr. 2022.

BLOCKCHAIN E NFT chegam com força ao mercado imobiliário. *Valor Econômico*, 18 mar. 2022. Disponível em: http://glo.bo/3kVYW00. Acesso em: 10 mai. 2022.

BOLINI, Miriam. O metaverso e o marketing de influência: como nova realidade influenciará setor em 2022. *Consumidor Moderno*, 15 fev. 2022. Disponível em: https://bit.ly/3w0DPQr. Acesso em: 10 mai. 2022.

BRAGA, Fernando. Metaverso traz novos desafios para marcas que usam storytelling. *Metrópoles*, 9 abr. 2022. Disponível em: https://bit.ly/398JPO6. Acesso em: 10 mai. 2022.

BRANDÃO, Marcelo. 17 profissões para atuar no metaverso. *Consumidor Moderno*, 22 fev. 2022. Disponível em: https://bit.ly/3vTK5JC. Acesso em: 7 mai. 2022.

BRANDÃO, Marcelo. Experiência: diferenciação da Accenture para um mundo pós-digital. *Consumidor Moderno*, 21 mar. 2022. Disponível em: https://bit.ly/3EDYHQg. Acesso em: 22 abr. 2022.

BUILD and Operate Your Own Custom Fashion Store in Forever 21 Shop City on Roblox. *Business Wire*, 16 dez. 2021. Disponível em: https://bwnews.pr/3FGYjB4. Acesso em: 12 mai. 2022.

CAPEL, Carol. Como o Metaverso vai destruir tudo o que nós conhecemos: o apocalipse digital. *YouTube*, 17 nov. 2021. Disponível em: https:// www.youtube.com/watch?v=Ql_WhYU7g0s. Acesso em: 9 mai. 2022.

CASTANHO, Daniel. Com metaverso, aprendizagem acontecerá através de experiências. Youtube, 14 fev. 2022. Disponível em: https:// www.youtube.com/watch?v=Vp9wvCnnm Ns&t=90s. Acesso em: 9 mai. 2022.

CONSUMER trends you need to know for 2022. *WGSN Insider*, 13 jan. 2022. Disponível em: https://bit.ly/3PhbZXF. Acesso em: 12 mai. 2022.

CONTADO, Valéria. Web 3.0: como as marcas podem aproveitar a nova internet? *Proxxima*, 11 mar. 2022. Disponível em: https://bit.ly/ 3rZAbUH. Acesso em: 1 mar. 2022.

COUTINHO, Dimítria. Metaverso já existe e movimenta bilhões: afinal, como vamos usá-lo? *IG*, 26 jan. 2022. Disponível em: https://bit.ly/ 3wa2v7U. Acesso em: 4 mai. 2022.

CRIPTOMOEDAS é a economia do metaverso, diz especialista. *Yahoo! Notícias*, 31 jan. 2022. Disponível em: https://bit.ly/3s4dvCu. Acesso em: 1º mar. 2022.

DÉA, Rafael Poci. Com pandemia, Chevrolet Tracker é vendido online. *Motor Show*, 12 mai. 2020. Disponível em: https://bit.ly/3MKjzrW. Acesso em: 3 mai. 2022.

FUSARI, Gabriel. Saiba tudo que rolou na Metaverse Fashion Week. *Elle*, 29 mar. 2022. Disponível em: https://bit.ly/39dl0AG. Acesso em: 12 mai. 2022.

GABRIEL, Martha; KISO, Rafael; KALIL, Luciano Kalil (Orgs.). *Trends*: MKT na era digital – O futuro do marketing. São Paulo: Atlas, 2022.

GUCCI passará a aceitar pagamentos em criptomoedas em lojas selecionadas. *Money Times*, 5 mai. 2022. Disponível em: https://bit.ly/3wlCfI4. Acesso em: 12 mai. 2022.

HIRSCHMILLER, Stephanie. Metaverse Fashion Week Designer is introducing a Web 3.0 Genius Bar, NFT museum in his new store. *Forbes*, 29 mar. 2022. Disponível em: https://bit.ly/3FJNDSo. Acesso em: 12 mai. 2022.

HORNOS, Ana Paulo. Metaverso: decifre-o ou seja devorado por ele. *Estadão*, 28 fev. 2022. Disponível em: https://bit.ly/39pbVow. Acesso em: 28 abr. 2022.

JOBIM, Caio. 8 jogos do metaverso para jogar e ganhar dinheiro no PC ou mobile. *Cointelegraph*, 2021. Disponível em: https://bit.ly/ 3rKU0Pc. Acesso em: 22 abr. 2022.

KANTAR IBOPE Media lança relatório sobre o metaverso e oportunidades para a publicidade. *Kantar Ibope Media*, 29 nov. 2021. Disponível em: https://bit.ly/3vO33RY. Acesso em: 6 mai. 2022.

KERCHER, Sophia. Reserva lança marca de roupa para o metaverso e esgota coleção de NFTs. *CNN Brasil*, 9 abr. 2022. Disponível em: https://bit.ly/39xWbj8. Acesso em: 2 mai. 2022.

KNIGHT, Phil. *A marca da vitória*: a autobiografia do criador da Nike. São Paulo: Sextante, 2016.

KOTLER, Philip; KARTAJAYA, Hermawan; SETIAWAN, Iwan. *Marketing 3.0*: as forças que estão definindo o novo marketing centrado no ser humano. Elsevier, 2010.

KOTLER, Philip; KELLER, Kavin Lane. *Administração em marketing*. São Paulo: Pearson Universidades, 2019.

LONGO, Walter. *Marketing e comunicação na era pós-digital*: as regras mudaram. Rio de Janeiro: Alta Books, 2018.

LONGO, Walter; PONDÉ, Luiz; TROIANO, Jaime. Filosofia no Metaverso. *YouTube*, 8 abr. 2022. Disponível em: https://www.youtube.com/watch?v=AV3P1PPgwt4. Acesso em: 9 mai. 2022.

LOUREIRO, Rodrigo. Na trilha sonora do mercado, Spotify quer também dançar ao som das NFTs. *Neofeed*, 17 mar. 2022. Disponível em: https://bit.ly/3kT57So. Acesso em: 8 mai. 2022.

MARKUN, Pedro; MARKUN, Paulo. Escritório, casa em lago, estação orbital: como é trabalhar no metaverso. *UOL*, 3 abr. 2022. Disponível em: https://bit.ly/3MYvuma. Acesso em: 8 mai. 2022.

MARQUES, Gabriel. Ex-CEO da Disney investe no metaverso e ressalta poder de sua tecnologia. *Exame*, 14 mar. 2022. Disponível em: https://bit.ly/3KzWp67. Acesso em: 2 mar. 2022.

MARQUES, Gabriel. Fintech leva escritório, funcionários, reuniões e emails para o metaverso. *Exame*, 18 mar. 2022. Disponível em: https://bit.ly/386P8xC. Acesso em: 8 mai. 2022.

MARTINS, Fabrício Vendichetes. Como planejar a entrada da sua empresa no metaverso. *It Forum*, 10 dez. 2021. Disponível em: https://bit.ly/3kmra3T. Acesso em: 29 abr. 2022.

MATOS, Gino. Descentralização pode ser aliada da segurança no metaverso. *Bloomberg Línea*, 16 fev. 2022. Disponível em: https://bit.ly/37j2175. Acesso em: 5 mai. 2022.

MEDEIROS, Amanda. Como o seu negócio pode se beneficiar com o metaverso? *Consumidor Moderno*, 23 mar. 2022. Disponível em: https://bit.ly/3MBZ7cz. Acesso em: 28 abr. 2022.

'METAVERSO nos permite explorar a imaginação', diz fundador do The Sandbox. *Exame*, 11 mar. 2022. Disponível em: https://bit.ly/3LXtytY. Acesso em: 8 mai. 2022.

METAVERSO: O que é a economia do mundo paralelo e como ela pode ser explorada nos próximos anos. *G1*, 2021. Disponível em: http://glo.bo/3LgGjj0. Acesso em: 25 abr. 2022.

METAVERSO será caminho sem volta para quem não quer ser engolido pela concorrência. *Economia SC*, 2022. Disponível em: https://bit.ly/37ylgdb. Acesso em: 23 abr. 2022.

METAVERSO vira plataforma de testes: produtos lançados no mundo virtual chegam depois à vida real. *O Globo*, 13 jan. 2022. Disponível em: http://glo.bo/3kR8jOE. Acesso em: 7 mai. 2022.

MONTEIRO, João. Como o 5G vai impactar a vida do brasileiro. *Notícias Concursos*, 14 fev. 2022. Disponível em: https://bit.ly/3EncUAP. Acesso em: 17 abr. 2022.

MORAIS, Felipe. *Planejamento de marca no ambiente digital*: como construir uma marca forte analisando cerca de 60 pontos da vida da sua empresa e consolidar seu negócio no universo online. São Paulo: DVS, 2020.

MORAIS, Felipe. *Transformação digital*: como a inovação digital pode ajudar no seu negócio para os próximos anos. São Paulo: Saraiva, 2020.

MORALES, Débora. Metaverso: "Big bang" digital. *EnfoqueMS*, 27 fev. 2022. Disponível em: https://bit.ly/3OSI7B0. Acesso em: 27 abr. 2022.

NICOCELI, Artur. Entenda por que grandes empresas estão apostando tanto no metaverso. *CNN*, 2022. Disponível em: https://bit.ly/3sdNyAT. Acesso em: 26 abr. 2022.

NIKE compra startup de NFTs para vender tênis virtuais no Metaverso. *Infomoney*, 2021. Disponível em: https://bit.ly/3Ki1uzM. Acesso em: 25 abr. 2022.

NIKE creates Nikeland on Roblox. *Nike News*, 18 nov. 2021. Disponível em: https://swoo.sh/ 391PqFV. Acesso em: 9 mai. 2022.

OCCHIPINTI, Gabriela Mackert. Metaprofissões: como funcionam os trabalhos do metaverso no mundo real. *Money Times*, 15 mar. 2022. Disponível em: https://bit.ly/3sg9HhR. Acesso em: 8 mai. 2022.

OLIVEIRA, Eulina. XP e Rico lançam fundo focado em empresas que trabalham no Metaverso. *Valor Econômico*, 24 jan. 2022. Disponível em: http://glo.bo/3OA5tv1. Acesso em: 26 abr. 2022.

PADILLA, Ivan. Conheça as tendências do mercado de luxo – e também da economia real. *Exame*, 21 out. 2021. Disponível em: https://bit.ly/3yy6Q7L. Acesso em: 12 mai. 2022.

PALUMBO, Jacqui. Escritório cria cidade no metaverso inspirada em micronação da vida real. *CNN Brasil*, 23 mar. 2022. Disponível em: https://bit.ly/3sk5BoG. Acesso em: 8 mai. 2022.

PAVAN, Bruno. Confira 10 principais profissões para atuar no metaverso. *IstoÉ*, 21 fev. 2022. Disponível em: https://bit.ly/3LSXc3D. Acesso em: 6 mai. 2022.

PGB 2021 revela perfil dos gamers brasileiros. *Promoview*, 2021. Disponível em: https://bit.ly/ 3k2WHYf. Acesso em: 22 abr. 2022.

PISSARA, Fatima. Metaverso, multiverso e o universo da cultura digital. *Meio & Mensagem*, 17 mar. 2022. Disponível em: https://bit.ly/ 3P4z8g3. Acesso em: 7 mai. 2022.

QUAL É o perfil dos geeks e nerds brasileiros? *Meio & Mensagem*, 24 mar. 2022. Disponível em: https://bit.ly/3vNhqWO. Acesso em: 6 mai. 2022.

QUEIROZ, Otávio. Os metaversos mais interessantes em desenvolvimento. *Showmetech*, 29 mar. 2022. Disponível em: https://bit.ly/ 375svci. Acesso em: 30 abr. 2022.

RAVACHE, Guilherme. O futuro do metaverso e por que ele será bem diferente de como você imagina. *MIT Technology Review*, 22 out. 2021. Disponível em: https://bit.ly/3JQPtRR. Acesso em: 17 abr. 2022.

RIES, Al; TROUT, Jack. *Posicionamento*: como ser visto e ouvido em um mercado super competitivo. São Paulo: M.Books, 2009.

SACCHITIELLO, Bárbara. Com casamento e podcasts, CNN Brasil estreia no metaverso. *Meio&Mensagem*, 17 jan. 2022. Disponível em: https://bit.ly/3ywjMuM. Acesso em: 11 mai. 2022.

SACCHITIELLO, Bárbara. O metaverso será a próxima fronteira das agências de publicidade? *Meio&Mensagem*, 30 mar. 2022. Disponível em: https://bit.ly/39IZTGA. Acesso em: 11 mai. 2022.

SÉRVIO, Gabriel. Mesbla anuncia retorno como loja virtual depois de 23 anos. *Olhar Digital*, 5 mai. 2022. Disponível em: https://bit.ly/ 3wbjNmp. Acesso em: 15 mai. 2022.

SCHNAIDER, Amanda. NFTs: infinitas possibilidades para marcas e veículos. *Meio&Mensagem*, 16 set. 2021. Disponível em: https://bit.ly/ 3kydZNb. Acesso em: 2 mai. 2022.

SCHNAIDER, Amanda. Sarah Bond, do Xbox, aborda o poder transformador dos games. *Meio&Mensagem*, 2022. Disponível em: https://bit.ly/3vy3kqW. Acesso em: 22 abr. 2022.

SCHMIDT, Luiz. Pesquisa Game Brasil revela o perfil do gamer brasileiro. *Adrenaline*, 4 mai. 2022. Disponível em: https://bit.ly/3FkxnqE. Acesso em: 6 mai. 2022.

SHINYASHIKI, Roberto. *Problemas? Oba!* São Paulo: Gente, 2011.

SILVA, Adriele. Metaverso: como a nova realidade pode impactar a experiência do cliente? *Consumidor Moderno*, 15 dez. 2021. Disponível em: https://bit.ly/3MvsZHv. Acesso em: 26 abr. 2022.

SILVA, Adriele. Metaverso nas lojas físicas: as vantagens e desafios trazidos pela nova tendência mundial. *Novarejo*, 23 fev. 2022. Disponível em: https://bit.ly/3LXbyjd. Acesso em: 7 mai. 2022.

SORDILI, Aline. Metaverso e 5G vão impulsionar a indústria móvel para o futuro. *R7*, 3 mar. 2022. Disponível em: https://bit.ly/3LHxazX. Acesso em: 4 mai. 2022.

STEPHENSON, Neil. *Snow crash*. São Paulo: Aleph, 2015.

UEMURA, Alan. 10 novas profissões que você deve se preparar com a chegada do Metaverso. *Observatório de Games*, 10 mar. 2022. Disponível em: https://bit.ly/3kNizXV. Acesso em: 7 mai. 2022.

VENDA de terrenos no metaverso do Bored Ape levanta milhões e leva a 'crash' em Ethereum. *O Globo*, 2 mai. 2022. Disponível em: http://glo.bo/3vY6ntZ. Acesso em: 10 mai. 2022.

ZAMARIOLLI, Júlia. Por que as marcas estão comprando terrenos no metaverso – e como fazem isso. *Adnews*, 30 mar. 2022. Disponível https://bit.ly/390CRLe. Acesso em: 5 mar. 2022.